本书受东北师范大学哲学社会科学
"青年教师优秀学术著作"出版资助。

# 中学生武术文化认同实证研究

An Empirical Study on Wushu Cultural Identity of Middle School Students

高旭 著

中国社会科学出版社

## 图书在版编目（CIP）数据

中学生武术文化认同实证研究／高旭著．—北京：中国社会科学出版社，2020.8
ISBN 978-7-5203-6725-7

Ⅰ.①中… Ⅱ.①高… Ⅲ.①武术—教学研究—中学 Ⅳ.①G633.962

中国版本图书馆 CIP 数据核字（2020）第 113382 号

| | |
|---|---|
| 出 版 人 | 赵剑英 |
| 责任编辑 | 王　衡 |
| 责任校对 | 朱妍洁 |
| 责任印制 | 王　超 |

| | |
|---|---|
| 出　　版 | 中国社会科学出版社 |
| 社　　址 | 北京鼓楼西大街甲158号 |
| 邮　　编 | 100720 |
| 网　　址 | http://www.csspw.cn |
| 发 行 部 | 010-84083685 |
| 门 市 部 | 010-84029450 |
| 经　　销 | 新华书店及其他书店 |
| 印　　刷 | 北京明恒达印务有限公司 |
| 装　　订 | 廊坊市广阳区广增装订厂 |
| 版　　次 | 2020年8月第1版 |
| 印　　次 | 2020年8月第1次印刷 |
| 开　　本 | 710×1000　1/16 |
| 印　　张 | 14.75 |
| 插　　页 | 2 |
| 字　　数 | 220千字 |
| 定　　价 | 86.00元 |

凡购买中国社会科学出版社图书，如有质量问题请与本社营销中心联系调换
电话：010-84083683
**版权所有　侵权必究**

# 前　言

　　武术文化认同是近年来一个热点问题，它不仅涉及武术项目自身的传承与发展，同时对繁荣民族传统文化、捍卫国家文化安全，以及引领、塑造青少年思想道德、价值观念具有重要价值与意义。以往的研究主要从宏观、理论层面对武术文化认同价值与意义进行分析、讨论，但缺少微观、实证的分析与讨论，特别是对武术文化认同结构、测量和评价方面的细致分析与讨论。针对以往研究的不足，本研究以中学学校武术教育为视角，从实证角度出发对武术文化认同的结构、测量及应用效果等进行了尝试与探索。具体来讲，本研究通过文献综述、逻辑分析、开放式问卷调查等方法，从理论角度构建中学生武术文化认同的概念和结构维度，运用专家评价法、项目分析法、验证性因素分析等技术、方法在实证中检验、修正了中学生武术文化认同维度，并以此为依据编制了符合心理测量学要求的中学生武术文化认同测量工具；利用该测量工具对中国5个城市中6所具有良好武术教学环境的初高中学生进行调查统计，分析了中学生武术文化认同在年龄、性别以及日常武术学习、锻炼上的变化情况；利用量表测量法、数理统计法分析和讨论了武术教育环境与中学生武术文化认同的相关关系、预测作用以及武术文化认同与中学生武术运动情境动机、武术学习满意度、社会主义核心价值观的相关关系、预测作用；由此，从心理测量学视角为了解、提升中学武术文化认同以及拓展武术文化认同的作用、价值提供了理论与实践参考。

　　本研究围绕中学生武术文化认同结构与量表编制、中学生武术文化认同影响因素、中学生武术文化认同作用效果三个主要方面进行研究。综合这三个方面的研究结果得出如下主要结论：（1）中学生武术文化认同是一个多维度结构，由一个二阶因子和四个一阶因子构成，包括武术文化认知评价、武术文化情感体验、武术文化行为表现、武术文化身份认同四个一阶因子，共同构成二阶因子——中学生武术文化认同。（2）《中学生武术文化认同量表》具有良好的信度与效度，可以利用其进行相应的测量与评价。（3）随着年龄的变化，中学生武术文化认同及其各维度呈现非线性、复杂性特点，具体表现为初一年级最高、初二年级最低，其余年级在二者中间波动起伏的变化特征。（4）每次锻炼强度、每次锻炼时间、每周锻炼频率对中学生武术文化认同有着积极影响，但影响效果的变化具有一定复杂性，对于影响效果的解释与应用需参考武术教学实际情景。（5）武术教育环境与中学生武术文化认同具有一定的关联性，利用武术教育社会环境、武术教育家庭环境、武术教育学校环境、武术教育课堂环境可以预测中学生武术文化认同变化特征；其中，武术教育家庭环境、武术教育课堂环境预测作用较为突出。（6）武术文化认同与中学生武术学习内在动机、鉴别调节动机的相关度较高，前者对后两个变量预测效果较好；武术文化认同与中学生武术学习外部调节动机、缺乏动机相关程度较低，前者对后两个变量预测效果较差。（7）武术文化认同与中学生武术学习满意度、社会主义核心价值观具有一定的关联性，利用武术文化认同可以预测中学生武术学习满意度、社会主义核心价值观变化特征。

此外，从研究结果理论与实践意义视角出发，参考以往的研究结果及相应理论，本研究得出以下四个主要启示：（1）从结构特征与维度含义上看，中学生武术文化认同由四个维度构成，维度间具有独立性及相关性双重特征，因此在实践应用上应从两方面进行综合考虑。其一，中学生武术文化认同具有丰富的含义，应从其四个维度即武术文化认知评价、武术文化情感体验、武术文化行为表现、武术文化身份认同入手对其进行认识与理解，在实践中研究者应根据其现实需要，并参考各维度含义选择相应的测量条目。其二，武术文化认同四个维度具有一定的关联性，相互依存、相互促进。因此，在改善、提升中学生武术文化认同过程中应将武术文化认同四个维度作为实施路径，注重综合效应。（2）在初高中阶段中学生武术文化认同及其各维度变化呈现非线性、复杂性特点，特别是在初一至初二阶段变化剧烈。因此，在教学实践中应重点关注初一至初二这一剧烈变化的敏感期，应通过观察、访谈、聊天等形式分析该特征的形成原因、解决策略与方法，进而改善武术教学内容、武术教学设计等，提升教学质量。（3）根据同心圆发展理论、社会生态系统理论并参考本研究结果，在实践中应注重武术教育社会环境、武术教育家庭环境、武术教育学校环境、武术教育课堂环境之间的紧密联系和相互影响，从联动、综合性视角出发提升中学生武术文化认同总体及各维度水平。（4）武术文化认同与中学生武术参与动机、学习满意度以及社会主义核心价值观有着一定联系，利用前者促进中学生武术参与行为，培养其积极、向上的价值观念具有一定理论与实践可行性，武术文化认同的价值与意义由此体现。此外，从项目传承与文化传播视角出发，学校武术应借助青少年社会主义核心价值观教育活动广泛推广、全面展开，扩大影响力、提升实践力；为青少年道德教育与社会主义事业建设提供有力支撑。

# Preface

　　Wushu culture identity is a hot issue in recent years. It not only involves the inheritance and development of the Wushu project itself, but also has important value and significance to the prosperity of national traditional culture, to defend the national culture and to lead and shape the ideology and ideology of young people. In the past, the research on Wushu culture identity mainly focuses on the analysis and discussion of its value and meaning from the macro and theoretical level, and lacks microcosmic and empirical analysis, especially the detailed analysis of the structure, measurement and evaluation of Wushu culture identity. In view of the shortcomings of previous studies, this study takes School Wushu Education of middle school as the angle of view, and tries to explore and explore the structure, measurement and application effect of Wushu culture identity from the perspective of empirical. In this paper, the concept and structure dimension of Wushu culture identity of middle school students are constructed from the theoretical point of view through the methods of literature review, logical analysis and open questionnaire survey. By using expert evaluation method, project analysis method and confirmatory factor analysis, In the empirical test, revise the middle school students Wushu culture identity dimension, and as a basis for the preparation of the meteorological requirements of the middle school students Wushu cultural identity measurement tools; the use of the measurement tools for five cities in China six Wushu traditional junior and high school Students to investigate the statistics, analysis of the middle school students Wushu culture identity in the age, gender and daily Wushu on the changes in the situation; This paper analyzes the relationship between Wushu education environment and middle school students' Wushu culture identity, and the relationship between Wushu culture and middle school students' Wushu motive, Wushu learning satisfaction, socialism core values. The relationship between the values of the relationship; thus, from the perspective of empirical analysis of psychometric to understand, to enhance the cultural identity of middle schoolWushu and expand the role of cultural identity recognition, the value of the theory and practice to provide reference.

Three studies were carried out on the characteristics of the structure and scale of Wushu culture identity of middle school students, the characteristics of middle school students' Wushu culture identity change, the influencing factors and application effect of Wushu culture identity of middle school students. Based on the results of this study, the following conclusions are drawn: (1) Wushu cultural identity of middle school students is a multi-dimensional hierarchical system, which consists of four first-order factors of second order factor, including Wushu culture cognition evaluation, Wushu cultural experience, Wushu cultural behavior, Wushu cultural identity Order factor, together constitute the second-order factor student Wushu cultural identity. (2) "Wushu Culture Identity Scale for Middle School Students" is better in terms of retest reliability, internal consistency reliability, content validity and structural validity, so it can be considered as a credible and effective psychometric evaluation tool. (3) The characteristics of middle school students' Wushu cultural identity and their dimensions in the age trend are nonlinear and complex. They are characterized by the highest grade in the first grade of junior high school, the lowest in the second grade of junior high school and the fluctuation of the other grades. (4) The intensity of each exercise, the time of each exercise, the frequency of weekly exercise have a positive impact on the Wushu cultural identity of middle school students, but the change of influence has certain complexity. The explanation and application of the effect should refer to the actual situation of Wushu teaching. (5) The Wushu education environment and the middle school student Wushu cultural identity has a certain relevance, the use of Wushu social environment, family environment, school environment, classroom environment can predict the characteristics of middle school students Wushu culture identity changes; and the roles of Wushu education family environment, Wushu education classroom environment are more prominent. (6) Wushu culture identity is closely related to the intrinsic motivation and identified regulation of middle school students' Wushu learning. The former can predict the characteristics of the latter two variables better. Wushu cultural identity is lowly related to the motivation of external adjustment and amotivation of middle school students' Wushu learning. The former predict the effect of the latter two variables is poor. (7) Wushu cultural identity is related to the middle school students Wushu learning satisfaction, social core values, the use of Wushu cultural identity can predict the middle school students Wushu learning satisfaction, the socialist core values of the changing characteristics.

In addition, from the perspective of the theoretical and practical significance of the research results, with reference to the previous research results and corresponding theories, the main inspirations of the following four aspects are derived from this book: (1) From the perspective of structural characteristics and dimensional meaning, the WuShu cultural identity of middle school students is composed of four dimensions. The dimensions have the dual characteristics of independence and relevance. Therefore, practical application should be considered from two aspects: First, the WuShu identity of middle school students It has rich meanings, and should be understood and understood from its four dimensions, namely, WuShu cultural cognition evaluation, WuShu cultural emotional experience, WuShu cultural behavior, and WuShu cultural identity. In practice, researchers should be based on their actual needs, and Select the corresponding measurement entry with reference to the meaning of each dimension. Second, the four dimensions of WuShu cultural identity have certain relevance, interdependence and mutual promotion. Therefore, in the process of improving and improving the WuShu cultural identity of middle school students, the four dimensions of WuShu cultural identity are taken as the implementation path, focusing on the comprehensive effect. (2) In the middle and high school, the students' WuShu cultural identity and its various dimensions show nonlinear and complex characteristics, especially in the first to second phases. Therefore, in the teaching practice, we should focus on the sensitive period of the dramatic changes from the first to the second day. We should analyze the formation reasons, solutions and methods of the characteristics through observation, interviews and chats, and then improve the WuShu teaching content and WuShu teaching design. Etc., improve the quality of teaching. (3) According to the theory of concentric development, social ecosystem theory and reference to the results of this study, in practice should pay attention to the close relationship between Wushu education social environment, WuShu education family environment, WuShu education school environment, WuShu education classroom environment, and mutual influence From the perspective of linkage and comprehensiveness, the overall level of WuShu culture of middle school students and the level of each dimension are improved. (4) Wushu cultural identity has a certain relationship with middle school students' WuShu participation motivation, learning satisfaction and socialist core values. It is theoretically and practically feasible to use the former to promote middle school students' WuShu participation behavior and cultivate their positive and upward values. The value and meaning of identity is thus reflected. In addition, from the perspective of project inheritance and cultural communication, school WuShu should be widely promoted and comprehensively promoted through the effective platform of youth socialist core values education activities, expanding influence and improving practical ability; providing powerful support for youth moral education and socialist construction support.

# 目　录

**第一章　导言** ………………………………………（1）
一　研究背景 ……………………………………（1）
二　问题提出 ……………………………………（5）
三　文献综述 ……………………………………（7）

**第二章　研究总体设计** ……………………………（49）
一　研究目的与研究意义 ………………………（49）
二　研究主要目标 ………………………………（50）
三　研究对象与研究方法 ………………………（51）
四　研究思路 ……………………………………（52）
五　研究假设 ……………………………………（53）
六　研究重点及研究难点 ………………………（53）
七　研究创新点 …………………………………（54）

**第三章　研究一：武术文化认同研究的研究取向与
　　　　　理论基础** ……………………………（56）
一　社会认同理论 ………………………………（56）
二　文化适应理论 ………………………………（62）
三　文化冲突理论 ………………………………（67）
四　个体发展理论 ………………………………（72）
五　社会表征理论 ………………………………（77）

**第四章　研究二：中学生武术文化认同结构构建、检验及量表编制** ……………………………………………………（82）
　　一　研究目的 …………………………………………（82）
　　二　研究方法 …………………………………………（82）
　　三　研究被试 …………………………………………（84）
　　四　研究程序 …………………………………………（85）
　　五　研究结果与分析 …………………………………（86）
　　六　讨论、结论与建议 ………………………………（106）

**第五章　研究三：中学生武术文化认同影响因素研究** …………（110）
　　一　研究目的 …………………………………………（110）
　　二　研究方法 …………………………………………（110）
　　三　研究被试 …………………………………………（112）
　　四　研究结果与分析 …………………………………（112）
　　五　讨论与结论 ………………………………………（133）

**第六章　研究四：中学生武术文化认同作用效果研究** …………（144）
　　一　研究目的 …………………………………………（144）
　　二　研究方法 …………………………………………（144）
　　三　研究被试 …………………………………………（146）
　　四　研究结果与分析 …………………………………（146）
　　五　讨论与结论 ………………………………………（158）

**第七章　总体讨论、总体结论与建议** ……………………………（165）
　　一　总体讨论 …………………………………………（165）
　　二　总体结论 …………………………………………（182）
　　三　总体建议 …………………………………………（183）

**参考文献** ………………………………………………………（186）

**附　录** …………………………………………………………（201）

# 第一章　导言

## 一　研究背景

**（一）增强本民族文化认同已成为当前的世界潮流，受到各国重视**

全球化的快速推进使得本民族文化受到外来文化冲击的现象越演越烈，这使得越来越多国家关注民族文化认同的价值与意义，并开始采取各种措施维护本国的文化安全，保持本民族的文化特性。在此背景下联合国教科文组织世界文化和发展委员会于1996年发布了一份旨在分析世界文化发展的报告 *Our Creative Diversity*，提出了"应把民族文化性置于发展的核心位置"的意见。1998年，联合国教科文组织提出了"文化的繁荣是社会发展终极目标"的理念。这些都说明了文化、文化认同在社会发展中的重要性。2008年国际金融危机让人们深刻认识到文化问题，特别是文化价值问题的重要性。长期处于世界文化主导地位的西方文化也开始担心其文化特性的丧失问题，就连美国这样的经济、军事、文化超级大国也不例外。美国著名学者亨廷顿在其著作《我们是谁？——美国国家特性面临的挑战》中，深刻剖析了美国多民族、多种族的国家特征使美国处于丧失国家特性的危险之中，并强调了增强本国文化认同的重要途径——以盎格鲁文化（新教文化）为基础。

几千年来，中华民族历经磨难而绵延不绝，一个重要原因就是我们的祖先创造了光辉灿烂的中华文化。中国是一个多民族国家，多民族为什么能够紧紧联系在一起"荣辱与共"，就是因为我们有着强烈的文化认同。它使中华民族绵延不绝，具有强烈的生命力、创造力和凝聚力，并团结人们不畏艰险、奋勇向前①。

**（二）弘扬"文化强国""社会主义核心价值观"战略思想逐渐深入人心**

社会的进步、经济的发展促使人们越来越意识到"文化软实力"的重要价值与意义。由此，第十七届六中全会明确提出将"文化强国"作为国家战略目标，通过增强国家文化软实力、提升中华文化国际影响力，最终达到进一步解放文化生产力的目的。本次会议提出的《中共中央关于深化文化体制改革、推动社会主义文化大发展大繁荣若干重大问题的决定》指出，在创建社会主义优秀文化的进程中，首先要确认我国民族传统文化的历史价值和现实意义，科学、正确地对待中华民族传统文化。众所周知，根植于中国历史与文化中的中华武术是中国传统文化的重要代表，在产生、发展过程中汲取了中国传统文化的充足养分并展现出明显的传统文化烙印。中华武术动作中的各种招式蕴含着丰富的中国传统哲学、养生学理论和知识，是我国传统文化的一个重要载体。由此，中华武术文化与中国传统文化有着密切联系，传承与发展中华武术文化在一定程度上能够促进中国传统文化复兴与繁荣，这符合中央提出的"文化强国"战略目标。

此外，民族传统武术文化所提倡的"和谐自然""天人合一""侠肝义胆"等思想精髓不仅使其项目本身经久不衰、延绵千年；同时，这些思想与社会主义核心价值观所倡导的自由和谐、以人为本、爱国主义等理念相吻合统一。二者间存在一定的逻辑联系，从民族传统武术文化角度拓展青少年社会主义核心价值观教育途径具备一定的理论可能；同时，武术是学校体育课程的组成部分，是青少年喜闻乐见的运动项目，青少年在把握武术动作特征与要领、实现身体锻炼的同时，领略到中国道德理性的和合精神，这为促进社会主义价值观的形成提供了实践可能。据此，围绕武术文化开展的研究具有明显的时

---

① 秦宣：《关于增强中华文化认同的几点思考》，《中国特色社会主义研究》2010年第6期。

代意义与应用价值。

**(三)"武术进校园、武术进课堂"活动逐步开展**

武术在千百年的传承与发展过程中所凝结的教育价值、教育功能被人们所接受、肯定,由此成为中国人尤其是青少年获取强健体魄、养成道德规范、弘扬民族精神的方法和路径。在中国传统社会中武术是培养"文武双全、能文能武"全面人才的教育手段,在中国近代社会中武术是"强国强种"的基础以及"尚武精神"的教育内容,在中国当代社会武术又成为习得民族文化与弘扬民族精神的重要载体。无论是作为强身健体的锻炼手段,还是作为提升道德情操的方式,中国武术独有的教育价值与功能一直在中华民族社会实践活动中扮演着重要角色。武术与教育的"联姻",不论是在私塾教育占主要教育形态的明清时期,还是在民国的教会学校、新学堂发端之初,教育的武术始终存在,两者的联系没有被割断[1]。中华人民共和国成立后,武术作为学校的体育教学内容一直受到重视,教育部曾在1956年、1961年先后两次在《中、小学体育教学大纲》及《全国大、中、小学体育教学大纲》中明确了武术作为学校体育教学内容的价值及意义。由此可见,武术与学校教育的结合体,即学校武术教育一直受到国家、社会的关注,学校武术教育对个体、社会、国家以及武术项目发展的价值及其功能成为相关的研究对象。

总之,无论是将武术作为改善青少年体质健康状况的路径与方法,还是将其作为培育青少年文化自觉、文化自信的载体,都需要人们不断挖掘武术教育的现代意义,完善武术教育系统,推进"武术进校园、武术进课堂"活动的逐步展开[2]。

---

[1] 王岗、李世宏:《学校武术教育发展的现状、问题与思考》,《成都体育学院学报》2011年第5期。

[2] 赵光圣、戴国斌:《我国学校武术教育现实困境与改革路径选择——写在"全国学校体育武术项目联盟"成立之际》,《上海体育学院学报》2014年第1期。

### （四）文化认同在学校武术教育中的价值与意义逐渐受到重视

全球一体化带来的文化冲突是文化认同危机的根源所在，这种现象同样发生在学校武术教育实践中。学校武术教育正受到外来体育项目、体育文化的冲击，学生对跆拳道、瑜伽、健美操等表现出更多的参与兴趣、参与热情；简单易学、娱乐性、趣味性更为突出的西方体育项目，如"三大球"与"三小球"已成为中小学体育教材、体育教学内容的重要组成部分。以奥林匹克运动为代表的现代体育文化，随着现代社会的进步和科学技术的发展以一种无法阻挡的迅猛之势传遍世界的每一个角落，它已经成为当今人类社会规模最大、影响最深刻的国际文化现象。在与奥林匹克运动的接触、碰撞和对比的过程中，由于中国传统武术自身的特性、特点，使得奥林匹克运动的精神与理念更加适应现代社会的主流文化，人们对新奇的奥林匹克运动兴趣盎然、趋之若鹜，人们更加喜欢简单易学，娱乐性、趣味性更为突出的西方体育项目。与这些运动项目产生强烈反差的武术运动，常常被学生解读为技术难度大且难理解，表演性强而实战性差的花拳绣腿，武术运动缺乏品位等。这使得选修武术的学生日益减少，学校武术教育、学校武术文化教育正面临前所未有的挑战——这种现象正是武术文化认同危机在学校领域中的具体表现。

以往的研究提示我们，文化冲突引发的武术文化认同危机仅仅是开始，远非结束，文化冲突—文化认同危机—文化认同的逻辑线索表明，武术文化认同危机是引发武术文化认同的开始。学生个体或群体面对外来体育文化与本土武术文化的选择过程，也就是所谓的武术文化适应过程，是武术文化认同策略的具体展现。在学校体育现实情境下学生个体及群体的武术文化认同策略更倾向于"同化"，即被外来体育文化所"同化"，进一步讲是认同外来的体育文化，表现为更加积极接触并参与以奥林匹克为代表的外来体育项目，被其文化特征所吸引；而对原有民族文化——武术文化保持决绝、回避等消极态度。这种"同化"的认同策略逐渐被人们觉察并受到重视，如何改善学生对武术文化认同的方向与强度由此成为学校武术教育教学的焦点。

### (五) 武术文化认同研究需要从定量、实证视角入手

武术文化认同是由哪些因素、维度构成？这些因素、维度之间存在何种关系？以上问题涉及武术文化认同结构组成、结构特征，以及武术文化认同的内在机制，对于深入、细致了解武术文化认同具有重要价值与意义。以往相关的研究中，研究者主要从宏观的武术文化层次入手解析武术文化认同结构，明确了武术文化认同的指向与内容。虽然这些研究具有一定的积极意义，但缺少从微观的个体心理与行为层面，特别是从心理测量及评价角度分析武术文化认同的研究。

追本溯源，关于"认同"的研究最早源于心理学领域，后被用到其他领域中。因此，从心理学视角出发通过定量的心理测量与评价技术去分析武术文化认同结构具有一定的研究可行性——利用严谨的心理测量与评价方法、程序，去解析影响武术文化认同的结构组成，预测相应的具体行为，这为进一步了解武术文化认同的本质属性提供了实践依据。定量化、可操作化的武术文化认同测量与评价工具，不仅能为人们从定量角度分析、解释武术文化认同及其相关影响因素提供物质保障，同时为从实证角度验证相关理论提供可能。更为重要的是，现实的学校武术文化教学评价中需要相关定量性的测量与评价工具以提供清晰、准确的数据指标，为提升学校武术文化教学质量提供保障。众所周知，文化教育是学校武术教学的核心及重要目的之一。但摆在教学实践中的一个重要难题是：如何对受教育学生的武术文化进行测量和评价？以往通过外在运动技能以及相关武术知识的考核都呈现出明显的局限性和不足。那么利用武术文化认同测量工具对学生接受武术文化教育后的武术文化认同总体指标和分项指标进行测量与评价，进而作为武术教学效果参考是否可行？此方面的研究值得期待。

## 二 问题提出

技术、技能层面是武术运动区别于一般体育项目的直观特征，而

凝结中国传统文化思想精髓的内隐特征则是武术运动的本质属性所在。武术运动是一种外显的身体教育手段，但蕴含在外显动作中的文化价值、文化理念等所表达的却是无形的教化。人们必须认识到文化是武术的核心与命脉，缺少文化的武术是暴力的、缺少文化的武术是贫乏的、缺少文化的武术是难以为继的，由此文化教育成为武术教育、学校武术教育的本质特征。在教育实践中利用外在、直观的武术动作，通过练习、演练等学习方式来理解、体悟不同武术招式中的中国传统哲学、传统美学、传统道德礼仪等价值精髓，从而使学生接受、确认、肯定民族传统文化的教育过程正是武术文化认同教育的本质体现，即在学校武术文化教育中使用相同的武术文化符号（武术动作技术、动作技能）、遵循共同的武术文化理念（天人合一、和谐自然等）、秉承共有的武术思维模式和行为规范（注重武德、重义轻利、行侠仗义等），成为武术文化认同的依据。武术文化认同与学校武术教育的逻辑联系及其价值、意义由此体现，从学校武术教育视角下进行的武术文化认同研究便具有了积极意义。

关于武术文化认同结构组成、结构特征的分析与讨论是以往研究的一个重要方向，这对于深入、细致了解武术文化认同具有重要价值与意义。虽然研究者从宏观武术文化层次视角解析了武术文化认同结构，明确了武术文化认同的指向与内容，具有一定的积极意义；但缺少从微观的个体心理与行为层面，特别从心理测量及评价角度分析武术文化认同结构是以往研究的不足。关于"认同"系统的研究源于心理学领域，之后在文化学、社会学、政治学等领域沿用开来；因此从心理学角度出发，利用心理测量与评价手段对武术文化认同的结构进行定量化分析、讨论符合该类研究的本质属性，具有一定的合理性与可行性。此外，在武术文化教育实践中如何将摸不着、看不见、内隐的武术文化认同心理特征，外化为直观、可操作的测量与评价指标对于提升武术教育教学质量具有重要意义。而武术文化认同测量与评价工具的研制、应用不仅可为武术文化教育教学实践提供定量化参考标准，同时也能为提升武术文化认同的策略、方法以及拓展武术文化认同的应用价值与作用效果提供物质支持与技术保障。

因此，从定量化以及学校武术教育视角构建武术文化认同结构、研制适合青少年武术文化认同测量与评价的工具便具有了理论与现实意义，相关问题的分析与讨论由此成为本研究的重点及创新所在。

# 三 文献综述

## （一）武术文化认同的概念与内涵

### 1. 认同的概念与内涵

认同（identity）是现代心理学、社会学、文化学等学科中较为流行的术语，它直接涉及我或我们是谁、我或我们归属哪类群体的理性反思，同时其对个体的心理健康、个性发展，国家的政治和谐、民族团结及文化安全等具有积极作用，因此关于认同及其相关课题成为人们关注的焦点，相关研究也由此展开。梳理国内外文献，最早对认同进行细致全面研究的是心理学家西格蒙德·弗洛伊德（Sigmund Freud），他认为：认同主要是指个体潜意识地向别人模仿的历程，是一个人向另一个人或团体的价值、规范与面貌去模仿、内化并形成自己的行为模式的过程。它是一种心理防御机制，同时也是一种将对象内投的心理机制，在心理治疗中具有重要意义，对个体健康发展具有积极作用。[①] 围绕着此观点，随后的研究者对认同展开深入研究探讨，美国学者艾力克·H. 埃里克森（Erik H. Erikson）的研究具有一定代表性。他在原有认同概念的基础上提出了"同一性"概念，并将其进一步区分为自我同一性与集体同一性，这两个概念发展为后来的自我认同与社会认同。[②] 特纳和塔杰夫（Turner & Tajfel）对自我认同与社会认同进行了明确划分：前者源于自我身份意识，是个体自身特点的自我描述；后者则指个体通过社会分类，认识到自身属于特定的

---

[①] 荆其诚主编：《简明心理百科全书》，湖南教育出版社1991年版，第397页。

[②] Kroger J., *Identity Development: Adolescence Through Adulthood*, California: Sage Publication, Inc. 2007.

社会群体，并体验到自身作为该群体成员带给他（或她）的意义和情感。① 也有研究者用自我概念的两个亚类别，对于二者之间关系进行解释：一个表示个体具有个人化特征，如身体特征、个性、能力等；另一个表示个体归属各类正式或非正式群体成员身份。这两个类别的描述可称为个体认同和社会认同。② 由此可见，自我认同与社会认同在价值内涵上具有一定等值性，即强调从自身角度出发进行的描述与评价；社会认同则强调从外在社会关系、类别归属角度出发进行的描述与评价。此外，自我认同受外界的群体类别、人际关系等因素影响，而社会认同也受到个体的自身特点、能力等因素影响。因此，二者作为认同的组成部分，彼此联系、相互影响、共同促进个体健康成长。③ 英国心理学家贝特·汉莱密认为，"认同是由三个层次展开的，即从群体认同经过社会认同到自我认同"④。具体讲，个体在与群体接触过程中产生一定的归属感，从所在的群体获得一种信仰系统，通过这个所在群体参与社会，得到某种社会认同感，而个体在获得某种社会认同之后，对自我认同就有了内在的动力，即直接影响到个人的自我参与。

总结以往研究对认同概念进行的描述可以看出，认可、确认、身份、社会化、人格等词汇在其中出现频率较高，其概念特征由此体现。如：Brewer等人认为，认同是个体对某一外在特定的信息的同意、认可而表现出的习俗、态度、行为，并使之内化的过程。⑤ Maclure指出，认同是个体用来判断、解释、确认自身与外界他人、工

---

① Turner J. C., Tafel H., "The Social Identity Theory of Inter Group Behavior", In Worchel S., Austin W. (eds), *Psychology of Inter-group Relations*, Chicago: Nelson Hall, 1986.

② Zavalloni, M., "Cognitive Processes and Social Identity Through Focused Introspection", *European Journal of Social Psychology*, 1972 (2): 235–260；迈克尔·A. 豪格、多米尼克·阿布拉姆斯：《社会认同过程》，高明华译，中国人民大学出版社2011年版，第25—27页。

③ 曹慧、张妙清：《认同整合——自我和谐之路》，《心理科学进展》2010年第12期。

④ 沙莲香：《社会心理学》（第二版），中国人民大学出版社2006年版。

⑤ Brewer, M. B., Gaertner, S. L., "Toward Reduction of Prejudice: Inter-group Contact and Social Categorization", In M. B. Brewer, M. Hewstone (eds.), *Self and Social Identity*, Malden, MA: Blackwell, 2004, pp. 298–318.

作情境关联的实体,它能够作为一种资源用以描述、解释和判定自身与外界关系。① 车文博将认同描述为个人与他人、群体或模仿人物在感情上、心理上趋同的过程。② 沙莲香认为:在心理学中认同与人格紧密相连,即解释人格与社会、文化之间的互动关系进而维持人格的一贯性与统一性。它是维系人格与社会及文化间互动的内在力量,从而确保了人格在时间、空间内的一贯性和统一性,由此体现出认同的归属性与主体性特征。③ 朱智贤认为,认同是个体在社会化发展中对他人行为特征持久性、全面性的模仿学习;同时也是一种防御性机制,即由于防御性动机而选择性地模仿他人的一些特质行为,如对偶像或崇拜者某些行为的模仿。④ 周晓虹认为:认同可以理解为身份性、同一性、统一性,它是个体对事物之间相互区分的肯定,其中包括其身份同一性中所具有的多样性和变化性。⑤

综合以上观点,本研究认为认同的含义可归纳为以下几点:首先,认同具有一定的指向性。即认同指向一定的对象,认同对象的内容可以是个体自身的特征、特点、社会角色等,也可以是外界的人、事、文化风俗、规章制度等。其次,认同具有一定的关系性。认同涉及认同主体与认同对象两个方面,解释的是认同主体对认同对象的"同一性""一致性""统一性"过程。再次,认同具有一定的比较性。认同是认同主体通过比较,发现已有与现有的认同对象存在差异,进而在比较、分析后,进行确认、选择认同对象的价值、内涵等的过程。因此,认同对象的多样性、复杂性以及矛盾性是认同比较性的本质特征和根源所在。例如,文化认同就是由于个体在接触外来文化后,将已有的传统文化与接触的新文化进行比较后,确认、选择文化特质、内涵的过程。最后,认同具有一定的身份性。认同英文本义

---

① Maclure, M., "Arguing for Yourself as an Organizing Principle in Teachers' Jobs and Lives", *British Educational Research Journal*, 1993, 19 (4): 311 - 322.
② 车文博:《弗洛伊德主义原著选辑》,辽宁人民出版社1988年版。
③ 沙莲香:《社会心理学》(第一版),中国人民大学出版社2002年版。
④ 朱智贤主编:《心理学大词典》,北京师范大学出版社1989年版。
⑤ 周晓虹:《认同理论:社会学与心理学的分析路径》,《社会科学》2008年第4期。

identity就是指代"身份",因此,将认同理解为个体对自我身份的寻找和确认,即个体通过他人或社会寻找、确认自我身份过程具有一定的合理性。①

2. 文化认同的概念与内涵

文化是普遍存在于国家、民族,乃至各种正式或非正式群体中的一种普遍社会现象,其特定的文化要素及结构关系构成了相对稳定的文化系统。不同民族、群体的文化系统在传播、传承过程中均有内在的生成和转化机制,如文化认同机制。每个民族的文化特性、特征都可以通过代代相传的行为、思想、传统来予以描述与界定,形成相互有别的认知倾向、情感归属和行为规范,发展成独具特色的文化认同模式。在全球化时代的今天,大多数国家、民族以及其民众都存在文化认同问题,如对自己国家、民族甚至地区的文化身份定位,文化情感归属,文化传承、发扬等。文化认同（cultural identity）不仅影响到个体对自身的身份认定、群体归属、社会属性,还影响着民族及民族传统文化的保持、国家意识形态的维持与强化、不同的宗教与文化形态之间的理解,甚至当代的国际政治格局。文化认同研究成为近年来关注的焦点、热点领域,不仅是因为学者的兴趣,更因为文化认同问题是当代社会中显现出来的影响最广泛、最活跃的一个因子。② 因此围绕文化认同展开研究便具有了理论和实践意义,其相关研究也随之蓬勃展开。在以往的研究中,研究者从社会学、政治学、心理学等不同角度对文化认同的概念与内涵、价值与意义等进行了阐述。

陈世联认为,文化认同是个体对于所属文化以及文化群体内化并产生归属感,从而获得、保持与创新自身文化的社会心理过程,也是个体形成"自我"的过程。文化认同包括宗教信仰认同、民俗习惯认同、社会规范认同、艺术认同等。③ 崔新建认为,文化认同就是指

---

① 崔新建:《文化认同及其根源》,《北京师范大学学报》（社会科学版）2004年第4期。
② 郑晓云:《文化认同论》,中国社会科学出版社2008年版。
③ 陈世联:《文化认同、文化和谐与社会和谐》,《西南民族大学学报》（人文社科版）2006年第3期。

对人们之间或个人同群体之间的共同文化的确认。使用相同的文化符号、遵循共同的文化理念、秉承共有的思维模式和行为规范,是文化认同的依据。具有共同的文化理念一般是社会认同、民族认同的核心所在。通常讲,个体对于自身的社会认同、民族认同不具有选择性且较为稳定;而文化认同的选择性意味着,个体可以通过后天的文化接触产生可变性,即个体根据文化所蕴含的价值理念、价值观念、价值取向等作为认同对象进而产生对该文化的认同,由此也体现出价值聚焦和价值观确认成为文化认同的核心。[1] 秦宣认为,所谓文化认同,是人们在一个民族共同体中长期共同生活所形成的对本民族文化的肯定性确认,其核心是对一个民族的基本价值的认同;文化认同对于提升民族凝聚力、维持民族同一性、统一性具有不可代替的作用。[2] 闫顺利等人认为,所谓文化认同,是指人们对于某种相对稳定的文化模式的归属感。它包括宗教信仰认同、民俗习惯认同、社会规范认同、艺术认同等。文化认同一旦建立,其牢固程度要强于政治、经济结构。文化认同由此成为一个国家"软实力"的重要标志,同时也成为国家综合实力的重要因素之一。[3]

著名学者菲尼(Phinney)认为,文化认同囊括了个体对认同对象的价值评判、归属感和行为趋同等多种因素的复杂结构。[4] 郑晓云认为,文化认同是人类对于文化的倾向性共识与认可,表现为个体对其文化的归属意识。[5] 根据文化要素组成,他认为文化认同分为精神文化认同(如宗教、价值观、意识等方面认同)、物质文化认同(衣、食、住等方面认同)、制度文化认同(政治、经济制度、体制等方面认同)、行为文化认同(生产生活方式、行为模式等方面认

---

[1] 崔新建:《文化认同及其根源》,《北京师范大学学报》(社会科学版)2004 年第 4 期。

[2] 秦宣:《关于增强中华文化认同的几点思考》,《中国特色社会主义研究》2010 年第 6 期。

[3] 闫顺利、敦鹏:《中华民族文化认同的哲学反思》,《阴山学刊》2009 年第 1 期。

[4] Phinney J. S., "Ethnic Identity in Adolescents and Adults: Review of Research", *Psychological Bulletin*, 1990, 108 (108): 499 – 514.

[5] 郑晓云:《文化认同论》,中国社会科学出版社 2008 年版。

同）四个方面。审视文化认同在个体与社会两个层面的价值可以看出：在个体层面，文化认同对个体的自我认同和社会身份认同起着积极影响，指引着个体遵从本民族文化理念，从而自觉掌握、传承本民族价值理念、价值观念等，由此将文化价值精髓内化到自身价值体系中。在社会层面，文化认同成为特定文化群体整合、凝聚的依据，以此区分其他群体。社会心理学家 Breakwell 等人发现，个体在日常生活中存在两种需求模式：其一，个体为了获取一种与群体内部成员间与众不同的唯一性、独立性，便努力通过寻求自身与群体内部成员的差异而获得"自我认同"；其二，个体为了获取与群体内部成员间的同一性、一致性，便努力通过所在群体与其他群体间的差异比较而获得"社会认同"，这是个体获取文化群体中"我们感"的途径和过程。在日常实践中，个体为了获得这两种认同需求的平衡，不断地调整自身的思想与行为。[①]

综合以往研究的成果，本研究认为文化认同的内涵可以概括为以下几点：首先，文化认同具有文化一致性。在文化群体内，遵从共有的文化理念、使用共同的文化符号、秉承共有的行为规范和思维模式，是文化一致性的具体表现。而文化中所凝结价值精髓是文化一致性的根本所在。其次，文化认同具有一定的结构性。从表面的文化要素构成上看，文化认同可分为物质文化认同、精神文化认同、行为文化认同和制度文化认同等；从深层次的心理结构上看，文化情感、文化认知、文化行为等是文化认同的心理要素和心理构成。最后，文化认同是个体身份寻求、确认的过程。一方面，个体通过群体中共有的文化属性将"我"转变为"我们"，确认"我们"的共同身份；另一方面，个体通过群体中特有的文化属性将"我们"和"他们"区分开来，明确身份的特殊性。

3. 文化认同的根源

全球化时代是人类文化通过经济、贸易和政治等途径，在全世界

---

① Breakwell, G. M., Lyons E., *Changing European Identities: Social Psychological Analyses of Social Change*, Oxford: Butterscotch Heinemann, 1996.

广泛、迅速传播和交融的时代。它为人类文化交往提供了时空便利，促进了个体、民族、国家间的更多联系，高频率、大强度、多渠道的文化交流、文化沟通使得各个国家和民族有机会脱离原有较为狭窄的文化视角，为更清晰地认识自我、认识世界提供了机会。在不同的文化交互和交融的过程中往往会出现两种不同的形式和结果，即不同民族、国家间的文化在相互交流中形成了认同和促进了文化融合；同时，不同民族和国家间的文化在相互交流中由于地缘政治、民族传统等原因没有促进认同，造成了文化上的对立，形成了文化冲突。因此，文化认同、文化融合和文化冲突成为全球化时代的产物，这其中文化认同又成为文化冲突与文化融合的重要基点。全球化时代不仅带来文化上的繁荣，同时也伴随着现代文化与传统文化、本土文化与外来文化选择上的迷失。因此，了解文化融合、文化冲突、文化认同之间的关系，明确文化认同对文化冲突、文化融合的积极作用，成为化解文化冲突、文化矛盾和促进文化融合的重要途径，相关研究也便具有了意义。

从事物发展逻辑顺序上看，文化认同与文化冲突紧密联系、相辅相成，二者互为因果。通过文化冲突去解析文化认同，能够更好地了解其本质。文化的流动性及多样性，使得文化间的碰撞、对抗、交锋在所难免，进而引发文化冲突。究其根本，文化冲突的核心是人们从文化角度对自身身份、角色认知合理性的冲突。文化冲突在引发个体文化认同危机的同时，更激发人们寻求个体身份合理性的动机，提升了文化认同。这使得个体与所属文化群体重叠范围、内容更加接近了，而与外来文化群体的边界更加显著了。文化冲突—文化危机—文化认同的逻辑顺序由此体现。在古代的社会中，由于社会结构的封闭性、单一性，人们交往范围的局限性，缺少外来文化的冲击、碰撞，因此罕见文化冲突，文化认同由此失去了存在意义。虽然文化认同作为一种现象早就存在，但成为人们关注的焦点，受到人们的重视则是伴随全球化及现代化的到来而日益显著的。首先，全球化在促进各民族、国家在经济、政治、文化上广泛交流、沟通的同时，也伴随着霸权经济、政治的到来，催生了强势文化。强势文化对主流文化的侵占、垄断，以及强势文化与霸权经济、政治融合后的植入、侵入，都会造成个体文化认同冲突、引发文化认同危机；这对基于弱势文化的认同造成强有力的挑战，这为文化认同问题的产生提供了环境。文化认同问题的提出，是对外来霸权文化的抗争，也是对自身弱势文化生存权利的维护。由此可以看出，全球化在促使一些国家、民族和个体寻找文化归属感、文化身份认知的同时，也会由于异质文化特征形成天然的防范、抵御进而形成文化对立、文化冲突并引发文化认同的产生。在现实中，全球化不仅没有导致国家、民族等自身文化特质的消失，反而导致了这些文化特质的强化、繁荣。"强势文化的衰落，以及文化多样性"的未来文化格局是文化认同规律使然。美国人类学家乔纳森·弗里德曼在其著作《文化认同与全球性过程》中认为，中心化世界体系（霸权文化体系、强势文化体系）的衰落与各国、各地区民族文化认同的增长具有密切联系，表现为中心化世界体系的衰落、崩塌伴随着以民族性、宗教性为基础的边缘化的文化认同得到增强。[①] 其次，在传统与现代的撞击中，人们对现代性的盲从以及对传统价值的否定使得文化断裂、文化真空现象产生。传统性是文化最普遍、最重要、最本质的特征所在，是文化认同的重要载体。显而易见，对于传统、传统文化的审视与批判是现代性、现代文化建立的途径，其过程总是对传统文化的价值理念、价值观念进行怀疑、批判以及否定。而这种现象必然引起个体对本民族已有传统文化认同的怀疑与否定，从而促使人们建立新的文化认同。[②]

综上所述，全球化与现代性是引发文化冲突、文化认同的根源所在。二者共同作用使得个体，甚至民族难以快速、准确抉择与判断外来文化对自身所属文化是否产生抵触，会产生哪些影响？在面临外来文化侵袭与诱惑的情境下，人们的传统文化认同受到挑战，选择何种文化要素、文化因子进行文化认同的重新构建成为复杂的选择题。这

---

[①] 乔纳森·弗里德曼：《文化认同与全球性过程》，商务出版社2003年版。
[②] 崔新建：《文化认同及其根源》，《北京师范大学学报》（社会科学版）2004年第4期。

样的结果往往导致个体文化认同的迷茫，甚至是一个民族的文化迷茫，这是全球化过程、现代化过程中文化认同的消极表现，也是其必须经历的痛苦过程。

4. 武术文化认同的概念

根植于民族传统文化的武术文化是中华民族传统文化的产物，是中华民族传统文化的沉淀和反映，集中体现了中华民族的民族特性和文化特性。武术文化与中华民族文化的关联性、相似性由此体现，这使得从中华民族文化认同视角分析武术文化认同成为可能。此外，以往关于武术文化认同的研究中，鲜见研究者呈现出清晰、明确的武术文化认同概念、内涵，且缺乏对武术文化本质特征的分析与描述的研究。因此，从民族文化认同视角分析武术文化认同概念、内涵不仅存在理论的可能性，也是实践的必然性。

卿臻认为，民族文化认同表现为对本民族长期历史发展中形成的优秀文化传统的坚守和维护，并为此付出了强烈的感情甚至是生命。蕴含着社会成员对自己民族归属的认知和感情依附。① 詹小美等人认为，民族文化认同主要是指民族成员对本民族主体文化的归属意识。这种认同不仅表现为民族成员对本民族文化价值的赞成与肯定，同时也表现为民族成员根据文化价值内涵、规范等整合自身行为的过程。② 唐晓燕认为，民族文化认同主要是对中华民族文化在认知、理解的基础上的一种心理上的选择过程。认同的过程需要个体对文化进行积极的认知、理解、接纳，由此产生认可、内化以及行为，因此这种认同是内在与外在的统一表现。民族文化认同一旦形成便具有了较为强烈的聚合性、稳定性以及排异性，由此成为凝聚国家、民族的强大动力、动因。③ 刘娜将民族文化认同解释为，是指一个民族及其民族文化以文化认同为中介，对内表现出要求获得内部个体广泛的文化确认，对外表现出具有特殊感召力和国际公

---

① 卿臻：《民族文化认同理论及其本质探析》，《前沿》2010年第7期。
② 詹小美、王仕民：《论民族文化认同的基础与条件》，《哲学研究》2011年第12期。
③ 唐晓燕：《大学生中华民族文化认同的缺失与提升》，《湖南社会科学》2010年第6期。

认知名度的文化身份确认。① 王沛等人认为，民族文化认同隶属文化主体的价值系统，通过态度心理结构得以展现。它是建立在个体对于不同文化接触过程中产生的，依据自身需求、自身特点对文化价值、内容等产生的认知评价、情感表现、行为选择。② 审视文化主体的价值诉求可以看出，民族文化认同可以理解为是个体主观与客观的统一，即个体在满足自身需求的同时，有意识地选择并依附特定文化，并将该文化整合为符合自身需求的形式及内容。此外，由于民族以文化为聚合，文化成为民族认同的灵魂，是民族认同的基本依据，因此，在国外的一些研究中研究者将民族认同与民族文化认同视为同义，从民族文化角度定义民族认同。如菲尼将民族认同描述为，个体在参与本民族文化实践活动过程中，对本民族产生的积极态度体验，以及归属感和民族自豪感。③ Laroche 认为，民族认同是个体对自身民族文化特征的接纳，表现为态度、行为、价值观方面的变化。④ Helms 认为，民族认同指对一个文化群体的承诺和参与它的文化实践（如文化、宗教），而不考虑其种族归属。⑤

依据以上关于民族文化认同概念的描述，并参考二者之间的逻辑联系，可将武术文化认同理解为：是个体对武术文化中所凝结的文化价值内容（如物质文化、精神文化、制度文化、行为文化）、文化价值功能等表现出的积极心理与行为倾向；进一步讲，可以将"文化性""民族性""结构性""身份性"概括为武术文化认同基本特征与内涵。

---

① 刘娜：《大学生民族文化认同问题研究》，硕士学位论文，河北师范大学，2012 年。
② 王沛、胡发稳：《民族文化认同：内涵与结构》，《上海师范大学学报》（哲学社会科学版）2011 年第 1 期。
③ Phinney J. S., "Ethnic Identity in Adolescents and Adults: Review of Research", *Psychological Bulletin*, 1990 (108): 499 – 514.
④ Laroche, M. Kim, C., Tomiuk, M., "A Test of Nonlinear Relationship Between Linguistic Acculturation and Ethnic Identification", *Journal of Cross-Cultural Psychology*, 1998 (29): 418 – 433.
⑤ Helms J. L., "Some Better Practices for Measuring Racial and Ethnic Identity Constructs", *Journal of Counseling Psychology*, 2007 (54): 235 – 246.

5. 武术文化认同的内涵

依据以上关于武术文化认同概念的描述，同时结合之前关于文化认同特征的论述，本研究认为武术文化认同具有如下特征：

（1）文化性是武术文化认同的核心

文化性是武术的本质，自然也应成为武术文化认同的核心。人们对武术文化的认同，实质是对武术所蕴含丰富、深刻的文化内容、文化价值的肯定和确认。因此，从武术文化概念、内涵解析武术文化认同具有逻辑性和必然性。温力认为，"武术文化是以技击技术为核心，以中国传统哲学思想为基础，包括与武技密切相关的器物、传承形式和民俗，以及由它们所蕴涵的民族精神共同组成的中国传统文化"[①]。黄聪等人将武术文化界定为："武术文化是特定社会中代代相传的一种包括技术、价值观念、信仰以及规范的民族传统文化。"[②] 郭玉成从广义和狭义两个方面界定了武术文化。广义的武术文化可理解为：与武术相关的各种文化的总和，包括民间中的武术、学校体育中的武术、影视与文学作品中武术等。而狭义的武术文化则专指：源流有序、拳理明晰、风格独特、自成体系的传统武术拳种流派，其中蕴含着中国传统文化内涵，以及武德要求、传承制度等。[③] 据此可以看出，武术文化与中国文化一脉相传，凝聚了中华民族千年以来所创造的物质与精神文明。武术在长期的历史发展进程中汇集、融合了众多其他领域的知识与营养，内容丰富、深刻。因此可以说，武术文化是以外在的武术招式作为载体，其内涵具有艺术性、哲理性，其方法与路径具有独特性、完整性的文化体系。[④] 在漫长的武术发展进程中，中国武术文化在思维形式上讲究"由臆达悟"的非逻辑形式，注重"刚柔相济""内外兼修""天人合一""以静制动"的技术整体观念；

---

① 温力：《武术与武术文化》，人民体育出版社2009年版，第8—14页。
② 黄聪、任璐、汤金洲等：《武术文化资本化与全球化语境下的武术发展》，《西安体育学院学报》2012年第6期。
③ 郭玉成：《论武术文化的涵义及基本特征》，《搏击·武术科学》2009年第3期。
④ 王岗、郭海洲：《传统武术文化在武术现代化中的价值取向》，《广州体育学院学报》2006年第3期。

同时在价值理念上注重精神、德行、师徒、自身内涵修养等。① 武术的文化特征由此体现，而作为武术本质特征的文化性成为武术文化认同的核心就显而易见了。

人们必须认清文化是武术得以延续的生命力，没有文化的武术是贫乏的，没有文化的武术是暴力的，没有文化的武术是断裂的。因此，武术文化认同过程缺少文化要素、缺少文化传播与传承必将阻碍武术运动良性发展。所以，构建武术文化认同体系，促进青少年武术文化认同形成就应该更加关注文化性问题。如果仅仅将武术运动作为身体锻炼、身体练习的手段，关注其技术的传承，一定不是真正的武术运动，一定不是武术运动真正要实现的文化传播目的。从某种意义上讲，中国武术教育体系的结构中，文化教育比技术教育更重要。②

（2）民族性是武术文化认同的基础

文化是民族、民族认同的基础，民族以自身特有的文化为聚合团结着广大内部成员，文化由此成为民族认同的核心与依据。在各种认同中文化充当了重要的角色，因为不同的认同本质是文化内涵不同而已，而且认同所蕴含的身份合法性也离不开文化，只有在一定的文化中才具有价值和意义。③ 中华武术作为一项中国人在生活实践中创造出来的身体文化，具有原生民族印记的历史性和文化性。它是中华民族文化的杰出代表，是中华民族重要的文化符号。对内，它可以呼唤、号召民族热情提升民族凝聚力；对外，它可以展现民族自信、民族性格。每当民族面临危难、紧急关头的时候，武术总能作为一面旗帜提升民族凝聚力、唤起集体意识，提升千万中华民

---

① 王静、宋薇：《中国武术文化认同的跨文化传播策略研究》，《中国学校体育》2014年第8期。

② 王岗、邱丕相、李建威：《重构学校武术教育体系必须强化"文化意识"》，《体育学刊》2009年第12期。

③ 张艳红、佐斌：《民族认同的概念、测量及研究述评》，《心理科学》2012年第2期；崔新建：《文化认同及其根源》，《北京师范大学学报》（社会科学版）2004年第4期。

族个体的民族自尊。① 在武术文化中蕴含着"一身动,则一身强;一家动,则一家强;一国动,则一国强;天下动,则天下强"的深刻价值理念,武术练习者基本遵从着强身健体、提高自身防卫意识的练习途径,诠释着对祖国的赤子之心,一旦国家受到外族入侵、人民受到凌辱的时候,他们往往毫不犹豫地冲锋陷阵、身先士卒,体现了令人敬佩的爱国之心。② 武术文化中蕴含的爱国主义精神正是对民族性的最好诠释与展现。

值得注意的是,民族在中国"多元一体"的历史及政治背景下的独特含义,使得民族文化认同具有高低两个层次,二者具有相互关联性。首先,作为民族成员中的个体对本民族、单一文化的认同属于低层次的认同;其次,在"多元一体"的格局下,个体对56个民族共同形成的中华民族实体及其创造出的主流、优秀文化的认同,即中华民族文化认同,属于高一层次的文化认同。它是各民族成员在中华民族共同体内向心力、凝聚力的体现,对各族人民起着团结、鼓舞、发展的作用。最后,低层次的本民族文化认同是高层次的中华民族文化认同的基础,而高层次的中华民族文化认同并不阻碍个体对低层次本民族文化的认同。中华民族作为一个自觉的民族实体,是在近百年来中国和西方列强对抗中出现的,但作为一个自在的民族实体则是在几千年的历史过程所形成的。它的主流是由许许多多分散存在的民族单位,经过接触、混杂、联结和融合,同时也有分裂和消亡,形成一个你来我去、我来你去,我中有你、你中有我,而又各具个性的多元统一体。③

需要指出的是,本研究所讨论的是中华民族文化认同,随之而衍生出的民族传统武术文化认同遵循中华民族以及中华民族文化认同的相应含义。

---

① 方国清:《一个中国特有的文化符号——武术之研究》,《北京体育大学学报》2011年第8期。
② 马明:《中国武术哲理分析》,《体育文化导刊》2008年第9期。
③ 费孝通:《中华民族的多元一体格局》,《北京大学学报》(哲学社会科学版)1989年第4期。

(3) 结构性是武术文化认同的内在机制

武术文化认同是由哪些因素、维度构成？这些因素、维度之间存在何种关系？以上问题涉及武术文化认同的结构组成和结构特征、武术文化认同的内在机制，这对进行深入、细致了解武术文化认同具有重要价值与意义。但在以往的研究中，关于武术文化认同结构特征分析的研究较少，研究者很少直接触及武术文化认同结构组成和特征等相关问题。由于武术文化认同与武术文化具有一定的关联性，因此，关于武术文化认同结构的分析基本暗含在武术文化结构中：程大力从"文化三层理论"出发，提出武术文化具有由内而外的三个层次，即"技与术""道与理""礼与艺"，其中武术文化的核心是"道与理"。[①] 李印东借鉴"文化结构四层次说"（包括物质文化层、制度文化层、行为文化层、心态文化层）提出武术文化的三个层次："武术文化由武技与武理技术文化层、武术行为文化层、武术心态文化层三个层次构成"，其中，第一个层次可以解释为由外在身体动作的技击内涵以及动作原理相互融合组成。[②] 李成银、周培启认为，"武术文化是一个完整的文化体系，有稳定的结构，即由武术的技击观、价值观和伦理观三个方面要素构成。这三个要素相互联系、相互依存，技击观是内在的，是价值观和伦理观的保障与前提，技击观决定了价值观和伦理观内涵及发展；同时，价值观和伦理观是武术技击观得以发展与实现的途径与通道，从而使武术人格得到升华"[③]。

虽然从宏观的武术文化层次认识、了解武术认同结构具有一定的指导意义，但未从微观的个体心理与行为层面分析武术文化认同是以往研究中存在的不足。以往关于民族文化认同的研究提示，从个体的心理与行为层面出发分析、讨论武术文化认同对于把握其本质特征、内在机制具有重要价值和意义。

---

[①] 程大力：《论武术文化的内涵与外延》，《搏击·武术科学》2011年第1期。
[②] 李印东：《武术释义——武术本质及功能价值体系阐释》，北京体育大学出版社2006年版。
[③] 李成银、周培启：《论中国传统武术文化》，《体育科学》1991年第3期。

**（4）教育性是武术文化认同的实在功能**

如前所述，文化认同是个体根据文化所蕴含的价值理念、价值观念、价值取向等作为认同对象进而产生所属文化的确认，并据此规范自身行为以保持与群体行为的一致性。由此判断武术文化认同是个体在身处武术文化环境下，通过身体练习对武术文化所蕴含的价值理念、价值观念、价值取向等产生对该文化的聚焦、确认；将感知到的文化价值进行内化，并最终以此为行为标准与行为准则指导、规范自身行为的过程，其教育功能由此体现。

武术锻炼，在增强个体身体机能、体质健康的同时对个体认知能力、人际关系、情绪控制等心理要素具有积极作用，有利于个体成长。此外，个体对武术文化的体验、文化体悟、文化确认过程对个体道德情操、意志品质，以及个体适应社会、增强生存能力同样具有积极意义。中华传统武术运动、训练过程其实质就是一种文化的教学训练过程，是个体思想道德作风、处世哲学的形成过程，更是价值观、道德观的改造过程。这种技道双修，以修心为先导的思想观念对青少年健康成长具有积极的指导价值。通过武术文化认同，使学生领悟武术文化"天人合一"的思想精髓，感悟"忠恕"之道。武术谚语对武术文化价值的聚焦、确认以及对外在行为的促进、激发使得个体更加愿意从事武术运动，"要学武、不怕苦，要练功、莫放松"，"学在苦中求，艺在勤中练"等均表明持之以恒、坚持不懈的顽强毅力在习武过程中的重要意义。[①] 此外，武术是在中国传统文化的滋养和哺育下发展起来的传统体育项目，它吸收和渗透了中华民族的知识、信仰、艺术、道德、法律和风俗等多种文化形态，在某种意义上，武术是代表传统文化优秀特质的文化精髓，是民族文化的载体之一，所以，武术教育更能起到培养和弘扬民族精神的作用。在武术教育中要充分渗透优秀传统文化教育，把弘扬和培养民族精神纳入武术教育的全过程，不断加强学生集体荣誉感与民族责任感，使学生在民族传统

---

① 刘军、邱丕相：《我国武术文化教育现状及其教育功能的传承研究》，《沈阳体育学院学报》2009 年第 1 期。

文化教育中获得武术知识与情感，在潜移默化中传承武术文化，为培养和弘扬民族精神服务。①

（5）身份归属性是武术文化认同的本质属性

身份特殊性与群体归属性是认同的本质特征，武术文化认同也因此具备相似属性。即武术文化认同是个体自我认同与群体社会认同的结合与统一，前者强调从自身角度出发进行的描述与评价，后者强调从外在社会关系、类别归属角度出发进行的描述与评价。此外，自我认同受外界的群体类别、人际关系等因素影响，而社会认同也受到个体的自身特点、能力等因素影响。在具体情境下武术文化认同是个体或者武术文化群体寻求、探索、确认身份的过程。一方面，个体或群体通过共有的文化属性确认"我们"的共同身份；另一方面，个体或群体利用特有的文化属性将"我们"和"他们"区分开来，明确身份的特殊性。个体和群体是身份归属的两个层面，在以往武术文化认同研究中，研究者更多从群体层面界定群体内部的武术文化与群体外部的外来文化，以彰显武术文化身份的独立性、独特性。同时，在描述后者对前者产生影响的背景下，分析当下武术文化认同的总体表现。例如：吕韶钧、张维凯对民间习武群体的社会文化基础进行了研究，提出了民间习武共同体的概念，认为"身份认同是民间习武共同体存在的基础，群体的归属感则是民族间习武共同体维系的重要纽带"②。方国清认为：中国武术是中华民族身体文化的杰出代表，也是中国传统文化身份的重要标识。但是伴随着武术进奥运、武术现代化改革等潮流以及流行体育通过先进的传播手段和时下中国人对西方文化、异族文化的崇媚心态，中国武术发展进入一个身份迷失的时代，武术这个传统文化身份的

---

① 孙成岩：《武术教育由技能传习向文化传承转变的思考》，《首都体育学院学报》2010年第3期。

② 吕韶钧、张维凯：《民间习武共同体的提出及其社会文化基础》，《北京体育大学学报》2013年第9期。

符码已经开始渐渐模糊，危机重重。① 叶献丹从"他者"视角出发，分析了作为外来文化的"他者"对武术文化身份性的作用——武术的文化身份认同离不开外来文化"他者"的存在，"他者"带来的文化冲突、文化矛盾是武术文化发展和维持的基础。②

虽然从群体层面分析武术文化认同中的身份性有一定意义，但缺少从个体层面进行武术文化认同的身份性分析是以往研究存在的不足。

#### （二）武术文化认同的意义与作用

经济全球化、信息网络化、文化多元化的时代，为个体接触不同外来文化提供了便利条件，为民族间文化传播、文化交流、文化融合提供了发展机遇；同时，也给外来的强势文化、霸权文化通过经济贸易、网络信息等渠道进行文化入侵提供了可能。民族文化认同不仅关系到民族文化的传承与发扬、民族的团结与和谐，也关系到国家的安全与稳定以及个体的健康成长。因此，在面对全球化滚滚浪潮以及复杂的政治环境时，如何传承和发扬本民族的优秀传统文化，保持和增进民族文化认同成为人们关心的议题，研究民族文化认同的作用与价值便具有了意义。所以，从作为中华民族传统文化杰出代表的武术文化入手，研究武术文化认同价值和功能也便具有了同样的积极价值与意义，具体表现在以下几个方面。

1. 武术文化认同对个体价值观念引领、培育的意义与作用

从个体发展角度看，武术文化认同对参与者思想观念的引领、培育具有积极的意义与作用。武术作为一种内外兼修的运动形式，其价值不仅体现在参与者运动技术、技能的获取以及身体素质的提升上，更为重要的是武术所蕴含的深刻文化价值、理念对个体，特别是青少年思想道德、价值观的引领和培育具有积极意义。当下的青少年价值

---

① 方国清：《自我与他者：全球化背景下中国武术文化认同的研究》，硕士学位论文，苏州大学，2008年。
② 叶献丹：《全球化时代中国武术文化认同及其策略反思》，《天津体育学院学报》2007年第1期。

观错位与迷失已成为一种严重的社会现象，利用有效的教育方式、方法培育符合个人、社会、国家的价值观念由此成为人们关注的焦点，其理论与实践意义也就不言而喻了。众所周知，中国传统武术文化是中国传统优秀文化的重要组成部分，各族人民在长期的生产劳动实践中所提炼、发展出"自然和谐""侠肝义胆""天人合一"等思想精髓不仅使武术运动绵延千年、经久不衰；同时，这些价值理念与社会主义核心价值观所倡导的自由和谐、以人为本、爱国主义等理念相统一。究其实质，中国传统文化是武术文化与社会主义核心价值观之间的桥梁与纽带，共同的文化环境是二者具备一定逻辑联系的基础与依据，具体表现为以下两个方面。①

其一，二者在和谐、爱国等价值理念上的逻辑联系。①和谐的价值，是社会主义社会以及社会主义核心价值观的本质及特征所在。在现实的语境中，所谓和谐，是指在社会主义社会中人与人、与社会、与自然环境相互依存、相互促进的良好互动状态。②在中国武术文化的价值理念中不仅蕴含着人、社会、自然之间相互关联、良好互动的关系状态，同时，更强调个体自身的身心、内外和谐。例如，武术技术中的"六合"，要求"手与足合，腰与膝合，肩与胯合，心与意合，意与气合，气与力合"。其外在运动技术中的"身法"则体现了躯干与四肢之间的相互配合、协调一致，表达了周身和谐的超越境界，长期的武术操练就是为了达到一种高度完美的技术和谐，而"人刀合一""人剑合一"等器械项目的最高境界则正是对这种"和谐美感"最好的诠释。③此外，中国太极拳运动一直追求和谐，注重外在的动作与内在的心神意气的高度和谐，如何在运动中更好地体现人与人、人与环境的和谐，诸多流派表现各异。例如太极拳中的推手注重"舍己从人""点到为止"就体现为为对手考虑，不是一定要将对方

---

① 高旭、柴娇:《民族传统体育文化与青少年社会主义核心价值观教育的逻辑联系及融合创新》,《思想政治教育研究》2014年第5期。
② 韩震:《论作为社会主义核心价值观的和谐》,《高校理论战线》2012年第4期。
③ 邱丕相、马文国:《武术文化研究和教育研究的当代意义》,《广州体育学院学报》2005年第2期。

打倒在地，制人而不伤人，强调人际关系的和谐与宽容。这种和谐观念不仅体现在技术上、练法上，也体现在教学训练过程中、礼仪中和人际相处中。在自然环境下进行的太极拳运动，强调人与自然的和谐相处，要求锻炼者在锻炼过程中心静体松、将自身"融入"到大自然中，与大自然进行无声地交流，达到所谓"天人合一"的最佳练习效果。②以爱国为核心的民族精神代表着中华民族的精神风貌，是实现现阶段社会发展目标，体现社会主义本质的前提条件和基础，是我国赖以生存和发展的精神支柱，① 因此，爱国作为社会主义核心价值观的重要特点必须提倡、发扬。而深受中国传统文化影响的武术运动，同样将爱国作为人生奋斗的最高目标，大多数武术习练者，以"一身动，则一身强；一家动，则一家强；一国动，则一国强；天下动，则天下强"为运动理念，以提升自身防卫能力、强身健体为基本方向，诠释着对中华民族的深深眷恋。例如：以霍元甲为代表的一批武术名家，通过精湛的武艺多次击败国外挑战者，用自身武术修为诠释着对祖国深深的爱，从而弘扬爱国主义精神，激发了民族斗志；抗日战争时期，中国大刀队手中的一把把钢刀，打出了中国武术的威风，展现了中华民族的英雄气概以及爱国主义情怀。

其二，二者在教育、传承等功能上的逻辑联系。①在当今多元文化的背景下，不断挖掘和实现社会主义核心价值观所提倡的文明、诚信、责任、合作等理念，以此构建青少年社会道德主流意识，发挥社会主义核心价值观的教育功能，将是教育工作者面临的一个重要课题。② 从古至今，民族传统体育所蕴含的教育价值、教育功能被人们不断挖掘、认同。例如：武术独特、突出的教育价值不仅体现为强身健体、增强体质，更重要的是在武术文化理念体验过程中学生思想道德、处世哲学得到改善，道德观、价值观得到改造，这对于提升学生综合素质，适应现代社会具有重要意义，武术教育功能也由此体现。

---

① 钟明华、黄荟：《社会主义核心价值观内涵解析》，《山东社会科学》2009 年第 12 期。

② 鄢新萍：《以社会主义核心价值观引领大学生价值观教育的意义及路径选择》，《学校党建与思想教育》2013 年第 18 期。

因此，在民族传统体育运动中充分挖掘、利用其教育功能，将有利于使它所倡导的公正严明、遵纪守法、严格自律、诚实守信等道德观念在无形中内化为人们的道德素养，使体育活动中的自发行为转化为实际生活中自觉的行动，这将有力地促进我国公民道德水平的提升。[①]
[②]中华传统文化是维系中华民族历史传承和时代创新的灵魂血脉，是构建中国特色社会主义社会的精神依托，传承中国优秀传统文化对于社会主义物质文明、精神文明建设具有重要意义。如前所述，社会主义核心价值观与民族传统体育文化植根于中华民族深厚的文化土壤，吸收着传统文化丰富的思想养分，受到中国优秀传统文化的深刻影响，二者凝聚了中国传统文化的价值理念、思想精髓。在文化多元、社会日新月异的今天，大力弘扬、践行社会主义核心价值观以及民族传统体育文化理念其实质是对中华优秀民族传统文化的传承。因此，对中华优秀民族传统文化的继承与发扬成为社会主义核心价值观与民族传统体育的契合点，由此体现二者在传承功能上的逻辑联系。从传承价值上看，社会主义核心价值观从理论角度出发，强调对中国传统文化的继承与超越，其立足于时代发展，把握时代特征赋予的时代精神，反映世界发展潮流的社会主义核心价值观，以形成民族的凝聚力和向心力，引导社会前进方向，增强中华文化软实力。[②] 而以武术为代表的民族传统体育从实践角度出发，为传承中国民族传统文化提供了具有征服力、感染力和渗透力的方法、内容，通过运动实践载体及其文化内涵形态表现完成文化传承的使命。[③]

由此可见，民族传统武术文化与社会主义核心价值观存在一定的逻辑联系，从武术文化认同视角出发，促进和提升青少年社会主义核心价值观具有一定的理论可行性。此外，以武术为代表的民族传统体育项目是学校的体育教学内容，是青少年喜闻乐见的运动项目，青少

---

① 田祖国：《人文精神与民族传统体育的伦理教育价值》，《南京体育学院学报》（社会科学版）2008年第5期。

② 黎昕、林建峰：《优秀传统文化的传承与社会主义核心价值观的凝炼》，《福建论坛》（人文社会科学版）2012年第9期。

③ 邱丕相、杨建营：《当代武术的三重使命》，《沈阳体育学院学报》2009年第4期。

年在实现锻炼身体、掌握武术技术动作的同时,更能领悟到中国传统文化中的道德精神,这为促进社会主义核心价值观提供了有效的路径与方法。

2. 武术文化认同对其项目发展与文化传承的意义与作用

从项目传承视角看,武术文化认同对武术运动发展与武术文化传承具有积极意义与作用。传承与发展是中华武术运动、武术文化的一个重要主题。一些研究者从文化认同视角入手,分析武术文化认同在其传承、发展中的价值与意义,并明确认为武术文化认同对其传承、发展具有重要作用,相关研究从积极和消极两方面对此进行了探讨。

首先,从积极角度看,"对于武术文化的认同对其自身传承与发展至关重要。在漫长的历史长河中,中华武术之所以经久不衰、绵延千年、推陈出新,正是由于有着文化认同这根潜在的、隐性的纽带。有了这根纽带人们才会对武术文化赋予忠诚的情感,并产生与文化相适应的积极心理体验,进而传承与发扬中华传统武术文化,而失去了这种文化的认同也就相应地失去一切"[①]。方国清从武术文化认同与文化自觉、文化自信关系角度入手,阐述前者对后者的影响,进而说明武术文化认同对武术运动、武术文化的促进作用。[②] 其次,从消极角度看,武术文化传承与发展中的关键问题与武术文化认同缺失有着密切联系。叶献丹认为,中国武术文化传承与发展过程中出现的"失语"现象本质是文化认同缺失的表现。曾经辉煌的、引以为荣的中国武术,在面对西方体育话语权主导下的奥林匹克运动时,逐渐陷入文化的"失语"状态。面对这种不安的情境,越来越多的人意识到,中国武术无法融入奥林匹克的"失语"现状不仅是江郎才尽的失落,还意味着自身文化身份的迷茫与迷失。[③] 王柏利认为,文化认同危机

---

① 宋丽:《中国武术发展的困境与文化认同问题》,《南京体育学院学报》(社会科学版)2008年第5期。
② 方国清:《自我与他者:全球化背景下中国武术文化认同的研究》,硕士学位论文,苏州大学,2008年。
③ 叶献丹:《中国武术的"文化失语"与"文化认同"的思考——以体育全球化为背景》,《武汉体育学院学报》2007年第3期。

是人们对武术文化不认同的根本所在。在人们焦虑地将武术融入体育的进程中，剥离了武术的民族性与传统性，失去了文化传统之根。这使得中国武术处于一种文化无根的迷茫状态，由此产生了中国武术文化的认同危机。将西方体育文化要素融入武术而衍生出的休闲武术、学校体育武术，明显表明中国武术缺乏文化自信，变异后的中国武术开始变得模糊、分裂，从而加剧学生对武术运动、武术文化的不认同。①

此外，在面对全球一体化以及西方体育文化冲击时，选择合理、有效的武术文化认同策略对传承与发展武术运动及文化具有积极意义，相关研究由此展开。叶献丹从三个方面阐述了武术文化认同的相关策略：①对话而不对立，即在追求中国武术世界化的历程中，我们必须秉承对话的姿态与开放的心胸，如果继续保持固守自封的、优越的民族体育文化情结，中国武术文化瓶颈的困境将会持续存在。②发声而不失语，即在全球一体化背景下，中国武术应抱有文化自信，将自身特征、特点向外输出，发出自己嘹亮、独特的声音。③应对而非怀旧。怀旧是一种懈怠的应对方式，对于昔日辉煌的回忆只能使中国武术处于固守自封的地步，积极构建与应对才是中国武术的最终出路。② 吴松、王岗认为，武术文化认同对其自身发展具有重要作用，而其认同策略应体现在以下两个方面：首先，要全面、冷静、客观地分析自身文化的先进性，不要一味盲从与妄自菲薄，通过理性发掘与整理传统武术文化中的精髓部分，做到真正的弘扬与传承；其次，要正视西方体育文化中的优秀特质，加以选择性的借鉴，由此创造性地应用在武术发展、优化过程中，真正做到"洋为中用"。③

白晋湘等人认为：全球化并不等同于同一化与同质化，而是在与外来多元文化接触后产生对本民族传统体育文化的认同。利用中国传

---

① 王柏利：《文化认同视域下学校武术教育研究》，《四川体育科学》2010年第3期。
② 叶献丹：《全球化时代中国武术文化认同及其策略反思》，《天津体育学院学报》2007年第1期。
③ 吴松、王岗：《中国武术发展中不可回避的问题——文化之争》，《体育学刊》2007年第9期。

统文化中的"和而不同"思想去应对文化差异、文化冲突，进而保持民族特色，与外来文化和谐共处，这才是应对多元文化、一体文化所应采取的合理策略。"和而不同"的具体含义可以理解为，在全球化发展中，和谐而又不千篇一律，不同而又不彼此冲突、和谐共生共长从而达到统一、和谐。①

梳理以往关于武术文化认同策略的研究，其内容基本遵从贝瑞提出的四种文化适应策略，即在多元文化情境下，个体可以同时忠诚于不同文化模式中的价值系统及其实践模式，人们的认同不再局限于某种特定文化类型，可以同时保持对原有民族文化和当前社会主流文化的双重认同。② 根据文化适应个体在这两个维度上的不同表现，贝瑞提出了四种不同的文化适应策略：整合、同化、分离、边缘化。在这四种认同策略中，大多数研究者提倡武术文化认同的整合策略，即在整合（integration）适应策略下，个体既注重对新环境的文化接触，积极参与相应的日常活动，也能重视、保持原有的文化特性。

3. 武术文化认同对国家文化安全及政治稳定的意义与作用

其一，从国家稳定、团结视角看，武术文化认同对国家文化安全及政治稳定具有积极的意义与作用。全球化使得文化接触、文化交锋和文化冲突日益明显，文化安全问题越发凸显。纵观国际历史，一个国家是否团结、稳定、安全，不仅取决于经济、军事、技术发展等国家硬实力，同时也取决于一个国家的文化"软实力"，表现为民族精神号召力、凝聚力和意识形态的整合力等，对国民的价值观念、意识形态、生活方式具有重要影响。强势文化与霸权文化的侵入往往是经济发达国家借助硬实力，通过经济全球化、贸易全球化将价值观念、思想意识和生活方式传播到经济欠发达国家，动摇其"文化的同一性"，引发民族内部的文化认同危机，威胁其国家文化安全。一个民族文化的消亡意味着这个民族的灭亡，瓦解一个国家的政权体系，往

---

① 白晋湘、张小林、李玉文：《全球化语境下我国民族传统体育文化认同与文化适应》，《北京体育大学学报》2008年第9期。
② Berry J. W., "Immigration, Acculturation, and Adaptation", *Applied Psychology: An International Review*, 1997, 46: 5-15.

往从文化开始。从历史上看,一个国家如果失去了对自身民族传统文化的认同,也就失去了共同的价值理念、共有的精神体系,社会就会变得动荡不安,国家自身的安全也就无法保障,"灭人之国者,必先去其文化"就是深刻阐释。反观,如果一个国家的人们对所处文化具有较强的认同感,这既成为该民族立足于世界文化之林的精神基础,也是其在国际竞争中立于不败之境的精神力量。在人类漫长的社会发展史中,一个国家如果失去了文化认同,也就失去了共同的精神家园,社会就会陷入一盘散沙,国家自身的安全也就无法保障。东欧剧变、苏联解体的历史警示人们,社会主义制度瓦解的实质是人们对这个制度所代表的文化价值、文化理念的不认同,人们不再相信社会主义的观念、理想和领导者的个人品行。中华民族具有"文化立国"的历史传统,正是这种以民族文化认同作为政治认同、国家认同的路径取向,为中华民族繁荣昌盛、绵延千年奠定了坚实的基础。

其二,民族与国家相互联系、相互依存:一方面,民族是国家的基础与前提,国家是由多民族组成,个体具有民族和国家的双重属性。另一方面,国家是民族发展、延续的保障。国家的政治、经济实力是民族发展的坚实后盾,民族的命运与国家的发展息息相关。由此,从民族认同、民族文化认同提升国家认同,维护国家和谐、稳定具有理论上的可能。民族文化认同会形成一股强大的文化向心力、文化凝聚力,这种文化力量将各族人民、各阶层人民团结、统一在一起,为履行国家各项方针、执行国家各项任务提供保障。在民族文化认同这种强力精神黏合剂的作用下,民族的归属感、国家政权的合法性和个人的献身精神结合成为一种独特的精神联合系统。当今世界,文化已成为衡量国家综合实力的重要标准,文化强大的影响力和感召力,对内可以凝聚人心、激发强烈的爱国主义精神,形成民族认同和国家认同;对外可以赢得其他国家、民族的尊重,而且在民族文化认同的支持保护下,本族文化几乎不可能被所谓的强势文化解构、同化。与之相反的是,民族文化认同的削弱将导致民族认同和国家认同的弱化。倘若失去了民族文化认同,民族认同将不复存在,国家认同也难以稳固。① 民族文化认同对于提升中华民族凝聚力、向心力，维护国家和谐与稳定的重要价值及作用由此体现。

从以上论述可以看出，民族文化认同对于国家文化安全、政治团结具有重要价值与作用。面对世界范围各种文化思想的相互撞击，提升自身民族的文化认同，建设本民族共有的精神家园，其意义比以往任何时候都更加重要。正如江泽民同志指出的，"一个民族只有在努力发展经济的同时，保持和发扬自己的民族文化特色，才能真正自立于世界民族之林。我们能不能继承和发扬中华民族的优秀传统文化，吸收世界各国的优秀文化成果，建设有中国特色社会主义文化，这是事关中华民族振兴的大事"②。因此，作为民族文化杰出代表的武术文化在抵制文化入侵，维护国家文化安全，促进国家政治团结、政治稳定中理应具有重要价值及意义。③

### （三）武术文化认同的结构与测量

#### 1. 武术文化认同结构的定性、宏观研究

有关武术文化认同的构成要素以及这些要素之间关联特征的描述与解释，不仅涉及其概念、内涵及本质特征，对于深入理解武术文化认同也具有积极意义；同时，这为改善、提升中学生武术文化认同奠定了坚实的理论支撑。但在以往的研究中，关于武术文化认同结构特征分析的研究较少，仅有李信厚、郑健从武术文化特征入手对武术文化认同结构进行了分析。④ 该研究认为，武术文化价值认同主要有以下三方面：①"礼"的教化立场是武术文化的本体价值。"点到为止""尊师重道"等就是在"礼"的准则下形成的武术行为规范。这些武术修炼过程中所遵循的规范与准则在历史的传承中，文化的积淀

---

① 徐则平：《试论民族文化认同的"软实力"价值》，《思想战线》2008年第3期。
② 《江泽民文选》第1卷，人民出版社2006年版，第597页。
③ 王纯、王伯利：《国家文化建设中武术文化认同研究》，《成都体育学院学报》2015年第4期。
④ 李信厚、郑健：《文化视域下武术文化的认同与自觉》，《广州体育学院学报》2016年第5期。

下,不断得到系统的完善、充实,从而使武术运动逐渐地"礼"化。②武术文化讲究内外兼修,追求人文情怀的塑造。武术是一种肢体语言符号,注重"身韵"的塑造,"身韵"从内涵上体现着形神兼备的要求,展现了武术文化的美学特征,是对中华传统文化底蕴的最好解释。③武术文化注重德艺双馨的民族精神。在武术固有的文化中,练习者将高超技能与良好品德作为同等重要的目标,这种文化模式在强身健体的同时对个人道德行为起到了良好的规范化教育作用。根据以上研究思路,如果按武术文化分类特征入手,武术文化认同的结构或许还能呈现以下特征。例如:根据程大力对武术文化类别的分析,武术文化认同从内到外或许呈现三个层次,即对"技与术"(可理解为"物器技术层",它是武术文化形态的表层结构,主要包括武术技术、武术器械,武术练功器具、场所、服装等内容,是一种人与物的关系)的认同、对"道与理"(可理解为"心理价值层",它是最内层或最深层的武术文化形态结构层,主要包括武术文化形态所反映体现的民族性格、民族心理、民族情感等内容,是一种人与天、心、道的关系)的认同、对"礼与艺"(可理解为"制度习俗层",它是相对隐形的中间层,主要包括武术组织方式、武术承传方式、武术教授方式、武术礼仪规范、武德内容规范、武术竞赛方式等内涵,是一种人与人的关系)的认同,其中武术文化认同的核心是"道与理"。① 从李印东关于武术文化层次的分析看,武术文化认同或许应囊括武技与武理技术文化层、武术行为文化层、武术心态文化层三个层次。② 关博等人以儒家思想为基础对武术文化进行了分析,认为武术文化认同或许包括:其一,思想意识层面(注重武德)的认同,即重视品德的修养,将品德修养看得至高无上,进而使中国武术具有注重礼节、注重武德的特点,这是儒家的"信"和"义"两个方面内容的重要体现。其二,行为作风(重义轻利、行侠仗义)认同,即儒家思想

---

① 程大力:《论武术文化的内涵与外延》,《搏击·武术科学》2011年第1期。
② 李印东:《武术释义——武术本质及其功能价值体系阐释》,北京体育大学出版社2006年版。

也主张要重义轻利,踏踏实实,正己修身,武术文化提倡刚健有为、宁死不屈、自强不息、积极进取的精神,讲求仗义行事、严于律己、宽以待人的君子作风。其三,社会行为层面(刚健有为、自强不息、积极进取的武术精神)的认同,即儒家思想也提倡大丈夫要以天下为己任,时刻将天下事装在心中,推崇积极有作为的社会参与效应,这一行为表现在武术中均有体现。①

综上所述,以往关于武术文化认同结构的研究,主要从宏观的武术文化层次认识武术认同结构,让人们了解武术文化认同的指向与内容,具有一定的积极意义。但未能从微观的个体心理与行为层面,特别是从心理测量及评价角度分析武术文化认同是以往研究中存在的不足。以往关于民族文化认同的研究提示,从个体的心理与行为层面出发分析、讨论武术文化认同对于把握其本质特征、内在机制具有重要价值与意义。

2. 民族文化认同结构定量、微观研究及其对武术文化认同结构分析的启示

武术文化认同与民族文化认同在属性、类别上具有一定的逻辑联系,梳理以往民族文化认同结构定量、微观研究成果能够为武术文化认同结构的类似分析提供理论及实践上的支撑。此外,由于以往武术文化认同缺少相关的定量分析,特别是关于武术文化认同结构的测量与评价,因此,借鉴以往民族文化认同结构的定量、实证分析成果成为本研究的必然之路。

(1)国外民族文化认同结构的实证研究

民族文化认同结构研究大致可分为理论研究和实证研究。但不同的是理论研究的局限性与不足引起一些研究者的注意,他们从实证角度出发,利用心理测量与评价技术分析民族文化认同内在的结构。

此类研究始于国外,其中菲尼的研究具有较强的代表性,其研究成果被随后多数研究者所沿用。她认为民族文化认同结构包括四种成分:民族确认(ethnic self-identification),即对自己民族身份的知觉判

---

① 关博、杨兆山:《武术教育的文化性探析》,《体育与科学》2014年第3期。

断；民族实现（ethnic identity achievement），即个体探索自己民族身份的过程以及承诺；民族行为（ethnic behavior），即对本民族活动的参与；民族归属感（sense of belonging），即个体对自己的民族群体的积极依恋。菲尼根据以上四种成分，通过数理统计与分析确定了民族文化认同的三个维度：①肯定（指归属感和对本民族群体的积极态度）、②实现（指民族认同的探求和承诺）、③行为（指参加本民族群体特有的或有代表性的活动），并以此编制了《民族认同量表》(Multi-group Ethnic Identity Measure，MEIM)。[①] 菲尼在随后的研究中多次使用此量表，验证了其有效性及可信度；同时，Lee 和 Yoo 利用 MEIM 对亚裔学生进行测量、评价，探索性因素分析表明：亚裔学生在民族文化认同上存在认知分类、情感自豪、行为承诺三个维度，[②]这基本上验证了菲尼的民族认同结构。Kwan 与 Sodowsky 的研究表明，民族认同应囊括内外两个维度，内部民族认同则包含三个方面，即认知（个体对自身形象以及在群体中所处形象的感知，同时应对所处群体的历史、文化、社会制度等有所了解）、情感（个体对群体的归属感与依恋感）、道德（是个体对群体应尽义务及所承担责任）；外在民族认同则是指个体观察到的社会行为与文化行为，例如遵守本民族传统规则、使用本民族语言、参加本民族群体的仪式。总体来讲，如从心理角度出发，民族认同包括了认知、情感、道德和行为四个维度。

纵观国外其他研究者对民族认同的构建，基本遵从了菲尼提出的民族认同结构成分，同时明确民族身份的重要价值，即从个体的认知、情感、行为和民族身份四个方面进行构建，只是各自强调的结构重点不一，有的强调个体知觉判断的认知成分多些，有的强调个体归属感、自豪感的情感成分多些，而有的则强调个体参与、卷入民族活动的行为成分更多些。

---

① Phinney, J. S., "The Multigroup Ethnic Identity Measure: A New Scale for Use with Diverse Group", *Journal of Adolescent Research*, 1992, 7, 156–176.

② Lee R. M., Yoo, H. C., "Structure and Measurement of Ethnic Identity for Asian American College Students", *Journal of Counseling Psychology*, 2004, 51 (2): 263–269.

(2) 国内民族文化认同结构的实证研究

在民族文化认同问题研究领域中，中国学者起步较晚，现有的研究主要集中于民族文化认同定性研究，如概念、内涵、功能等，缺少对民族文化认同结构的定量化研究。现有对民族文化认同、民族认同结构的研究，基本以菲尼提出的民族认同三要素为基础，从个体的认知、情感、行为、民族身份四个方面对民族文化认同进行构建。

佐斌、秦向荣在对国家认同感的研究中指出，认知和情感是国家认同的两个亚系统，由此可以作为民族认同的两个基本维度。认知成分是指，个体对中华民族的一些基本知识、内容和观念的感知与理解，例如：对中华民族的典型特征、特色或象征物的知觉，是否意识到自己是中华民族的一员，是否意识到自己和中华民族存在某种必然联系等。情感成分是指，对中华民族的情感依附与偏爱，是一种深刻复杂的社会情感，主要涉及对该民族及成员的依恋和偏爱。情感成分是指，对中华民族的情感偏爱和归属感，对中华民族领域的眷恋和爱护，与中华民族利益紧密相关的中华民族自尊心、民族自豪感、民族荣辱感等。[①] 王亚鹏对藏族大学生的研究发现，民族认同是一种群体水平上的认同，包括四个要素，即群体认识、群体态度、群体行为和群体归属感，这其中群体态度是最关键的要素。同时，藏族大学生文化认同不仅包括本民族的文化，还包括对主流文化的认同，主流文化的认同本身包括了态度的成分，这体现出个体良好的国家意识。[②] 韩辉从民族文化价值要素入手，对藏族学生进行民族文化认同结构分析，指出民族文化认同是一个二阶十五因素模型，该结构包括三个二阶因子（认知沟通、情感接纳、行为趋同），每个因子囊括五个因素。而每个二阶因子分别是文化的五个方面（历史起源、宗教、习

---

[①] 佐斌、秦向荣：《中华民族认同的心理成分和形成机制》，《上海师范大学学报》（哲学社会科学版）2011年第4期。

[②] 王亚鹏：《藏族大学生的民族认同、文化适应与心理疏离感》，硕士学位论文，西北师范大学，2002年。

俗、科技、艺术）的具体表现。① 秦向荣则认为民族认同包括四个维度：认知成分（即对自身民族身份的认识以及对民族习俗、历史等知识的了解）、评价成分（即对自身民族身份的价值、重要性的积极评价）、情感成分（即对所属民族的归属感和依恋感，从心理上将自己归类为本民族的一员）、行为成分（即为了维持民族文化、利益以及自身的民族身份而展现出的典型行为倾向与具体行为）。② 胡发稳等人以哈尼族青少年为测试群体，从文化价值角度入手，分析、检验民族文化认同结构。研究表明，哈尼族文化认同包含四个维度：①宗教信念（即个体对哈尼族所创造出的精神文化的价值、意义等的认识与看法）；②社会俗约（即个体对哈尼族群体用于规范、调节人们社会行为准则的接纳与认可）；③民族接纳（即个体对哈尼族群所持有的总体态度）；④族物喜好（即个体对哈尼族群所创造出物质文化的态度倾向），以上四个维度均是围绕个体对文化的认知、评价、情感、行为而展现的。该研究中哈尼族青少年学生文化认同内容主要指哈尼族文化，具体表现在文化符号的好恶取舍、文化身份的觉知确认、价值文化的笃信及其行为的坚持性等方面。③ 王沛、胡发稳认为，个体民族文化认同具有两种模式，即对本民族文化认同和对主流文化认同，这两种模式相互依存、相互影响。在这两种认同模式中包含三个共同维度：①文化符号认同，是人们在接触不同文化的过程中对文化所呈现的表意符号的态度倾向。②文化身份认同，是人们对不同文化群体的情感、评价、态度倾向等，旨在考察人们的群体文化自我概念、文化身份感，以及自身行为与归属群体的趋同程度。③价值文化认同，是人们对目标文化群体的文化价值观念和社会规范的接纳程度。依照心理测量理论，可将文化符号认同、文化身份认同、价值文

---

① 韩辉：《藏族大学生文化认同结构及与自我价值感的关系研究》，硕士学位论文，西北师范大学，2002年。
② 秦向荣：《中国11至20岁青少年的民族认同及其发展》，硕士学位论文，华中师范大学，2005年。
③ 胡发稳、张智、李丽菊：《哈尼族青少年学生文化认同的理论构建及问卷初步编制》，《红河学院学报》2010年第3期。

化认同视为测评本民族文化认同和主流文化认同的具体指标，且三者之间既相互依存，交互影响，又保持相对独立，自成体系。从民族文化过程论看，文化符号认同具有生存适应价值，是形成文化身份和构架文化价值观念的基础；文化身份认同是一个民族成员主体性的体现，可作为民族文化认同的制动系统；价值文化认同将规约民族成员的文化符号和文化身份认同，对文化符号及其表意系统的创造行为具有调节作用，进而影响确认文化身份的准则。[①]

（3）民族文化认同结构定量、微观研究的启示

整理以往关于民族文化认同结构的定量、微观研究可以看出，研究主要以心理测量与评价为基础，从实证角度出发，发展和修订民族传统文化测量工具，以此构建民族文化认同心理维度，而维度特征主要表现为态度结构特征及态度指向的内容特征两个方面。其一，从态度结构特征看，民族文化认同是个体对本民族文化所持有的积极态度，即个体在与文化接触过程中产生的积极认知、情感、行为过程及表现。其二，从态度指向的内容特征看，个体民族文化认同中所表现出积极的认知、情感、行为都是围绕民族文化价值与民族文化身份展开的，即个体在文化接触过程中会对本民族文化中所蕴含的社会价值规范、宗教信仰、风俗习惯、语言艺术等，以及身份从文化属性产生的积极态度。

根据以往的民族文化认同研究，可以判断武术文化认同或许存在相似的心理结构特征，表现为个体在参与武术运动、接触武术文化过程中所产生的积极态度，即个体对武术文化中思想观念、道德伦理思维方式等的积极知觉判断与情感体验；通过武术文化价值的内化形成特有的价值观体系，驱动个体积极参与到武术文化实践活动中；并具有根据武术特有的文化属性确认自身文化身份进而产生文化归属感、自豪感等态度。因此，从态度结构及态度指向两方面入手，遵从武术文化价值特征，并依据心理测量与评价手段对武术文化认同结构进行

---

① 王沛、胡发稳：《民族文化认同：内涵与结构》，《上海师范大学学报》（哲学社会科学版）2011年第1期。

实证性分析在理论上具有一定的可行性。据此，本研究试图从武术文化认知、情感、行为以及身份态度四个方面入手，构建武术文化认同结构模型，在此模型基础上编制《中学生武术文化认同量表》，通过实践心理测量及评价检验该结构模型及问卷的可信度、有效性，为从微观、定量角度分析了解武术文化认同提供理论及实践参考。追本溯源，关于"认同"的研究最早源于心理学领域，后被沿用在其他领域中。因此，从心理学视角出发通过定量的心理测量与评价技术去分析武术文化认同结构具有一定的研究可行性；此外，心理学一直强调外在的客观事物必须通过个体的心理得到反映才具有价值，那么对武术文化认同结构的研究也不应例外——利用严谨的心理测量与评价方法、程序，去解析影响武术文化认同的结构组成，预测相应的具体行为，这为进一步了解武术文化认同的本质属性提供了实践依据。本研究的研究思路、研究基础、研究依据由此体现。

### （四）学校武术教育与武术文化认同

#### 1. 学校武术教育的价值和功能分析

武术作为中华传统文化的杰出代表，其所蕴含的教育价值与教育意义一直被人们所重视。在中华民族社会实践活动中武术独有的教育属性得到人们确认，其在强身健体与提升道德情操上的功能被人们所熟知。武术与教育的结合自古有之，不论是在私塾教育占主要教育形态的明清时期，还是在民国教会学校、新学堂发端之初，教育的武术始终存在，没有被割断[①]。新中国成立后，武术的教育价值、教育功能依然受到教育部门重视，教育部曾在1956年、1961年先后两次在《中、小学体育教学大纲》及《全国大、中、小学体育教学大纲》中明确了武术作为学校体育教学内容的价值及意义。由此可见，武术运动是学校武术教育的重要载体，对于快速发展中的青少年的身体、心理、道德等方面具有积极的促进作用。同时，这一价值与功能属性备

---

① 王岗、李世宏：《学校武术教育发展的现状、问题与思考》，《成都体育学院学报》2011年第5期。

受国家、社会的关注,大力倡导发挥学校武术教育功能也就成为管理者、教育者关注的焦点与研究的倾向,围绕学校武术教育价值、教育功能的研究也便有了意义。

郭玉成、郭玉亭认为,武术教育的核心是思想教育、文化教育,其价值定位与功能定位体现在以下两个方面:①"文化传承与艺术审美"是武术教育的价值定位。武术教育在今天首先是民族文化的熏陶和教育,然后是民族文化的学习和积累。只有站在民族传统文化的肩膀上,继承和学习自己民族的传统文化,把自己置身于历史文化的传统之中,才能感受其魅力和价值。传统文化所凝结的价值与功能对一个国家未来发展的意义不言而喻。因此,以武术为代表的中华传统文化在大、中、小学广泛传播、推广就具有了重要的现实意义。武术教育即思想教育、文化教育,这是武术教育的价值所在。②"道德教育和大众教育"是武术教育的功能定位。武德是武术教育的核心,对个体的思想、道德健康成长具有重要价值,此外,在学校中建立武德教育体系,有助于形成统一的价值体系。① 刘军、邱丕相认为,文化性是武术教育的核心特征,学校武术教育实质是武术文化教育。武术文化是中国传统文化的产物,是中国传统文化的沉积与反映,渗透着中国传统文化的色彩。以儒家、法家、墨家等思想以及中国传统哲学、玄学、医学和宗教学等文化为主核心,走过几千年风雨历程的中华武术,通过对中国传统文化的不断继承和发展,逐渐形成了以高、难、精、美等形态特征为外延的,具有鲜明民族特色的传统性体育项目。因此,武术教育的实践过程不仅能够强身健体、愉悦身心,改善学生体质健康;同时在武术教育学与练的过程中,对于提升学生道德品质、思想观念等具有重要意义。这种身心双健、身心双休的教育模式是学校教育方法与内容的重要补充。② 刘文武等人认为学校武术教育的价值主旨是:学校武术教育应区别于一般体育项目仅以技术传授为

---

① 郭玉成、郭玉亭:《当代武术教育的文化定位》,《武汉体育学院学报》2009 年第 6 期。

② 刘军、邱丕相:《我国武术文化教育现状及其教育功能的传承研究》,《沈阳体育学院学报》2009 年第 1 期。

主要目的的教学模式,而要通过武术技术的教学达到"传承民族文化,弘扬民族精神"的价值主旨。[①] 张峰、闫民认为,武术作为传承民族优秀文化的载体,具有直观学习的特点,通过对武术动作的理解与体悟,把嵌入在武术动作中的中国传统文化的思想、理念、民族性格和文化心态通过学习和演练转化为接受民族文化的教育过程,是今天学校武术教育的中心,也是今天武术教育自觉的出发点。由此,学校武术教育传承与发扬中国民族传统文化的角色显露无遗。在教育实践中应将武术教学与书法、戏曲等文化传统内容等同视之,让学生从美学视角发掘其艺术价值所在,进而明确其在学校教育中的地位。[②]

技术、技能层面是武术运动区别于一般体育项目的直观特征,而凝结中国传统文化思想精髓的内隐特征则是武术运动的本质属性所在。梳理以往学校武术教育的相关研究可以看出,几乎所有研究者一致认为武术的文化教育是最为基本,同时也是最为重要的价值和功能体现,表现为对个体"身心兼修"的全面促进以及对民族传统文化精髓的传承与发扬。武术是一种有形的身体教育手段,但潜藏在载体中的文化,所表达的却是无形的教化。人们必须认清文化是武术得以延续的生命力,没有文化的武术是贫乏的、没有文化的武术是暴力的、没有文化的武术是断裂的。[③] 由此可见,文化教育是学校武术教育的内容、途径、方法,是学校武术教育的价值、功能取向,因此,学校武术文化教育成为人们关注的焦点就显而易见了。

2. 学校武术文化教育分析

如上所述,文化教育是学校武术教育的核心和关键所在,因此,学校武术文化教育成为人们关注的焦点,学校武术文化教育的内容、方法、策略等成为以往研究的重要内容。

---

[①] 刘文武、杜杰、胡海旭:《学校武术教育——定位、现状、对策》,《武汉体育学院学报》2015 年第 9 期。

[②] 张峰、闫民:《学校武术教育的自觉与反思》,《西安体育学院学报》2008 年第 3 期。

[③] 王岗、邱丕相、李建威:《重构学校武术教育体系必须强化"文化意识"》,《体育学刊》2009 年第 12 期。

赵光圣、戴国斌认为，武术文化教育应挖掘武术与哲学、武术与艺术、武术与文学、武术与中医的联系，丰富武术教学的内涵。将看似乏味的武术技能学习融入武术历史知识、历史人物、健身价值等，以此增强民族文化认知、情感、意志、行为，即民族精神的"知情意行"协调、共同发展。武术文化教育是武术教育的重要组成部分，但并不是唯一，还应与武术礼仪和武德教育，以及外在的身体练习如武术基本动作和基本功、武术套路、武术格斗结合起来，构建武术教育、教学体系。① 刘军、邱丕相认为，学校武术文化教育传承应囊括以下三个方面：①对传统哲学的传承。学生在学习、掌握武术技术、技能的同时，促进了中华传统哲学精髓——辩证法的体悟与理解。②对传统美学的传承。攻防结合的武术动作不仅具有实战功能，其蕴含的艺术与美学价值也不应忽略。教师在动作示范、语言讲解过程中应充分激发学生的想象能力，加深美学内涵的理解，以提高其审美能力。③对传统道德礼仪的传承。武德是中华传统道德精髓的凝练，在武术教学过程中应结合教学实例，解析、演示武德的实践形式与现实意义，让学生在充分认识、了解的基础上，塑造其优良的道德品行、道德品质。② 李杉杉、刘雷认为，学生对武术文化的理解应始于武术动作，但又超脱于外在动作，将武术习练经验与生活经验相融合，从具体武术情景与广泛生活情景的双重视角来内化武术文化。青少年对武术的学习应该是以技艺为开始，以武术文化内涵修养为归宿，通过学习武术技艺，同时体验武术的文化内涵，以武术的文化内涵来滋养青少年的生命，赋予青少年生命以武术文化的力量，以武术文化的修养来实现青少年对自身的认知与超越。但在现实中我国中小学武术教育现状令人担忧，在制约中小学武术教育发展的众多因素中，武术文化教育缺失是首要问题，建议应从培养学生树立武术认知意识、培养学生武术文化修养意识、重新审视中小学教育中的相关武术文化元

---

① 赵光圣、戴国斌：《我国学校武术教育现实困境与改革路径选择——写在"全国学校体育武术项目联盟"成立之际》，《上海体育学院学报》2014 年第 1 期。

② 刘军、邱丕相：《我国武术文化教育现状及其教育功能的传承研究》，《沈阳体育学院学报》2009 年第 1 期。

素、透过武术汲取中国传统文化营养、"言传身教"不可分离五个方面入手构建中小学武术文化教育。① 孙成岩从武术教学现实角度出发认为单纯进行武术技术教学而忽略武术文化教育是现实教学中经常出现的现象，这对学生运动参与兴趣、积极热情以及综合素质均存在消极的影响，因此应遵从"文化传承与技能传习"并重的教育指导思想。即教学中应树立以文化发扬、文化传承为理念的教学模式，由此达到武术育人、武术树人的功能。同时，必须建立"武术文化传承与技能传习的终生体育意识"。武术文化的魅力是独一无二的，其历史渊源与广博基本覆盖了中国传统文化的全部领域，因此，极具趣味性。武术教育以趣味性作为教学切入点，极利于培养学生体育效益的长期性、延续性，从而为学生终生体育意识奠定基础。②

综上所述，从学校武术文化教育内容、方法、策略等分析结果看，学校武术文化教育可以概括为是利用外在、直观的武术动作，通过练习、演练等学习方式来理解、体悟不同武术招式中的中国传统哲学、传统美学、传统道德礼仪等价值精髓，从而使学生接受、确认、肯定民族文化的教育过程，以此为基础个体才能自觉传承与发扬民族传统文化，而这种对民族文化的确认、肯定正是民族文化认同的具体展现。武术文化认同成为学校武术文化教育过程的实质由此体现，即在学校武术文化教育中使用相同的武术文化符号（武术动作技术、动作技能）、遵循共同的武术文化理念（天人合一、和谐自然等）、秉承共有的武术思维模式和行为规范（注重武德、重义轻利、行侠仗义等），成为武术文化认同的依据。

3. 武术文化认同视角下的学校武术文化教育分析

如上所述，从理论层次上看武术文化认同是学校武术教育、学校武术文化教育的实质及关键所在；而从现实层面上看，伴随着武术文化认同危机而产生的则是对"武术文化不认同"现实场景的应对，

---

① 李杉杉、刘雷：《中小学武术文化教育探索》，《山东体育科技》2013年第5期。
② 孙成岩：《武术教育由技能传习向文化传承转变的思考》，《首都体育学院学报》2010年第3期。

即如何改善武术文化认同危机,提升个体武术文化认同水平成为学校武术教育者关注的焦点。因此,从理论及现实两个视角出发,改善、促进、提升个体武术文化认同成为学校武术教育、学校武术文化教育的核心所在。

全球一体化带来的文化冲突是文化认同危机的根源所在,这种现象同样发生在学校武术教育的实践中。学校武术教育正受到外来体育项目、体育文化的冲击,学生对跆拳道、瑜伽、健美操等表现出更多的参与兴趣、参与热情;简单易学、娱乐性、趣味性更为突出的西方体育项目,如"三大球"与"三小球"已成为中小学体育教材、体育教学内容的重要组成部分。与这些运动项目产生强烈反差的武术运动,常常被学生解读为:技术难度大且难理解,表演性强而实战性差的花拳绣腿,武术运动缺乏品位等。这使得选修武术的学生日益减少,学校武术教育、学校武术文化教育正面临前所未有的挑战——这种现象正是武术文化认同危机在学校领域中的具体表现。以往研究提示文化冲突是武术文化认同危机产生的根源,由其引发的危机会经历文化冲突—文化认同危机——文化认同这三个关键节点,据此判断武术文化认同危机触发了武术文化认同,武术文化认同危机与武术文化认同密切相连。实践教学时,在多元化运动项目选择过程中放弃武术运动,其实质就是多元文化冲突带来的武术文化认同危机。因此如何以积极的心态面对此问题,构建有效的教学方法化危机为契机、化消极为积极,将文化危机转变为文化认同就显得十分重要了。加拿大著名跨文化学者贝瑞认为,个体在同时接触多种文化的过程中会呈现四种文化适应策略:融合(integration)策略,即文化适应者既想融入主流社会并与社会成员建立良好的社会关系,又想保持自身原有的文化特征与文化身份;分离(separation)策略,即文化适应者不希望与主流社会成员建立任何关系,而只希望保持自身原有的文化特征与文化身份;同化(assimilation)策略,即文化适应者只希望与主流社会成员建立良好关系,而不希望保持自身原有的文化特征与文化身份;边缘化(marginalization)策略,即文化适应者既不希望与主流社会成员建立任何联系,也不希望保持自身原有的文化特征与文化身份。借鉴贝瑞提出的四种文化适应策略并参考学校武术文化教育的现实状况，学生个体及群体的武术文化认同策略更倾向于"同化"，即被外来体育文化所"同化"，进一步讲是认同外来的体育文化，表现为更加积极接触并参与以奥林匹克为代表的外来体育项目，被其文化特征所吸引；而对原有民族文化——武术文化保持决绝、回避等消极态度。在学校武术文化教育中呈现的"同化"现象已引起广大教育者、研究者的重视，他们提倡利用贝瑞所提出的"整合"认同策略进行相应的教育教学改革，即个体既注重对外来体育文化的接触，积极参与相应的体育活动，也能重视保持原有的武术文化特性。反映在实践层面上：武术教育教学中应摆正学校武术教育与西方奥林匹克运动项目平等对话的位置，重视传统武术教学内容的选择，增强学生对武术文化的学习与理解，从而慢慢强化学生的文化认同感[①]。

综上所述，学校武术文化教育中呈现的一些现实问题可以归纳为文化认同问题，从文化认同视角描述、分析、解释学校武术文化教育现象具备一定的理论可行性，同时也具备一定的现实依据。

**（五）以往研究的不足**

1. 缺少定量化、操作化的武术文化认同测量工具

什么因素和维度构成了武术文化认同？这些因素与维度之间呈现何种关联？上述问题涉及武术文化认同结构成分与结构特征，以及武术文化认同的内部机制。这对于深入、详细地了解武术文化认同具有重要的价值和意义。在过去的相关研究中，研究人员主要从武术文化的宏观层面分析了武术文化认同的结构，并阐明了武术文化认同的方向和内容。虽然这些研究成果具有一定的启示意义，但未从微观的个体心理与行为层面，特别是从心理测量及评价角度分析武术文化认同是以往研究存在的不足。

梳理民族文化认同结构研究可以看出，宏观理论研究在此类研究中比例较低，研究者在宏观理论指引下更倾向于以心理测量与评价为

---

① 王柏利：《文化认同视域下学校武术教育研究》，《四川体育科学》2010年第3期。

基础，从实证角度出发，发展和修订民族传统文化测量工具，以此构建、检验民族文化认同心理维度；同时验证相关理论的有效性。从心理学理论、方法等研究视角分析民族文化认同是以往研究的重要理论基础与研究取向，这为本研究中研究思路、研究程序、研究方法等的确立提供了有力支撑。追根穷源，始于心理学领域的"认同"研究，在随后发展过程中被其他领域的研究所引用。因此，从心理测量与评价视角出发分析武术文化认同结构特征具有一定的理论可行性。此外，心理学通常认为外部客观刺激只有通过个体心理反应才具有意义；由此判断，具有心理特征的武术文化认同研究也不应例外——通过成熟的心理测量、评估方法验证武术文化认同结构组成、结构特征，研制相应的心理测量工具，以此进一步探析武术文化认同的本质属性、影响因素与作用效果等。以上内容不仅为本研究奠定了理论基础，同时也为研究提供了思路，由此成为本研究的重点内容。

定量和可操作的武术文化认同测量和评估工具不仅可为人们从定量视角分析和解释武术文化认同及相关影响因素提供技术保证，而且还提供了从实证角度验证相关理论的可能性。更重要的是，在实际的学校武术文化教学评价中需要相关的定量测评工具，以提供清晰准确的数据指标，从而为提高学校武术文化教学质量提供保证。众所周知，文化教育是学校武术教学的核心和重要目标，但是"如何衡量和评估"武术教育过程与结果成为实践教学中的一个重要难题。过去，对外在运动技能和相关武术知识的考核均呈现明显的局限性和不足。那么，在接受武术文化教育后，使用武术文化认同测量工具来衡量和评估学生武术文化认同变化情况是否可行，并以此作为武术教学效果参考指标，相应的研究值得期待。

2. 缺少从个体发展角度对武术文化认同的认识与了解

以往研究表明，个体对本民族文化的认识、了解以及认同是一个发展性、阶段性、动态性过程。那么，个体在接触武术文化、接受武术文化教学的过程中，其武术文化认同是否也呈现发展性、阶段性、动态性变化特征，这是以往的研究未涉及的。未从个体发展角度对武术文化认同进行认识与了解是以往研究存在的不足。以往关于民族文化认同的发展性研究成果或许能为青少年武术文化认同发展特点的分析提供一定的借鉴及启示。

民族文化认同的发展理论是此类研究中重要的理论基础和研究视角。史密斯民族认同发展模型（Smith Ethnic Identity Development Model）认为，民族认同是一个渐进、动态、分化融合的过程，表现为个体从对民族特性、差别的无意识状态到有了清晰、准确的相关意识，从对民族部分认同到对民族全部认同的整体过程，并贯穿于童年到老年的个体生命的全部过程。[①] 菲尼的民族认同发展三阶段理论模型具有一定的代表性，该模型认为：未验证的民族认同阶段、民族认同的探索阶段、民族认同的实现阶段是民族认同发展的三个阶段。在未验证的民族认同阶段，个体缺乏对本民族文化价值、功能等的意识和认知，未表现出对主流文化的偏好，其对于民族的了解多是源于日常较为亲密的群体与环境，如父母、社区、社会群体等；在民族认同的探索阶段，个体开始产生民族认同的意识与行为，表现为意识到并探索自身的民族身份，对民族文化价值、意义及民族文化身份产生更为深刻的认识，并产生排斥主流文化的思想、行为；在民族认同的实现阶段，个体已经对本民族的知识、文化有了更深入的了解并内化成为自身的知识体系，他们更自信，也更自觉地接纳自己的民族文化、身份。同时，在与主流文化的分析、比较中会产生较为平衡、适应性较强的认同模式。[②] 中国研究者也在此方面进行了有益的尝试，秦向荣的研究表明：11—20岁青少年的民族认同发展趋势并不是线性趋势，在不同维度上表现各异；在认知维度上，11岁得分最高，14—17岁略有下降，但是到了20岁时达到最高水平；而在评价、情感和行为维度上，11岁得分最高，到14岁呈现明显的下降趋势，随后14—20

---

① Smith, E. P., Walker, K., Fields, L., Brookins, C. C., Seay, R. C., "Ethnic Identity and Its Relationship to Self-esteem, Perceived Efficacy and Pro Social Attitude in Early Adolescence", *Journal of adolescence*, 1999, 22: 867–880.

② Phinney, J. S., Ong, A. D., "Conceptualization and Measurement of Ethnic Identity: Current Status and Future Directions", *Journal of Counseling Psychology*, 2007, 54 (3): 271–281.

岁大致维持平稳状态。① 陈世联等人的研究表明，少数民族儿童对本民族文化的认同是随着年龄增长而提高的，表现为对本民族文化识别能力的增强。② 王嘉毅等人考察了维吾尔族青少年民族认同与国家认同的年龄变化趋势，其民族认同则随着年级的升高呈现下降的趋势，而国家认同的水平随年级的升高呈现递增趋势。③

已有研究表明，个体的民族文化认同始于儿童期，从青春期开始对自己民族进行探索并产生情感依附，在青春期晚期形成较为稳定的民族认同。同时，从成年期到晚年期，个体也不会停止对自身民族文化、身份的探索。武术文化是中华传统文化的代表，学校武术教育及相关文化教育应贯穿于小学、中学及大学阶段。学生在参与武术运动，接受武术文化教育、影响、熏陶的过程中，其武术文化认同是否会呈现发展性、阶段性、动态特征？这是以往研究较少涉及的内容，因此成为本研究的一个重要研究内容。

**3. 缺少从实证角度分析武术文化认同影响因素及应用价值的研究**

如前所述，目前学校武术教育及学校武术文化教育面临的问题是：以奥林匹克为代表的外来体育文化引发武术文化认同危机，即对武术文化的不认同。寻找影响武术文化认同的影响因素，以此为基础提升学生武术文化认同水平，是以往研究关注的焦点。在以往的研究中，研究者主要通过文献综述以及逻辑分析对影响武术文化认同的相关影响因素进行解析，以此为基础提出改善武术文化认同危机、提升武术文化认同的方法及策略。这些研究成果具有一定的理论价值，对实践具有一定的指导意义。但如何从实证角度出发，分析武术文化认同因素、验证理论研究成果是以往研究很少涉及的地方，这就直接涉

---

① 秦向荣：《中国 11 至 20 岁青少年的民族认同及其发展》，硕士学位论文，华中师范大学，2005 年。
② 陈世联：《文化认同、文化和谐与社会和谐》，《西南民族大学学报》（人文社科版）2006 年第 3 期。
③ 王嘉毅、常宝宁、丁克贤：《新疆南疆维吾尔族青少年国家认同调查》，《新疆社会科学》2008 年第 4 期。

及验证相关理论研究成果的可信性及有效性。同时，利用数理统计等实证方法能够让人们更加清晰、准确地了解武术文化认同与相应的影响因素之间的关系及作用效果，这为提升武术文化认同方法、策略研究提供了实践支撑。

此外，以往关于武术文化认同的分析基本围绕个体思想观念的健康、全面促进，武术运动及其文化的传承、发展，国家、民族文化繁荣、文化安全三个方面展开。从学校教育视角看，武术文化认同对个体思想观念的健康、全面促进成为以往学校武术教育的重点。与大多数武术文化认同研究相似的是，此类研究也多为理论分析，沿用文献综述以及逻辑分析方法对武术文化认同的个体价值进行阐述。这使得以往研究在深度与广度上存在一定的局限性。其一，从深度上看，以往理论研究提示，武术所凝练的文化价值对个体思想、价值观念有着积极影响。但武术文化不同结构、维度对个体价值观不同维度有何影响，影响效果如何，这是以往研究较少涉及的。利用心理测量、数理统计等定量研究方法或许能对以上问题进行较好的解释。其二，从广度上看，以往研究表明，了解武术文化、探索武术文化等文化需求是个体参与武术运动的目的之一，对学生武术学习动机、武术学习满意度等心理变量有着积极作用。学校武术文化教育中形成的武术文化认同，即对武术文化的确认与肯定，在一定程度上是武术文化需求满足的标志。因此，武术文化认同与武术学习动机、武术学习满意度具备一定联系，武术文化认同的提升或许对武术学习动机、武术学习满意度具有一定的积极作用，武术文化认同应用价值的拓展由此体现。

# 第二章　研究总体设计

## 一　研究目的与研究意义

### （一）研究目的

本研究从实证角度以及定量分析视角出发，围绕中学生武术文化认同测量工具、影响因素、作用效果等进行分析，研究目的主要体现为以下几个方面：其一，在理论分析的基础上构建"中学生武术文化认同结构模型"，通过心理测量评价及统计分析等方法验证该模型的有效性；并以此为基础编制、检验《中学生武术文化认同量表》信度与效度。其二，分析中学生武术文化认同的影响因素，具体为年龄、性别以及日常武术学习、锻炼上的变化及发展特征以及武术教育环境对中学生武术文化认同的预测效果。其三，对中学生武术文化认同的作用效果进行分析，具体为分析武术文化认同对中学生武术运动参与动机、武术学习满意度、社会主义核心价值观的相关关系及预测效果。

### （二）研究意义

1. 研究理论意义

武术文化认同是由哪些因素、维度构成？这些因素、维度之间存在何种关系？以上问题涉及武术文化认同结构组成、结构特征，涉及武术文化认同的内在机制，这对进行深入、细致了解武术文化认同具有重要理论意义。但在以往研究中，关于武术文化认同结构特征分析的研究较少，研究者很少直接触及武术文化认同结构组成、特征等相关问题。本研究从实证角度出发，通过心理测量及评价等方法构建、验证"中学生武术文化认同"结构并编制《中学生武术文化认同量表》；同时，通过相应的测量、评价与数理统计分析中学生武术文化认同发展特征、变化趋势，这些都是对武术文化认同结构及其本质特征有意义的探索，为深入了解武术文化认同提供理论支撑，因此具有一定的理论意义。

2. 研究实践意义

其一，武术文化教育的评价方式、内容，特别是如何对其武术文化学习效果进行有效评价，一直是武术实践教学中的重要问题。本研究以武术文化认同作为切入点，以武术文化认同结构及测量指标作为实践依据，力争为中学武术教学评价方式、内容提供实践支撑。其二，中学生武术文化认同受哪些因素影响？这些因素对中学生武术文化认同影响效果如何？对这些问题的分析与讨论对于改善、提升中学生武术文化认同水平具有一定的实践意义，因此本研究从个体的性别、年龄、锻炼情况以及武术教育环境四个影响因素入手展开相关研究。其三，本研究从实证角度出发，利用量表测量法、数理统计法对武术文化认同与中学生武术运动参与动机、武术学习满意度、社会主义核心价值观的相关关系及预测效果进行了分析与讨论，期望本研究结果能为拓展武术文化认同的作用、价值提供参考，为与时俱进地传承和发扬中国民族传统体育文化提供实践依据。

## 二 研究主要目标

1. 在归纳总结以往研究文献，以及整理、分析半结构式访谈结果的基础上，建构"中学生武术文化认同心理模型"，提炼中学生武术文化认同及各维度定义。

2. 利用问卷测量法、数理统计法对《中学生武术文化认同量表》各信度、效度指标进行检验，确定最终测量条目及量表。

3. 利用问卷测量法、数理统计法分析教育环境与中学生武术文化认同的关联性及作用效果；同时，分析中学生武术文化认同年龄发展规律、性别差异等,以此揭示中学生武术文化认同形成规律。

4. 利用问卷测量法、数理统计法分析武术文化认同与中学生武术学习动机、学习满意度、社会主义核心价值观的关联特征以及影响效果,由此验证中学生武术文化认同的价值与作用。

## 三 研究对象与研究方法

### (一) 研究对象

本研究的研究对象主要有以下三者。①中学生武术文化认同结构及测量工具,具体为中学生武术文化认同结构成分及其结构效度以及《中学生武术文化认同量表》的信度和效度;②中学生武术文化认同影响因素,具体为武术文化认同在中学生性别、年级以及锻炼指标方面的变化情况以及武术教育环境对中学生武术文化认同的影响;③武术文化认同的作用效果,具体为武术文化认同对中学生武术运动参与动机、武术学习满意度、社会主义核心价值观的影响效果。

### (二) 研究方法

本研究采用定量研究方法与定性研究方法相结合的研究模式,其中以定量研究方法为主、以定性研究方法为辅,相关的主要研究方法有以下四点:①量表评价法。利用标准心理学量表对被试相应的心理指标进行测量与评价,不同的研究涉及不同量表的使用,如《中学生武术文化认同量表》《武术运动情境动机量表》《武术学习满意度量表》《社会主义核心价值观量表》等。②数理统计法。本研究利用结构公式模型对"中学生武术文化认同"结构效度进行检验,利用方差分析、相关分析、回归分析等对多变量之间的关系及预测效果进行统计分析。③专家评价法。利用专家评价法对《中学生武术文化认同量表》结构及其测量条目进行评价,评价结果作为问卷的逻辑效度及修改的依据。④文献综述法。梳理以往武术文化认同的相关文献,构建武术文化认同理论结构及相关测量条目。

## 四 研究思路

武术文化认同作为个体参与武术运动并受武术文化教育影响而形成的一种与武术文化有关的积极态度表现，具有一定结构性。这种结构特征可以通过对个体武术文化典型心理和行为的描述进行分析得以揭示；此外，武术文化认同的产生、发展与个体特征、外界环境等因素紧密相连，同时也影响着个体的其他心理因素。因此本研究确立的基本研究思路如图 2-1 所示：首先，从理论层面开始，以文献综述为手段分析中学生武术文化认同结构特征和结构内涵。其次，以实证方式对中学生武术文化认同结构维度进行检验和修正，并编制中学生武术文化认同测量工具（量表）。再次，利用自编的《中学生武术文化认同量表》进行相应测量评价，根据结果分析中学生性别、年龄、武术锻炼以及武术教育环境对其武术文化认同的影响效果。最后，对中学生武术文化认同作用效果进行分析、讨论，具体分为：分析、讨论武术文化认同对中学生武术运动情境动机、武术学习满意度、社会

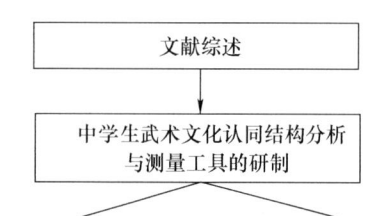

```
┌──────────────┐
│   文献综述    │
└──────┬───────┘
       ↓
┌──────────────────────┐
│ 中学生武术文化认同结构分析 │
│    与测量工具的研制      │
└──────┬───────────────┘
   ┌───┴───┐
   ↓       ↓
┌─────────────────────┐  ┌─────────────────────┐
│中学生武术文化认同影响因素研究│  │中学生武术文化认同作用效果研究│
│● 性别、年龄对中学生武术文化 │  │● 武术文化认同对中学生武术运 │
│  认同的影响            │  │  动情境动机的作用        │
│● 武术锻炼对中学生武术文化  │  │● 武术文化认同对中学生武术学 │
│  认同的影响            │  │  习满意度的作用          │
│● 武术教育环境对中学生武术  │  │● 武术文化认同对中学生社会主 │
│  文化认同的影响         │  │  义核心价值观的作用       │
└──────┬──────────────┘  └──────┬──────────────┘
       └──────────┬──────────────┘
                  ↓
         ┌──────────────┐
         │ 总体讨论与总体结论 │
         └──────────────┘
```

图 2-1 研究思路

主义核心价值观的影响效应。

## 五 研究假设

假设一：中学生武术文化认同是一个多维度的心理结构，其结构特征、结构内涵可以通过对个体典型的武术文化心理和行为的描述进行分析得以揭示。

假设二：中学生武术文化认同会随个体的社会统计学变量（如性别、年级），以及日常武术锻炼情况（如每周锻炼次数、每次锻炼时间、每次锻炼强度）的不同，呈现差异性变化特征。

假设三：武术教育环境能够正向预测中学生武术文化认同。

假设四：武术文化认同能够正向预测中学生武术运动情境动机、武术学习满意度、社会主义核心价值观。

## 六 研究重点及研究难点

### （一）研究重点

研制具有一定信度、效度的《中学生武术文化认同量表》是本研究拟突破的重点之一。缺少从微观的个体心理与行为层面，特别是从心理测量、评价角度对武术文化认同的分析是以往研究的不足之处，因此从心理的角度出发研制有效的测量工具成为本研究拟突破的重点之一。而保证该量表能够研制成功、顺利应用的重要前提是，该量表必须满足统计学客观指标标准，即具备一定的信度（重测信度、内部一致性信度等）和效度（结构效度、内容效度、效标关联效度等）。同时，该测量工具的研制与实施是本研究的开端，是随后研究的基础与保障，其重要程度由此可见。因此，研制具有一定信度、效度的《中学生武术文化认同量表》是本研究拟突破的重点之一。

### （二）研究难点

（1）对《中学生武术文化认同量表》测量条目进行有效的搜集、

整理及数理统计是本研究拟突破的难点之一。选择具有代表性的测量条目,并进行有效的搜集、整理以及数理统计分析是保证该测量工具可信度与有效性的重要前提,是以往类似研究的难点所在,因此也成为本研究的难点。本研究将严格遵从量表开发、研制的基本程序,注重量表信度与效度评价指标选取、检验、调整等细节问题,以保证开发出的测量工具具有有效性与可信度。

(2)选取具有代表性的研究被试,并能够使其积极配合测试工作是本研究的另一难点。本研究共使用三类被试:①问卷调查被试:拟选取初一至高三共六个年级积极参加学校武术学习、武术锻炼的学生60名,即每个年级男、女各5名。②量表初测与第二次施测被试,涵盖初一至高三六个年级,为了增强被试的代表性,拟选取被试应来自武术教育教学活动开展较好的学校。此外,由于量表的结构与测量条目受到被试特征的影响,因此,将所有被试按照性别、年级、籍贯分成两等组作为两轮测试的被试,以降低外界因素对研究结果的影响。③重测信度检验被试:选取120名初一至高三男女学生被试,被试数量在性别与年级两个变量上匹配。

## 七 研究创新点

武术文化认同是由哪些因素、维度构成?这些因素、维度之间存在何种关系?以上问题涉及武术文化认同结构组成、结构特征,以及武术文化认同的内在机制,对于深入、细致了解武术文化认同具有重要价值与意义。以往相关研究中,研究者主要从宏观的武术文化层次入手解析武术文化认同结构,明确了武术文化认同的指向与内容。虽然这些研究具有一定的积极意义,但缺少从微观的个体心理与行为层面,特别是从心理测量及评价角度对武术文化认同进行分析。定量化、可操作化的武术文化认同测量与评价工具,不仅能为人们从定量角度分析、解释武术文化认同及其相关影响因素提供物质保障,同时为从实证角度验证相关理论提供可能。更为重要的是,现实的学校武术文化教学评价中需要相关定量性的测量与评价工具以提供清晰、准确的数据指标,为提升学校武术文化教学质量提供保障。在教学实践中一个重要的难题是如何对受教育学生的武术文化进行测量和评价。以往通过外在运动技能以及相关武术知识进行考核都呈现出明显的局限性和不足。

本研究从实证角度出发,力争通过分析"中学生武术文化认同结构",研制可信、有效的《中学生武术文化认同量表》,为深入理解、认识、应用武术文化认同提供理论与实践参考,研究的创新性由此体现。

# 第三章 研究一：武术文化认同研究的研究取向与理论基础

武术文化认同相关研究中汇集了心理学、社会学、文化学等各种理论及研究成果，从不同学科视角出发讨论武术文化认同，为人们从宏观、微观角度了解武术文化认同中个体、群体的文化行为与文化心理的各自特点、生成机制及相互关系等提供了有力支撑，以及必要的理论基础与导向。在以往有关武术文化认同的研究中，研究者主要从社会认同理论、文化适应理论与文化冲突理论视角分析与讨论武术文化认同，因此以上三种理论可以视为武术文化认同研究的理论基础。

## 一 社会认同理论

### （一）社会认同理论的基本观点

社会认同理论（social identity theory）是受一系列社会身份论启发而建立的理论。虽然相应的理论有不同的侧重点，但却有着一个共识：社会行为不能单从个人心理素质来解释；要较全面地理解社会行为，必须研究人们如何建构自己和他人的身份。社会认同论者认为：人们会用自己或他人在某些社群的成员资格（group membership）来建构自己或他人的身份。依据社群成员资格来建构的身份被称为社会身份，而依据个人的独特素质而建构的身份被称为个人身份。① 社会认同理论认为个体通过社会分类，对自己的群体产生认同，表现为内群体偏好和外群体偏见。个体利用实现或维持积极的社会认同来提高自尊，而积极的自尊来源于内群体与相关的外群体的有利比较。当社会认同受到威胁时，个体会采用各种策略来提高自尊。当个体过分热衷于自己的群体，认为自己的群体比其他群体好，并在寻求积极的社会认同和自尊中体会团体间差异时，就容易引起群体间偏见和群体间冲突。②

### （二）社会认同的定义及内涵

莱文较早提出了社会认同的重要价值与意义，他认为人们有归属于一个特定群体的需求进而获得幸福感，这对形成积极的自我概念具有重要作用。作为社会认同理论创始人的泰费尔对社会认同进行了深入探索与分析，他认为个体不仅有一个自我意识中的我，同时在与社会交互的过程中还存在一个社会的我，通过外在的社会反馈获取自尊、形成自我概念。个体社会认同动机源于群体希望通过积极争取群体内成员的认同而获取该群体成员身份。在这个过程中个体通过内外群体两个途径进行比较进而获得积极的社会认同，如果没有形成满意的社会认同，个体则会想方设法进行积极区分或离开相应的群体。这种积极的区分会涉及不同策略，同时这些策略受三种因素影响：（1）个体必须主观上认同他们的内群体；（2）情景允许评价性群体间的比较；（3）外群体必须是可以充分比较的。③ 大量证据显示人类天生具有区别于他人、他群的意愿和需求，因此利用某些特征将自身划分到某一群体中，并用这种群体中的成员资格来建构身份，从而获得安全感、满足归属感、提升自尊以及促进个性发展。千百年形成的、具有多样性的民族特征是一种重要的分类标签，个体可以根据这种天然标

---

① 赵志裕、温静、谭俭邦：《社会认同的基本心理历程——香港回归中国的研究范例》，《社会学研究》2005年第5期。
② 张莹瑞、佐斌：《社会认同理论及其发展》，《心理科学进展》2006年第3期。
③ 张莹瑞、佐斌：《社会认同理论及其发展》，《心理科学进展》2006年第3期。

签将自己进行归类,对本民族进行积极评价可以使个体建立积极的民族认同,产生良好的情感体验,从而获得高水平的自尊。所以,社会认同理论十分重视群体分类和自尊的关系,相关的研究结果也支持了"个体民族认同与自尊的积极联系"。

### (三)社会认同的功能

泰费尔在其著作《群际关系的社会心理学》中提出,社会认同具有以下三种功能:社会分类(social categorization)、社会比较(social comparison)、积极区分(positive distinctiveness)。其中每一种功能都会对个体社会认同过程的产生起到积极的促进作用。(1)社会分类。从社会分类视角看,个体天生具有将自身划归某一群体,与他人区分开来的分类动机倾向,并用该群体中的成员资格构建身份,从而获得积极自尊,满足归属感、安全感需要。[①] 在此过程中,人们倾向于根据自身与他人的相同与相异将自身或他人归属于某一群体(内群成员),同时,感知、判断自我或他人属于不同群体(外群成员)。分类的结果就是增加自我和内群体成员之间的相似性,以及自我和外群体成员之间的差异性,这是自我定型(self-stereotyping)的一个过程。泰费尔早在1963年就通过实验验证了人们的这种类别化倾向。在实验中被试要求对4根不断变化且相对较短的A线及4根不断变化且相对较长的B线进行比较时,研究者发现了被试倾向于夸大A和B之间差异的"加重效应"(accentuation effect)现象。而这种加重效应同样出现在个体对社会刺激的感知上,例如在社会交往过程中,人们会主动夸大某类人群群体特征以凸显其群体成员身份,而将同一类别中个体特征的差异最小化。在武术文化认同形成中,武术的文化特性是个体从属于武术文化群体,区分其他群体的分类标准的依据,人们通过对武术文化认知、评价产生积极的从属于该群体文化情感的体验,

---

① Turner, J. C., "Social Categorization and Social Discrimination in the Minimal Group Paradigm", in H. Tajfel (ed.), *Differentiation Between Social Groups*, London: Academic Press, 1978.

建立适应性的武术文化认同，进而获取自尊水平的提升。在相关武术文化认同的研究中①，研究者提出的所谓"自我"与"他者"或是武术文化身份性探索与确认正是基于社会分类将自身划分为武术文化群体成员进而与他人区分开来，武术文化群体内成员身份性资格是其产生归属感、自豪感的根本所在。（2）社会比较。在社会分类的基础上，个体会有意无意地进行群体间的比较。"社会比较理论"最早由社会心理学家费斯廷格提出。该理论认为人们存在评价自身能力和观点的倾向，如果无法获得相对客观的方法、手段评价自身的能力和观点，个体则会通过与他人比较获取有用信息。泰费尔的社会认同理论在借鉴社会比较理论的基础上，将个体间的比较泛化到群体间比较上，即通过群体间的比较来获得社会认同。具体来说，个体更愿意用积极特征来界定内群体，而用消极特征界定外群体。利用这种前面谈到的"加重效应"扩大对内群体与外群体的差别化，进而获得满意的比较和评价结果（群体间的社会比较结果是个体倾向于夸大群体间的差异性，而增加群体内的相似性，这是群体成员获得认同的重要途径之一）。如果个体无法在比较、评价后获取令人满意的结果，他则会努力让所属群体变得更好或者选择离开。（3）积极区分。在社会分类过程中，个体往往利用积极区分原则进行社会比较，即在群体比较时突出自身群体的各项优势特征，以显示自身所在群体和群体成员更为出色。个体积极区分的根源、本质是满足自身的自尊或是自我激励。不论是群体，还是个体，比较、积极区分后产生的优势感、优越感都会使个体自尊得到提升。这种积极区分的结果显然并非都是积极的：其一，从积极的角度上说，积极并成功地进行群体间的区分可以提高内群体成员的认同，并相应提高内群体成员的自尊；其二，从消极的角度上说，在成功地进行群体间的区分之后，在内群体成员获得高自尊的同时，外群体成员势必面临低自尊或自尊遭受威胁的处境，群体间的偏见、敌意和冲突

---

① 方国清：《自我与他者：全球化背景下中国武术文化认同的研究》，硕士学位论文，苏州大学，2008年；吕韶钧、张维凯：《民间习武共同体的提出及其社会文化基础》，《北京体育大学学报》2013年第9期。

自然会相伴而生。可以预见的是，在积极区分原则影响下个体倾向于用所在群体的优势特征界定内群体，而用消极特征界定外群体，这就是所谓的内群体偏好（inter-group altruism）和外群体歧视（inter-group discrimination）现象①。

### （四）认同整合

认同整合理论可以看作是文化适应中双维理论模型的扩展，但该理论不仅涉及社会认同的整合，还涉及自我认同整合，因此具有一定的独立性。认同整合（identity integration）是处于两种或多种文化的个体，对两种或多种认同之间关系的态度模式，它囊括两个层面，即自我认同（自我身份的自觉意识）和社会认同。在漫长的生命发展过程中个体为了更好地适应周围复杂的环境，大多数时候同时属于多个小群体，具有多重身份，因此有着多个认同，这些认同或许相互关联、相互促进，或许方向相反、相互冲突。心理学家艾里克森认为，个体对自身多个自我表征有效整合对个体心理健康具有重要意义，如果不同身份不能整合为统一的认同模式，就会引发个体的认同危机（identity crisis），不利于个体成长。以往大量研究都聚焦单一、特定的认同模式发展，形成所谓的正确认同，但现实中的情况是认同冲突是常态，无关正确与否。因此，研究者将目光转移到如何整合个体不同身份的认同上，将看似冲突的自我认同或社会认同构建、整合为和谐一致的身份认同模式。由此判断，认同整合的相关研究具有一定的理论与实践意义，在分析个体实现认同整合过程的同时，解释相应的作用机制。②

在构建、整合自身多重文化身份的过程中个体通常会经历以下四个阶段：第一阶段为预备分类阶段。此阶段个体为了整合自身原有文

---

① 史慧颖：《中国西南民族地区少数民族民族认同心理与行为适应研究》，博士学位论文，西南大学，2007年；周晓虹：《认同理论：社会学与心理学的分析路径》，《社会科学》2008年第4期。
② 曹慧、张妙清：《认同整合——自我和谐之路》，《心理科学进展》2010年第12期。

化身份与新文化身份特征，会激活自我锚定，将自己的个人特征投射到新的社会群体，即认为新的社会群体成员身份也具有自身原有的特征。这种投射过程的本质是个体寻求一种一致性和建立不同文化身份之间认知联结的需要。第二阶段为认知泛化阶段。个体处于新的文化环境、群体交往过程中，会感知、体验到不同的文化价值和行为规范带来的巨大差异性，其原有的文化身份得到凸显；由此造成的文化不适应会使其左右为难，不知所措。由于无法感知两个群体间文化身份的相似性，造成文化身份停止，此时个体还未将自己视为新的文化群体的一员，也未将新的文化身份作为自我概念的一部分。第三个阶段为身份分化阶段。随着与新团体成员人际互通的增加，个体会逐渐将自己归类、从属为新文化群体中的一部分，随着时间推移这种身份也渐渐地变成自我概念的一部分。但此时不同文化身份的整合还未最终建立，身份之间的相似点和联系尚未牢固确立，双文化身份具有情境性，即身份的激活和确认会随着外在社会环境的变化而变化。第四阶段为认同整合。该阶段个体能够正视不同群体文化矛盾与冲突并通过寻求文化相似性和建立不同文化身份间的认知联系予以调解，因此个体能够找到两种文化中的共同规范、共识和价值观，同时也珍惜各自不同的文化背景。这一整合阶段最终的结果是承认不同的文化身份是自我的成分，不再由环境单一决定，不同的文化身份可以以一个积极的和截然不同的方式成为个体的整体自我概念。[①]

### （五）武术文化认同与社会认同

武术文化认同的形成过程实质是：以武术为代表的中华民族传统体育文化与以奥林匹克为代表的西方现代体育文化接触、撞击过程中，作为中国传统武术文化群体内成员的"武术人"有意识地将中国传统武术所蕴含的"天人合一""外修内炼""刚柔相济""重武

---

[①] 周爱保、侯玲：《双文化认同整合的概念、过程、测量及其影响》，《西南民族大学学报》（人文社科版）2016年第5期；Schwartz S. J., Luyckx K., Vignoles V. L., *Handbook of Identity Theory and Research*, Springer, 2011。

德""重精神"等优秀文化精髓与西方体育文化特征进行比较,以突出自身的文化优势,彰显我国传统体育文化的优秀品质。这是社会认同理论中通过群体间比较以获取群体优越性的直接体现。此外,以往武术文化认同研究认为,武术文化认同对于提升民族文化自尊、民族文化自信、民族文化自豪感等具有积极意义,这与社会认同论中强调自尊和积极自我评价的作用相一致。泰弗尔与特纳认为获取自尊是个体的基本动机。① 在社会群体背景下,个体为了获取积极的自尊水平会进行群际区分,并会产生群际特异性(inter-group distinctiveness)最大化的趋势,即群体中的成员尽可能在多方面、多角度进行群体间区分以获取最大化积极特异性(positive distinctiveness)。豪格认为,既然自我是依据内群而被定义的(自我和内群是相似的),这种有选择的区分(在内群表现良好的维度上区分内群和外群)带来了一种相对积极的自我评价,这种评价赋予个体一种心旷神怡之感,同时也提升了自尊、自信和自我价值感。②

## 二 文化适应理论

在全球一体化进程以及不同地区、民族、国家在文化接触、文化交往日益频繁的时代背景下,各文化群体、文化个体大都要面对文化适应问题。由此,跨文化心理成为热门研究领域,文化适应在该领域中成为研究焦点。由于文化适应的产生、发展及内涵等与文化认同具有一定的关联性、相似性,一些研究者往往利用文化适应的相关理论解释文化认同,认为文化适应和文化认同是相互交织、相互作用的过程和结果。③ 因此,通过梳理文化适应理论来分析、讨论文化认同具

---

① Tajfel, H. and Turner, J. C., "An Integrative Theory of Inter Group Conflict", in W. G. Austin and S. Worchel (eds.), *The Social Psychology of Inter Group Relations*, Monterey, Calif: Brooks-Cole, 2001.
② 迈克尔·A. 豪格、多米尼克·阿布拉姆斯:《社会认同过程》,高明华译,中国人民大学出版社2011年版。
③ 董莉、李庆安、林崇德:《心理学视野中的文化认同》,《北京师范大学学报》(社会科学版)2014年第1期。

有一定的可行性。

**（一）文化适应的概念及内涵**

在以往的理论与实践研究中，加拿大心理学家约翰·贝瑞的相关研究及理论具有一定的代表性。他将文化适应（acculturation）解释为，个体或群体在面临、接触两个或多个文化的背景下所引发的文化模式和心理双向变化过程，包括个体和群体两个层面。从个体层面上看，其文化适应表现为个体在行为方式、价值观、态度等方面的适应性变化；从群体层面上看，其文化适应表现为群体内部在政治组织、社会结构、经济模式以及文化习俗等方面的适应性变化过程。梳理文化适应理论可以看出，其理论维度与内容呈现出由单一、片面到多元、全面的走向。德国学者Danckwortt以留学生留学环境适应为视角对文化适应进行了系统研究。他认为，从发展角度讲，个体一生会经历三种适应：第一种适应是个体出生后对外界环境的适应，特指对其家庭成员的适应。第二种适应为随着年龄增长，儿童、青少年及成年人对家庭以外本文化内其他社会群体的适应。这两种适应均发生在母文化环境之内。第三种适应则是通常意义上的适应，即个体在进入陌生的文化环境之后对所接触文化的适应。他认为，这种适应过程是从两方面进行的，既包含对所接触的陌生文化要素的吸纳，也包括了对母文化要素的改变或舍弃；此外，还包括综合两种文化要素创造出全新的文化模式。其文化适应行为会呈现以下七个方面的特征：第一，文化适应只发生在某个或某些领域，并非全面发生。第二，文化适应是一种认知上的转变过程。第三，文化适应者在文化适应中的自我参与程度不同。第四，文化适应可以是有意识的，也可以是无意识的。第五，文化适应是对不同社会亚群体的适应。第六，在文化适应的不同阶段，留学生参与适应的积极性、主动性也不大一样。第七，文化适应受客居国文化对外来者的开放程度和封闭程度的影响。①

---

① 孙进：《文化适应问题研究：西方的理论与模型》，《北京师范大学学报》（社会科学版）2010年第5期。

### （二）文化适应的理论内容

（1）单维度模型。最初的文化适应理论是单一维度、单方面的。该理论认为个体在文化适应过程中总是处于原有文化与新环境下的主流文化构成连续体上的某一点上，其文化适应的最后结果必然是被主流文化所同化。在此过程中，个体受到主流文化影响越大，原有民族文化对其影响程度就相应减少，最终被所谓主流文化所同化。单维度的文化适应理论是与当时美国社会对移民的"熔炉"政策相适应的。
（2）双维度模型。自20世纪70年代以来，伴随着民权运动的不断兴起以及多元文化时代的到来，越来越多的学者对单维度的文化适应理论产生怀疑，并提出具有改进性的文化适应模型。这其中以贝瑞提出的双维文化适应模型最具代表性，符合了时代发展与现实的需求。双维文化适应模型认为：个体在原有群体文化与新群体文化的适应过程中存在相互独立的两个维度，即保持传统文化和身份的倾向性，以及维持与其他文化群体关系的倾向性。[①] 具体来讲，在多元文化情境下，个体可以同时忠诚于不同文化模式中的价值系统及其实践模式，人们的认同不再局限于某种特定文化类型，而是可以同时保持对原有民族文化和当前社会主流文化的双重认同。根据文化适应个体在这两个维度上的不同表现，贝瑞提出了四种不同的文化适应策略（见表3-1）：整合、同化、分离、边缘化。这四种策略回答的是以下两个问题：其一，文化适应者是否希望保持自己原来的文化身份和文化特征？其二，文化适应者是否希望和客居国的其他社会成员建立和保持积极良好的关系？在整合（integration）适应策略下，个体既注重对新环境的文化接触，积极参与相应的日常活动，也重视保持原有文化特性；在同化（assimilation）适应策略下，个体更加愿意接触新文化并积极参与其中，而拒绝保持其原有文化特性；在分离（separation）适应模式下，个体表现为避免接触新文化环境、群体，而只注

---

[①] Berry J. W., "Immigration, Acculturation, and Adaptation", *Applied Psychology: An International Review*, 1997, 46: 5-15.

重自己的原有文化；在边缘化（marginalization）适应模式下，个体对新文化环境、群体以及原有文化都缺乏兴趣，缺少相应的文化行为。已有的研究验证了贝瑞文化适应理论模型及测量工具的科学性和有效性。例如韩国学者 Lee 参考贝瑞文化适应理论模型对韩裔美国人的文化适应过程与结果进行了研究，认为他们同样呈现整合、同化和分离三种文化适应策略。移民在现实中采用整合适应策略，既保持韩国传统文化，具有参加韩国文化群体活动的习惯，同时也积极融入美国文化中参加相应的文化活动。同化适应策略往往出现在年龄较小时就移民美国或出生在美国的个体，这些人基本摒弃韩国传统文化，取而代之的是完全融入美国文化，十分适应当下生活。分离策略的个体虽然身处美国环境，但其更愿意保持原有的韩国文化、观念及行为习惯等，这些人基本上只与本民族的人沟通、交流，参与相关文化活动。[①] 随着文化适应研究的不断深入，有研究者提出了一个具有创新性、吸引性的文化适应模型——融合模型（fusion model）。他们认为文化适应中的个体实际上面对的是一种新的"整合的文化"，而不是单一的主流文化，或者原有文化。这种整合的文化可能包含了两种文化里所共有的精华部分，也可能包含着某一文化所特有的但并不突出的内容，这一模型在理论上确实有创新之处，无论是对文化适应的研究，还是对跨文化心理学的其他研究都有重要意义。但是到目前为止，很少有实证性研究的支持，并且也很难设计出针对这个模型的实证。[②]

表 3–1　　　　　　　　　　　文化适应策略

| 两个维度 | | 是否希望和客居国的其他社会成员建立和保持积极良好的关系？ | |
| --- | --- | --- | --- |
| | | 是 | 否 |
| 是否希望保持自己原来的文化身份和文化特征？ | 是 | 整合 | 分离 |
| | 否 | 同化 | 边缘化 |

---

[①] Lee S., Sobal J., Frongillo E. A., "Comparison of Models of Acculturation: the Case of Korean Americans", *Journal of Cross-cultural Psychology*, 2003, 34 (3): 282–296.

[②] 余伟、郑钢：《跨文化心理学中的文化适应研究》，《心理科学进展》2005 年第 6 期。

### (三) 武术文化认同与文化适应

综上所述，文化适应理论为文化认同奠定了理论基础。由贝瑞提出的双维度文化适应模型具有一定的代表性，其所提出的四种文化适应策略在相关研究中应用较广，在武术文化认同研究中也有所体现，大致可分为实践层面与理论层面。首先，从实践层面看，令人担忧的中国武术文化认同现状或许可以用文化适应理论中的"同化"适应策略进行解释。个体在西方体育运动与中国民族传统体育运动的抉择中，更倾向于简单易学，娱乐、趣味性更为突出的西方体育项目，中小学体育教学几乎被足球、篮球、排球三大球所占据，大多数体育参与者似乎对"NBA""足球世界杯""奥运会"等西方体育项目情有独钟，民族传统武术运动对其显得更为陌生，发展显得更为困难。运动项目的倾向性实质是对运动文化的确认、肯定，即对相应运动文化的认同。这种更愿意接触、依恋新文化并积极参与其中，而忽略、拒绝保持原有文化特性的现象正是文化适应理论中"同化"适应策略的结果，即个体更为适应新文化或主流文化而不适应本民族文化。其次，从理论层面看，研究者针对当前武术文化认同中的"同化"现象，提倡利用"整合"文化认同策略进行积极应对而反对"分离"认同策略进行消极防御。例如：叶献丹认为，当前武术文化认同策略应遵从对话而不对立、发声而不失语、应对而非怀旧的开放性胸怀和心态，发出自己的武技声音与输出代表中国文化的民族体育文化话语；而非固守自封、封闭、怀旧。[①] 吴松等人则认为，武术文化认同过程中应正视西方体育文化的优势，承认现有文化的冲突现实；但更为重要的是应在充分发掘、整理、认识中国武术文化精髓的基础上，抱有文化自信、文化自尊，不要一味地排斥、一味地否定与妄自菲薄。[②] 罗立平等人认为，中国武术与西方体育应该是一种自我与他者的关系，表现为互相依赖又互不依附、互不征服的平等

---

① 叶献丹：《全球化时代中国武术文化认同及其策略反思》，《天津体育学院学报》2007年第1期。

② 吴松、王岗：《中国武术发展中不可回避的问题——文化之争》，《体育学刊》2007年第9期。

关系；互相独立又互不排斥、互相独立又互不对抗的伙伴关系；互相呼唤、互相应答的对话关系；互相映照、互相吸纳、互相补充的互动关系。①

## 三 文化冲突理论

1993年，美国著名的政治学家塞缪尔·亨廷顿提出了"文明冲突论（The Clash of Civilizations）"，认为不同文明之间的冲突将左右全球政治格局，下一次世界大战将是"文明大战"。"文明冲突论"在国际舆论界、学术界引起广泛争论。1996年，他又出版了论著《文明的冲突与世界秩序的重建》，试图从文明的冲突角度解释冷战后全球政治的演变。② 亨廷顿在书中常把"文明"与"文化"两个词混用。③ 此外，考虑到由于文明是一元的，是以人类基本需求和全面发展的满足程度为共同尺度的；文化是多元的，是以不同民族、不同地域、不同时代的不同条件为依据的，④ 因此可以推断出亨廷顿所说的"文明冲突"，实际上就是"文化冲突"。

### （一）文化冲突的定义、内涵及表现

文化冲突是指不同文化的性质、特征、功能和力量释放过程中由于差异而引起的互相冲撞和对抗的状态。大体有以下几种：区域性文化冲突、集团性文化冲突、阶级性文化冲突、民族性文化冲突和时代性文化冲突。从表面看，人类文明的历史不仅是文化创造的历史，同时也是文化冲突时隐时现的历史。⑤

当代文化冲突中，中西方文化冲突最为典型。现今全球一体化的

---

① 罗立平、方国清：《从"他者"到"自我"：中国武术发展中不可或缺的主体意识》，《杭州师范大学学报》（自然科学版）2015年第1期。
② 塞缪尔·亨廷顿：《文明的冲突与世界秩序的重建》，新华出版社2010年版。
③ 黄莉、雷波、陈春新、付晓静：《从北京奥运会文化冲突的视角探究中西文化交流的对策》，《体育科学》2012年第5期。
④ 陈炎：《文明与文化》，山东大学出版社2006年版。
⑤ 陈平：《多元文化的冲突与融合》，《东北师大学报》2004年第1期。

格局使得中西方文化频繁接触，然而双方在接触之前就有着各自长期独立发展的文化史，都已经形成了自己一套独特的文化体系，其构成有着巨大的差异。这种巨大的差异性使得二者频繁接触时就会不可避免地产生冲突，构成要素差异小的文化体系冲突就小，构成要素差异大的则冲突大。因此，当代中西方文化冲突就是在全球化的外力推动下，两种构成要素差异较大的文化体系之间激烈的对抗与斗争。从事物发展逻辑顺序上看，文化冲突与文化认同是紧密联系、相辅相成的，二者互为因果。文化冲突的核心是人们从文化角度对自身身份、角色认知合理性的冲突。文化冲突在引发个体文化认同危机的同时，更激发人们寻求个体身份合理性的动机，进而提升文化认同。这使得个体与所属文化群体重叠范围、内容更加接近了，而与外来文化群体的边界更加显著了。文化冲突—文化危机—文化认同的逻辑顺序由此体现。在古代的社会中，由于社会结构的封闭性、单一性，人们交往范围的局限性，缺少外来文化冲击、碰撞，罕见文化冲突，文化认同由此失去了存在意义。虽然文化认同作为一种现象早就存在，但成为人们关注的焦点，受到人们的重视则是伴随着全球化及现代性的到来而日益显著的。首先，全球化在促进各民族、国家经济、政治、文化上广泛交流、沟通的同时，也伴随着霸权经济、政治的到来，催生了强势文化。强势文化对主流文化的侵占、垄断，以及强势文化与霸权经济、政治融合后的植入、侵入，都会造成个体文化认同冲突、引发文化认同危机，对基于弱势文化的认同造成强有力的挑战，这为文化认同问题的产生提供了环境。美国人类学家乔纳森·弗里德曼在其著作《文化认同与全球性过程》中认为，中心化世界体系（霸权文化体系、强势文化体系）的衰落与各国、各地区民族文化认同的增长具有密切联系，表现为中心化世界体系的衰落、崩塌伴随着以民族性、宗教性为基础的、边缘化的文化认同得到增强。其次，在现代性与传统的撞击中，现代性对传统的否定，在一定程度上造成了文化真空、文化断裂。传统是文化中最具特色、最重要、最普遍、最有生命力的内容，也是文化认同的重要载体。毫无疑问，现代性是在对传统、传统文化的批判和超越过程中确立起来的。在现代性建构的过程中，总要对传统和传统文化有所批判、有所否定。而这种否定又必然影响到人们对民族文化传统、传统文化的认同，促使人们建立新的文化认同。①

### （二）文化冲突与文化融合

文化融合（cultural integration）是在文化交流过程中以其传统文化为基础，根据需要吸收、消化外来文化，促进自身发展的过程。②文化具有时代性和民族性。文化的融合过程是与外来文化接触、碰撞的过程中进行移植、借鉴、整合的过程，使原有文化更具有生命力和发展动力的互动过程，是原有文化的进化、升级过程，该过程并非仅仅是简单的复制与照搬。如果将文化分为物质技术、精神信念和行为制度三个层次，那么文化融合过程则体现为在上述三个层次的交流和渗透。从辩证、统一的哲学观点上看，文化冲突与文化融合是事物发展过程中两个辩证统一的矛盾方面；是促进文化不断发展和进步的直接动因。伟大导师马克思在其著作中重点分析了世界文化发展与多元文化之间的冲突与融合间的联系：文化冲突和融合反映的是事物内部互相对立的方面又斗争又同一的关系。它们既有"互相反对、互相限制、互相否定的性质，体现着矛盾双方相互分离的趋势"，又显示了对立面之间的内在的、不可分割的联系，表现了相互贯通、相互依存的趋势。③恩格斯认为："所有的两极对立，总是决定于相互对立的两极的相互作用；这两极的分离和对立，只存在于它们的相互依存和相互联系之中，反过来说，它们的相互联系，只存在于它们的分离之中，它们的相互依存，只存在于它们的相互对立之中。"④

全球经济一体化的到来给世界各民族文化展现、碰撞与交融提供

---

① 崔新建：《文化认同及其根源》，《北京师范大学学报》（社会科学版）2004年第4期。
② 顾明远：《教育大辞典》，上海教育出版社1998年版。
③ 肖前：《马克思主义哲学原理》，中国人民大学出版社1994年版。
④ 《马克思恩格斯选集》第3卷，人民出版社1979年版。

了舞台,总体来看世界多元文化相互融合具有以下三种途径。其一是文化的对话和交流。各民族文化的丰富性、独特性、差异性使得文化流动、文化传播成为可能,由此异质文化之间的交流和传播成为文化发展的动力。"各种文化自组织系统发展到一定程度,必然会发生扩张和相互接触,会有文化输出与输入的现象发生"。平等原则和互动原则是文化对话和交流的过程中双方必须遵守的两个原则,只有这样交流双方才能在互动过程中呈现出自身的价值和独特性,以及保证交流与对话的"双向性",由此完善、提升自身。对于某一民族文化而言,其自身文化独特性会引起其他民族的好奇心,产生一定的吸引力和感染力,从而激发他族人们争相学习、模仿,思考和研究外来文化的价值、意义等,形成文化间的互动与交流。此外,社会和生产技术的进步给文化传播、交流提供了便利,创造了条件。这为个体与群体间文化互动、传播提供了保障,相应的活动日益频繁。其二是文化适应和外来文化本土化。文化适应和外来文化本土化可以认为是文化融合的途径及结果。如前所述,文化适应的影响机制从两个层面进行:从个体层面上看,其文化适应表现为个体在行为方式、价值观、态度等方面的适应性变化;从群体层面上看,其文化适应表现为群体内部在政治组织、社会结构、经济模式以及文化习俗等方面的适应性变化过程。此外,适应具有双向性,由此判断外来文化如果想要融入另一种文化必将经历外来文化的本土化过程,因此外来文化的本土化过程成为文化适应的重要组成部分,由此文化适应可以理解为外来文化与原有文化的互动过程,这种互动一般具有主动或被动的状态。对于原有文化而言,主动适应是一种有目的的迎合和吸纳,它往往因为具备大量的心理准备和调试时间,而获得舆论和观念上的支持,因而效果会更积极;而被动适应不仅动作迟缓、滞后,而且会产生内部的分歧混乱,应对效果不但不明显,还很容易引起思想的混乱和社会的动荡,造成负面的影响。[①] 其三是文化转型。文化转型是文化融合的产物,是原有文化与外来文化相互接触、撞击、调整和重组后的新型

---

① 陈平:《多元文化的冲突与融合》,《东北师大学报》2004 年第 1 期。

式，而非外来文化对原有文化简单的代替。这种文化转型过程不是两种文化的叠加、二合为一，而是通过各自的拓展达到视野上的融合，达到最优化结果。

### （三）武术文化认同与文化冲突

在全球一体化、多元文化背景下，中国传统体育项目、传统体育文化也经受着前所未有的考验，中国传统武术文化认同问题就是这种现象的缩影。中国武术文化认同问题真正引起中国人的关注，乃是伴随全球化进程中西方体育文化的传播、传入而引发文化冲突、文化认同危机产生的。以奥林匹克运动为代表的现代体育文化，随着现代社会的进步和科学技术的发展以一种无法阻挡的迅猛之势传遍世界的每一个角落，它已经成为当今人类社会规模最大、影响最深刻的国际文化现象。在与奥林匹克运动接触、碰撞和对比的过程中，由于中国传统武术自身的特性、特点，使得奥林匹克运动的精神与理念更加适应现代社会的主流文化，人们对新奇的奥林匹克运动兴趣盎然、趋之若鹜，人们更加喜欢简单易学，娱乐性、趣味性更为突出的西方体育项目。同时，这种认同危机引发了另一个重要现象，那就是中国武术的效仿、模仿——竞技武术、休闲武术的出现表明中国武术的文化身份开始变得模糊、分裂，产生了深刻的身份焦虑。① 文化冲突引发的武术文化认同危机仅仅是开始，远非结束，以奥林匹克为代表的外来体育文化在引发武术文化认同危机的同时，更能激发"武术人"寻求其身份合理性的动机，进而激发个体获取武术文化自尊、武术文化自信的动机——促进武术文化认同的形成。武术文化认同使得"武术人"与所属武术文化群体重叠范围、内容更加接近了，而与外来体育文化群体的边界更加显著了。

---

① 宋丽：《中国武术发展的困境与文化认同问题》，《南京体育学院学报》（社会科学版）2008年第5期。

## 四　个体发展理论

### （一）个体发展内涵

个体的民族属性是与生俱来的，无法选择。当个体降生到某个民族中，就会被该民族成员赋予民族身份。对于新生个体来讲，这种身份属性是被动的、无意识的接受，而从被动、无意识到个体主动、有意识地积极肯定、承认自身民族身份是一个从简单到复杂，伴随个人成长的形成和发展过程。个体的民族身份属性就像一颗种子埋藏在意识中，在家庭、学校、社会等外在环境的共同作用、滋养与孕育下生根发芽，枝繁叶茂。因此，个体的民族认同、民族文化认同并非仅仅是与生俱来、静态、固定不变的结构，而是受到多重后天因素影响的动态发展过程。大量研究表明民族认同、民族文化认同具有过程性、阶段性特征，是终身发展的动态过程。

### （二）个体发展理论内容

从个体发展角度分析认同的研究最早可以追溯到埃里克森的自我同一性或认同理论。埃里克森从个体发展视角对自我认同进行分析，其研究成果对解释个体的民族认同、民族文化认同发展规律具有积极的指导意义。他认为：从属于某一群体而产生的归属感与依恋感对个体成长具有积极意义，因此，个体对本民族或某一特定群体形成的认同对青春期个体的自我发展有着重要的意义。关于自我同一性的定义，不同的研究者从不同的视角来对其进行理解。一般认为自我同一性就是个体对过去、现在、将来"自己是谁"及"自己将会怎样"的主观感觉和体验。埃里克森的自我同一性的标准是独特性和连续性。

由于埃里克森从多角度对自我同一性进行分析，使得自我同一性成为自身的主观体验且包罗万象，因此相应的理论系统过于复杂，难以进行实际操作和实证研究。鉴于此，玛西亚在前人的基础上对自我同一性进行重新描述，提炼出探索和承诺两个重要维度；同时其研究

# 第三章 研究一：武术文化认同研究的研究取向与理论基础

结果挑战了埃里克森的原有理论，认为并非每个青少年都会经历认同危机——"同一性与同一性混乱"，有些青少年较为顺利地渡过这一时期并未产生认同危机。根据个体是否经历探索达到承诺，玛西亚将自我同一性分为四种类型：（1）同一性完成型（identity achievement），经历了探索并形成了明确的承诺。（2）延缓型（moratorium），正在经历探索，尝试各种选择，但还没有形成承诺。（3）早闭型（foreclosure），没有经历探索就形成了稳定的承诺、信念，这些承诺、信念多是来自于父母或重要的人。（4）弥散型（diffusion），会主动探索，也没有形成稳定的承诺。在随后的30年内，大量研究引用该理论成果，相应的自我同一性理论范式在此类研究中占主导地位。虽然该理论很大程度上提升了自我同一性的可操作性，便于相应的测量与评价，但缺少对自我同一性的过程性、动态性的分析与阐述。由此，民族认同的发展性、动态研究成为人们关注的焦点。

菲尼成为其中的代表人物，其以埃里克森早期提出的认同发展框架为基础，从过程性、动态角度提出了适合于少数民族青少年的民族认同发展模型。该理论认为处于多元文化背景下的个体通常会经历三个连续阶段，克服消极的认同，形成积极的民族认同。第一阶段为未验证阶段，处于该阶段个体不承认自身民族身份属性与特征，不愿意进行本民族各项活动，探索相关问题。这一阶段个体由于认知能力的限制，其对本民族的态度通常受父母观念，家庭、社会氛围或主流文化所影响；个体被动接受外界信息，消极的内化与刻板印象、信念使得他们容易产生消极认同。此时的青少年个体自我调适能力、自我控制能力、与他人沟通的能力较差，不能与外界建立良好的社会关系。第二阶段为积极探索阶段。处于此阶段的青少年随着自我意识的提升，民族意识逐渐崛起，他们开始认识到对于主流文化价值内容及观念的盲从与模仿对于自身发展存在不合理之处，对自己毫无帮助。由此产生两种相互衔接的行为结果：其一，开始积极关注、探索本民族文化的价值、意义以及自身的民族身份性特征等问题；其二，慢慢停止对主流文化的盲目追随与认同。这种外在行为改变是源于个体自我意识、群体意识、认知能力的发展而形成的。在此阶段个体开始关注自我成长与外在环境，通过自身母文化与主流文化对比后发现差异，并寻求差异的价值、意义等，积极探索本民族历史与文化特征、祖先起源，寻求本民族发展史等。这一过程不仅仅源于个体好奇的认知过程，更是其自我反省、审视的元认知过程。在民族意识、民族思想崛起和深化的过程中，伴随着个体强烈的情绪、情感体验。该阶段承上启下是民族认同发展的重要发展阶段，也是实施教育培养的敏感阶段。第三阶段为实现阶段。在此阶段青少年能够采取积极策略接受、正视自身的双重文化身份，悦纳相应的不足与缺憾。此时，他们对本民族文化及其身份的认同不再是表面化的外在认同，即不再受外在环境所影响，照搬他人思想；而是能够将本民族文化价值、知识等内化、整合到自己的认知结构中，并持有积极的态度。对于母文化思想精髓的内化与整合使个体产生了民族归属感、自豪感，提升了民族自信心，稳定的民族认同由此形成。菲尼认为只有形成这种民族认同模式才能化解、抵制外族、外群体的偏见和歧视等消极影响。

一些研究者从种族歧视视角对有色人种认同进行研究，赫尔姆斯的有色人种认同发展模型深受克洛斯的黑人认同发展模型和阿特金森、莫滕以及苏的少数民族认同发展模型的影响。她认为有色人种认同发展存在一定的逻辑顺序，对于自身种族身份的认知呈现五种变化类型：第一种身份是顺从（conformity），它类似于接触身份。第二种身份是不一致（dissonance），处于这一身份的个体在有关自己民族的问题上表现得模棱两可而又略显混乱，并且他们在自我概念上也显得模棱两可。第三种身份是沉没—浮现（immersion-emerson），其与克洛斯所提的沉没—浮现意义相似，但是它与她在白人认同发展模型中所说的沉没—浮现意义完全不同，这是认同发展的第三种身份。处于这一身份的个体沉浸在内群体的文化圈中，并且对外群体有一些消极的行为反应。赫尔姆斯模型中的第四种身份是内化（internalization），处于这一身份的个体能积极地看待本民族的文化，同时也能客观地对外群体的成员做出反应。第五种身份是综合意识（integrative awareness）的出现，处于这一身份的个体能对受压迫的群体产生移情心理。①

表 3-2　　　　　　　　民族认同阶段划分情况

| 代表人物 | 民族认同阶段划分及其内涵 | | | | |
| --- | --- | --- | --- | --- | --- |
| 玛西亚<br>（Maricia, 1968） | 同一性完成型，经历了探索并形成了明确的承诺 | 延缓型，正在经历探索，尝试各种选择，但还没有形成承诺 | 早闭型，没有经历探索就形成了稳定的承诺、信念，这些承诺、信念多是来自于父母或重要的人 | 弥散型，会主动探索也没有形成稳定的承诺 | |
| 菲尼<br>（Phinney, 1983） | 未验证阶段，个体不承认自身民族身份属性与特征，不愿意进行本民族各项活动，探索相关问题 | 积极探索阶段，个体随着自我意识的提升，民族意识逐渐崛起，他们开始认识到对于主流文化价值内容及观念的盲从与模仿对于自身发展存在不合理之处，对自己毫无帮助 | | 实现阶段，个体能够采取积极策略接受、正视自身的双重文化身份，悦纳相应的不足与缺憾 | |
| 克洛斯<br>（Cross, 1978） | 前接触 | 接触 | 沉没—浮现 | 内化 | |
| 阿特金森<br>（Atkinson, 1983） | 顺从，对主流文化的偏好 | 不一致，对旧态度的质疑和挑战 | 抵制和沉浸，摒弃主流义化 | 清晰整合和明了 | |
| 赫尔姆斯<br>（Helms, 1983） | 顺从 | 不一致 | 沉没—浮现 | 内化 | 综合意识 |
| 基姆<br>（Kim, 1981） | 白人认同 | 社会政治意识的觉醒 | 重新定位亚裔美国人意识 | 融合 | |

随着年龄发展，个体对本民族的认知会呈现哪些特征？不同国家

---

① 王亚鹏：《少数民族认同研究的现状》，《心理科学进展》2002 年第 1 期。

或区域的个体会存在差异性吗？是否具有跨文化一致性？这是民族认同发展规律研究的重要内容，吸引着各国研究者深入其中。菲尼和罗瑟拉姆对以往研究进行归纳总结，呈现了儿童的民族（族群）认同发展阶段特征，年龄变化特点，如表3-3所示。

表3-3　　　　　不同国家（区域）儿童民族认同发展特征[①]

| | 古德曼<br>(Goodman, 1964) | 班特<br>(Porter, 1971) | 凯兹<br>(Katz, 1976) | 阿伯德<br>(Aboud, 1977) |
|---|---|---|---|---|
| 3—4岁 | 族群知觉<br>（3—4岁） | 察觉肤色差异（3岁） | 初步观察一些线索；形成初步的概念（1—4岁）；概念分化 | 未觉察族群归属 |
| | | 初期的种族态度（4岁） | 确知一些不可改变的特征 | 觉察各种族群，并作社会比较 |
| 5—8岁 | 族群定向<br>（5—8岁） | 基于某些理由有强烈的社会偏好（5岁） | 巩固族群概念（5—7岁）；知觉更细致化；认知更细致化 | 觉察族群归属 |
| 8—11岁 | 形成更具体的态度<br>（8—11岁） | | 形成更具体的态度<br>（8—11岁） | 对他族感兴趣 |

### （三）个体发展理论与武术文化认同

大量研究表明个体的民族文化认同始于儿童期，从青春期开始对自己民族进行探索并产生情感依附，在青春期晚期形成较为稳定的民族认同。同时，从成年期到晚年期，个体也不会停止对自身民族文化、身份的探索。武术文化是中华传统文化的代表，学校武术教育及相关文化教育贯穿于小学、中学及大学阶段。学生在参与武术运动，接受武术文化教育、影响、熏陶的过程中，其武术文化认同是否会呈现发展性、阶段性、动态特征？这是以往研究较少涉及的内容，因此

---

① Rotheram-Borus M. J., Phinney J. S., "Patterns of Social Expectations among Black and Mcexian-American Children", *Child Development*, 1990, 61 (2): 542-556.

成为本研究的一个重要研究内容。

# 五 社会表征理论

## （一）社会表征理论缘起

社会表征（social representation），是社会心理学的重要概念，其起源与社会心理学研究发展有着密切联系。基于社会心理学聚焦于人类繁衍与社会塑造的学科性质，其理论基础与学科体系根植于特定的历史、社会及文化脉络。纵观社会心理学的发展史，人文主义学派与自然科学学派的矛盾、冲突与融合促成了西方社会心理学的发展脉络。起初，师传于欧洲社会心理学的美国社会心理学代表着自然科学学派，从实证角度出发强调研究的客观性，而忽视社会心理、行为的文化特征、社会特征及历史特征，致使相关研究中的个体模糊笼统。这种情况的发展使得从20世纪60年代末开始，美国实验社会心理学经受了前所未有的挑战：在客观上看似严谨、缜密的理论与实践研究成果，在检验现代社会心理学的过程中存在认识论与方法论上的缺失。由此，人文主义学派进入人们的视野，受到应有关注，并提倡相关研究应基于特定的历史与文化中才能具有意义。受此观点影响，研究者在探索社会文化等集体性实体间关系时，力求结合自身所处文化背景，契合本土文化特征。

社会表征理论的提出与发展正迎合了人文主义学派所倡导的理论观点，可视为人文主义学派与自然科学学派相互矛盾与冲突后的产物或标志。社会表征理论的基础与前提是个体作为社会中的一员并不是孤立存在的，其思想与行为都根植于社会群体框架中，并被其所塑造。在与社会的互动过程中，个体的行为与心理又会对社会变革与进步有所贡献，影响社会发展。总之，从人本主义视角出发，社会表征揭示了宏观社会背景下人们的认知过程，最终使得一些被严重忽略的价值和信念等意识形态可以复位到一条理智追踪的路线上。

追本溯源，社会表征理论不仅含有列维-布留尔的原始社会集体表象理论、皮亚杰有关人类个体对外在世界认知表征的理论，更为重要的是来源于由涂尔干的集体表征理论（collective representations）。涂尔干在其著作《宗教生活的基本形式》一书中分析了"团结"的根源。在他看来，"团结"根源于集体表征，它既可以是理智的，也可以是情感的。这些符号化的"意象"或"方式"源自于人际互动，并获得了一种超个体性，从而构成了无所不包和社会建构的现实。这种先在性、实存性的集体表征通过所谓潜移默化的理智过程，不仅强制性地规约了个体的思维、情感及行动，而且为数个世代的所有成员近乎同质化地共享着。因此，集体表征具有共享性、再生性、功能性及社会建构性这四个方面的特征。在涂尔干看来，集体表征虽意蕴丰富，囊括了科学、意识形态、世界观以及宗教神话等理智形式，但又呈现出颇为凝滞化的一面，即它作为一种先在的社会设置，具有稳固性、强制性的特点。该理论具有较强的理论与现实意义，被多数研究者所认可。直至1961年，由于不满于态度、刻板印象等社会心理学概念在个体的心理与社会联结中的无效性，以及意识形态、世界观等概念的空洞，无法解释社会知识的文化特异性，莫斯科维奇接纳、融合涂尔干的集体表征理论，在其著述《精神分析的公众表象》中首次提出了社会表征理论，并对其进行了详细的阐述。[①]

### （二）社会表征定义及内涵

"表征"（representation）源于法语词汇，原指演员通过对话、符号、象征与他人进行交流的形式。现多指信息记载或表达的方式，能把某些实体或某类信息表达清楚的形式化系统以及说明该系统如何行使其职能的若干规则。[②] 因此，我们可以这样理解，表征是指可以指代某种东西的符号或信号，即某一事物缺席时，它代表该事物。表征的作用是将客体、人物与事件予以规约化（conventionalize），将他们安置于一种熟悉的类别脉络中。在本质上，表征具有规范性，并由传

---

① 张曙光：《社会表征理论述评——一种旨在整合心理与社会的理论视角》，《国外社会科学》2008年第5期。
② 杨盛春：《知识表征研究述评》，《科技情报开发与经济》2012年第19期。

## 第三章 研究一：武术文化认同研究的研究取向与理论基础

统和习俗决定，它将自己加诸我们的认知活动之上。对莫斯科维奇来说，社会表征是集体成员所共享的观念、意向和知识，这种思想的共识形态（consensus universe）由社会产生，并由社会的沟通而形成共同意识（common consciousness）的一部分。社会表征作为一种产生于日常生活的社会共识性知识，被同一组织群体内部的所有成员所共同拥有，并且成为群体成员之间交流与沟通的基础。这种社会共识性的知识体系，主要源自人们的经验基础，同时也源自人们通过传统、教育和社会交流接收和传递的信息、知识和思维模式。[①]

因此，莫斯科维奇认为社会表征是拥有自身的文化含义并且独立于个体经验之外而持续存在的各种预想（preconceptions）、形象（image）和价值（values）所组成的知识体系。国内学者管健认为，社会表征是在特定时空背景下的社会成员所共享的观念、意象、社会知识和社会共识，是一种具有社会意义的符号或系统。因而，它对于建立秩序和群体成员提供社会互动规则以及对社会生活进行明确命名和分类并加以沟通有重要帮助，同时对于形成一致的社会认同和社会心态具有推动作用。其特征可以概括为以下三个方面：①社会共享性与群体差异性。社会共享性是社会表征的最为直观、重要的特征。从全体成员共享性视角出发，社会表征是他们日常生活共有知识的集合，被群体内部成员保持与共有，是其相互沟通交流的基础、保障。由此，社会表征的理论假设是群体层面而非个人层面的，但在群体内部存在多个差异性子群体，可能使得不是所有社会表征都能在群体内部达成一致，"群体差异性"由此体现。②社会根源性和行为说明性。社会表征的社会根源性主要是由于个体通过传统文化、教育和社会沟通交流接收、传递和形成信息、知识和思维模式。群体间相互的互动过程、互动方式是社会根源的形成机制、本质特征。社会心理学家发现个体已形成的社会表征模式可以对所属群体成员的行为、思想进行预设感知、觉察、解释，即所谓的"行为说明性"。研究者发现，个体

---

① 管健：《社会表征理论的起源与发展——对莫斯科维奇〈社会表征：社会心理学探索〉的解读》，《社会学研究》2009 年第 4 期。

对那些与其预设、预期较为一致的事件记忆效果较好,而对于那些不一致的事件,个体则倾向于在记忆中进行修改、调整,以近于个体预期。③相对稳定性和长期动态性。一方面,社会表征的行为说明性使得其在社会群体的思想意识中具有一定的稳定性;另一方面,由于社会表征作为一种社群内成员共享的知识体系,一旦产生之后,就会超越成员个体而独立存在于社会中,所以社会表征的稳定性在一定时期内具有相对性,并未静止,即具有长期的动态性,由此可以被看成是客观存在的社会现实。①

### (三) 社会表征结构与机制

社会表征具有内外双重结构系统,即中心系统和外围系统。二者在功能上相互关联、相互支撑。中心系统是社会表征的核心部分,主要指社会群体的共享基础,决定了群体的共享性。稳固性、规范性、共识性以及历史性是社会表征的主要特征。同时它与社会、历史和意识形态紧密相连并被其影响。外在系统介于现实世界和中心因素之间,具有调整中心系统和现实世界之间的差异作用,因此具有调节性、补充性、灵活性特征。在调节过程中外在系统根据情境和个体特质来反映社会群体的现实性和异质性,通常情况下外围系统最先感知到威胁中心系统的新异信息并做出反应。由此可见,具有双层次的社会表征系统,其中心系统是相对稳定的,而外在系统则相对变化,以适应外界。两个系统间的相互联结与作用能使事物具体化,决定着社会表征的进化。在此过程中,如果境况可逆转,社会表征的外围系统将新的因素整合入内,中心因素则保持稳定。如果境况不可逆转,社会表征会随内外冲突程度的由弱趋强,相应发生抵抗性转变、渐进性转变及粗暴性转变。②

相对于中心与外在系统结构,研究者更为关注社会表征的内在机

---

① 管健、乐国安:《社会表征理论及其发展》,《南京师大学报》(社会科学版) 2007 年第 1 期。

② 朱小芳:《青少年对中国传统文化的社会表征及其与民族认同感的关系》,硕士学位论文,华中师范大学,2008 年。

## 第三章 研究一：武术文化认同研究的研究取向与理论基础

制、形成过程，研究范式基本围绕着锚定（anchoring）和具体化（objectifying）两种机制展开的。管健在总结前人的相关成果后认为，锚定是负责整合原有知识与意义并将其变成新系统的过程，是对不熟悉的事物命名或赋予特性，并以熟悉的名词来解释和定义，使其可以被解释和沟通的过程。在此过程中，相似或可用的定义最先被套用。这个过程也可以理解为知识、文化的规约化和世俗化的进程，即利用自身熟悉的概念、原理、规则等去解构新事物，理解新事物，通过熟悉的认知方式理解外来事物。这是个体知识构建的过程，概念与原理的内化过程，用以缓解新事物冲击带来的紧张与不安，或是降低由于缺乏相关知识而导致的威胁感受。[①] 张曙光认为，锚定机制则是基于熟悉事物或社会刺激的既有认知库存，对新异事物或社会刺激予以分类和命名的过程，也是以既有认知库存为基型进行比较，将新异事物或社会刺激的突显特性类化到基型中以寻求解释的过程。[②] 也就是说，锚定过程就是将陌生与新鲜事物根据自身认知结构归属到既有类别中，由此加深对其的理解、认识。这个过程不仅仅是一种合乎逻辑而不失连贯的知识活动，也是一种与社会态度相联系的进程。通过构建与内化的心理过程，个体形成对新异事物或社会刺激的理解、认识，同时也形成了对此的正性或负性评价，即形成了系统性的认知评价机制。具体化作为锚定的接续，是指将内隐、抽象的产物具体化为个体主观能够感知、可操控的实在现实，是实践操作相对接。其机制是通过化身（personification）和定性（figuration）两种途径来完成目标的，化身的途径是在一群人中交换思想；定性是通过假设和隐喻来提高和升华思想。

---

[①] 管健、乐国安：《社会表征理论及其发展》，《南京师大学报》（社会科学版）2007年第1期。
[②] 张曙光：《社会表征理论述评——一种旨在整合心理与社会的理论视角》，《国外社会科学》2008年第5期。

# 第四章 研究二：中学生武术文化认同结构构建、检验及量表编制

## 一 研究目的

本研究的总体目的是利用实证方法、手段验证"中学生武术文化认同结构"以及《中学生武术文化认同量表》的信度与效度，为随后的研究提供技术与物质保障。具体实施过程及相应的实施目的分为以下几个方面：首先，利用调查访谈法、文献综述法搜集"中学生武术文化认同"测量条目，根据专家评价法以及语义分析法的结果形成《中学生武术文化认同初始量表》。其次，对《中学生武术文化认同初始量表》进行施测，根据数理统计分析结果验证"中学生武术文化认同结构"以及《中学生武术文化认同初始量表》的结构效度。最后，对《中学生武术文化认同量表》进行二次检验，根据数理统计分析结果验证"中学生武术文化认同结构"以及《中学生武术文化认同量表》的信度与效度。

## 二 研究方法

### （一）问卷调查法

本研究根据武术文化认同的含义设计了调查问卷（附录1），对调查结果进行分析与整理后形成《中学生武术文化认同初始量表》相关条目。

## （二）专家评价法

请 6 名武术专业专家（具有高级职称的高校武术教育、武术文化研究专长专家）、2 名运动心理学专家（具有高级职称的高校运动心理学专家）对《中学生武术文化认同初始量表》的内容效度进行检验，根据专家评价结果、评价意见对相关测量条目进行修改。专家调查问卷见附录 2。

## （三）量表测量法

本研究利用量表测量法对中学生武术文化认同进行测量与评价。利用团体测试对以上量表进行施测，当场回收问卷。测试整个过程由研究者本人或经研究者指导的任课教师根据统一指导语进行，要求被试根据自身实际，果断、独立完成相应问题，并强调本研究对所有测试问题的保密性，以求最大限度保证回收数据的真实性。

## （四）项目分析法

项目分析的主要目的是检验编制量表或测验中个别题目的适宜或可靠程度，常用的项目分析指标有：极端分组决断值、离散程度、题总相关系数、题他相关系数，本研究根据以上四个指标进行相应的项目分析；其中，前两项分析只进行一次，在此基础上进行后两项分析，后两项分析循环进行直至删减后题目达到最优效果。

## （五）数理统计法

（1）结构公式模型分析：本研究利用 AMOS21.0 结构公式模型分析对《中学生武术文化认同量表》的结构效度进行检验，以确定其结构的有效性。

（2）相关分析：本研究利用 SPSS17.0 中的相关分析进行项目分析以及量表的重测信度检验。

### (六) 文献综述法

通过查阅以往文献，搜集与武术文化认同四个维度相似、相关的测量条目，通过改编相应的测量条目，构建并充实《中学生武术文化认同初始量表》。

## 三 研究被试

本研究共涉及三类被试：①问卷调查被试：选取初一至高三共六个年级积极参加学校武术学习、武术锻炼的学生共计60名，即每个年级男、女各5名。②量表初测与第二次施测被试（如表4-1所示）：两轮量表测验共发放问卷3152份，回收问卷2686份，回收率为85.22%；剔除无效问卷，获取有效问卷2056份，问卷有效率为76.55%。其中男生1090人、女生966人；初一至高三年级人数分别为，407人、280人、245人、421人、303人、400人；被试来自河南省郑州市（十九中学初高中部）、河北省沧州市（第八高级中学初高中部）、山东省聊城市（外国语中学初中部、第一中学高中部）、福建省厦门市（乐安中学初高中部）、广东省广州市（81中学高中部）五个地区，武术教育教学活动开展较好的学校。由于量表的结构与测量条目受到被试特征的影响，因此，将所有被试按照性别、年级、籍贯进行匹配后作为两轮测试的被试，以降低外界因素对研究结果的影响。③重测信度检验被试：选取120名郑州市十九中学初一至高三的男女学生被试，被试数量在性别与年级两个变量上匹配。

表4-1 被试来源统计情况

| 省份 | 初一 | | 初二 | | 初三 | | 高一 | | 高二 | | 高三 | |
|---|---|---|---|---|---|---|---|---|---|---|---|---|
| | 男生 | 女生 | 男生 | 女生 | 男生 | 女生 | 男生 | 女生 | 男生 | 女生 | 男生 | 女生 |
| 河南省 | 62 | 50 | 42 | 30 | 32 | 25 | 52 | 42 | 37 | 35 | 40 | 35 |
| 河北省 | 40 | 35 | 30 | 35 | 30 | 30 | 38 | 40 | 30 | 28 | 45 | 33 |

# 第四章 研究二：中学生武术文化认同结构构建、检验及量表编制

续表

| 省份 | 初一 | | 初二 | | 初三 | | 高一 | | 高二 | | 高三 | |
|---|---|---|---|---|---|---|---|---|---|---|---|---|
| | 男生 | 女生 | 男生 | 女生 | 男生 | 女生 | 男生 | 女生 | 男生 | 女生 | 男生 | 女生 |
| 山东省 | 30 | 32 | 32 | 32 | 36 | 32 | 32 | 32 | 28 | 32 | 46 | 33 |
| 福建省 | 86 | 72 | 32 | 37 | 25 | 35 | 48 | 30 | 25 | 25 | 38 | 40 |
| 广东省 | 0 | 0 | 0 | 0 | 0 | 0 | 65 | 42 | 30 | 33 | 49 | 41 |

## 四 研究程序

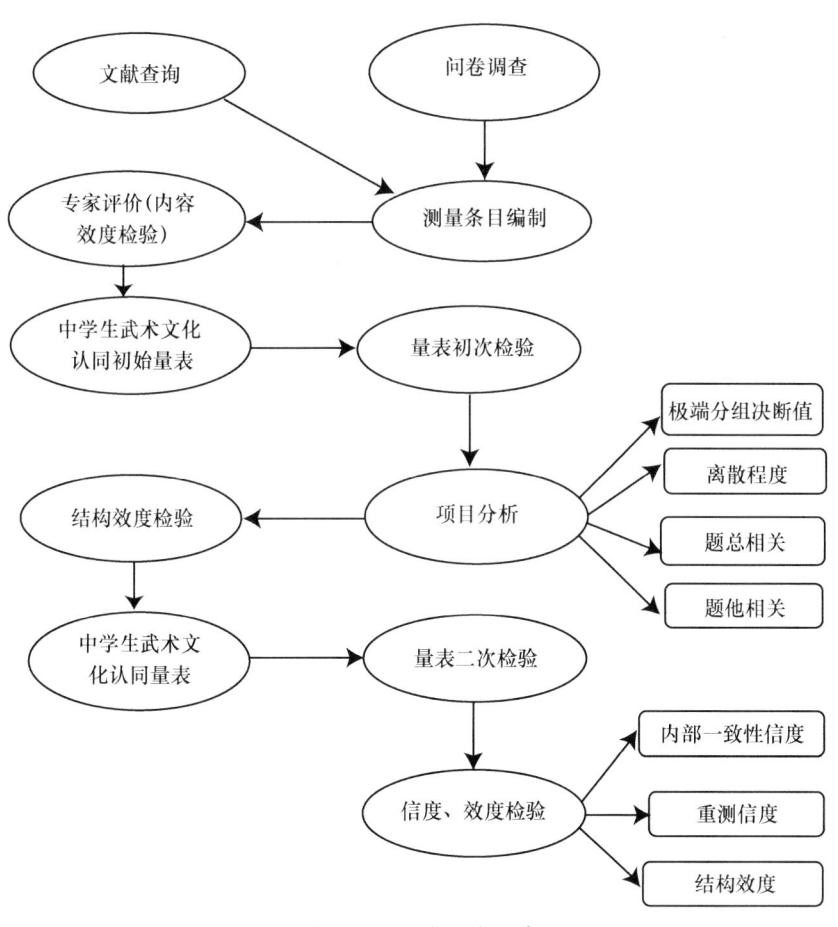

图 4-1 研究程序示意

## 五 研究结果与分析

### (一) 武术文化认同概念与结构理论分析

1. 武术文化认同概念辨析

从表层意义上理解，认同是由一个复合词汇，由"认"和"同"构成。在汉语语境中，"认"具有认识、明确、辨别、同意、肯定，或是与他人或事物建立或明确关系以及承认事物的价值而自愿接受的含义。"同"具有相同、一样、一致、认可等含义。因此，认同的基本含义可以理解为主体的"我"对客体的人或物等的认识、确认、肯定等表现，以及主体与客体的一致性、相似性、同一性等相关关系。同时，认同的英文"identity"具有身份的含义，因此对身份的确认、肯定、辨别、分类成为认同的另一部分含义。从深层意义理解，认同并不是由单一维度构成，除了对人或事物的"认"即认识、了解等认知评价，还包括在认知基础上产生的情感与行为，三者相互关联、相互影响；由此，认知、情感、行为三个维度构成了相应认同态度理论的相关要素。所以，由认同衍生出的文化认同可以理解为人们之间或个人同群体之间的共同文化的确认。使用相同的文化符号、遵循共同的文化理念、秉承共有的思维模式和行为规范，是文化认同的依据。

因此，根据以往研究中关于认同及文化认同的基本含义。本研究将武术文化认同解释为：个体对武术文化中所凝结的价值内容（物质文化、精神文化、制度文化、行为文化）、价值功能的知觉判断、情感体验及行为表现，并根据武术特有的文化属性确认自身文化身份进而产生的积极心理与行为特征。根据前人关于民族文化认同的研究成果并结合本研究对武术文化认同的解释，可将武术文化认同理解为一种积极的态度特征及态度结构，即个体在认知、情感、行为方面对武术传统文化价值的积极倾向性表现。由此可见，作为武术文化认同"主体"——个人的态度结构特征其结构特征，以及作为武术文化认同"客体"——武术文化的价值内容、价值功能，即武术文化认同

# 第四章 研究二：中学生武术文化认同结构构建、检验及量表编制

"主体"和"客体"的特点及相互关系成为其本质特点所在。因此，从武术文化的态度结构特征解析、构建武术文化认同在理论上具有一定的逻辑性、可行性，其结构特征可概括为：由武术文化认知评价、武术文化情感体验、武术文化行为表现、武术文化身份认同四个方面构成（如图4-2所示）。

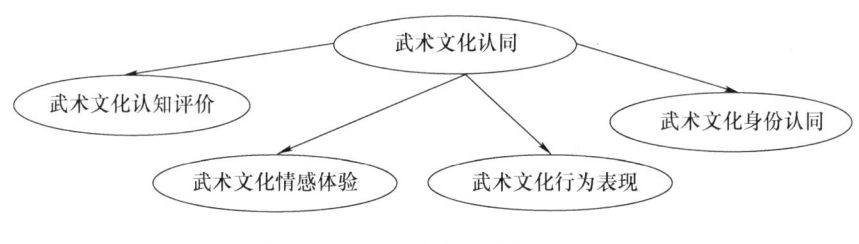

图4-2 武术文化认同结构模型

2. 武术文化认同结构分析

（1）武术文化认知评价

认知评价因素是指个人对态度对象带有评价意义的叙述。叙述的内容包括个人对态度对象的认识、理解、相信、怀疑以及赞成或反对等。因此，武术文化认知评价可以理解为：个体对武术文化带有评价意义的叙述，包括对武术文化认识、理解、相信、赞成等积极的认知与评价。从过程发展角度上看，武术文化认知评价是以个体对武术文化的感性认识、了解为开端，以个体对武术文化的理性解释、评价为终点的动态过程。教师所使用的教学方法、教学内容、教学设计以及个体周围的武术文化环境等因素都是促进动态发展过程的关键，在武术实践教学过程中，教师通常以传授武术文化内容精髓为开端让学生对武术有一个初步了解、认识，例如武术"抱拳礼"的基本含义，武术提倡"未曾学艺先学礼、未曾学武先学德"，武术文化蕴含着"和谐共生"的价值理念，"止、戈"是武术的最高境界等，虽然学生或许无法理解武术文化的深层次含义，但"机械性记忆"能够让其形成初始认识。然后，通过教师不断讲解、传授以及个体不断地内化，形成对武术文化属性、价值功能的整体认识，即武术文化评价，

该部分包含的思维成分较多。例如，个体在不断参与武术运动，深入认识、体验武术文化的过程中会意识到：武术蕴含着丰富的哲学思想、武术可以促进个人全面发展等。

以往文化认同研究通常认为，对于所属文化的认知评价是文化认同的基础，是个体产生相应文化情感、文化行为的重要保障。因此，提升个体的文化认同应从增加文化知识、文化内容为开端，以促进积极文化评价为最终目的。如曹海峰认为，建构文化认同必须以各种形式使民众在文化实践中感知中华传统文化的魅力，并以春雨润无声之势培养他们的鉴赏力，挖掘对高雅文化的审美趣味，形成对中华民族传统文化的积极认识与正确判断，只有这样才能自觉抵制不符合主流价值的文化商品的影响。① 从学校武术教育教学实践出发，首先让学生了解武术文化价值理念、历史人物、武术动作背后的文化含义等，进而形成积极、正确的评价是武术教学的通常做法，以此为出发点为形成积极的情感体验、行为表现奠定基础。因此，从现实与理论逻辑角度出发，本研究认为：武术文化认知评价对于武术文化情感体验、武术文化行为表现具有重要作用，积极的武术文化认知评价对于培养武术文化情感、武术文化行为具有重要意义。

（2）武术文化情感体验

情感，是人对客观事物是否满足自己的需要而产生的态度体验。② 它是态度中重要的组成部分之一，与态度中的内向感受、意向具有协调一致性，是态度在生理上一种较为复杂而又稳定的生理评价和体验。情感的产生、维持与价值联系紧密。虽然个体情感是对外界人或物的价值产生的主观反映，具有一定的主观性，会存在一定的偏差；但情感的变化总是以价值为基础，并围绕价值上下波动，就像商品的价格以其价值为基础并围绕其价值上下波动一样。情感的总体规模取决于价值的总体规模，情感的变化范围取决于价值的变化范围，情感

---

① 曹海峰：《全球化语境中文化认同的现实考验与建构策略》，《学术界》2016年第12期。
② 林崇德、杨治良、黄希庭：《心理学大词典》，上海教育出版社2004年版。

的作用方式取决于价值的作用方式,情感的强度与方向取决于价值的大小与正负①。因此就不难理解,个体在认识与了解丰富、深刻的民族文化价值内容、价值功能后表现出的对民族深深的热爱、归属、依恋等情感体验,民族文化价值与民族文化情感相互联系由此体现。在以往关于民族传统文化认同结构的研究中,民族文化情感都作为一个重要维度被提及,这其中民族文化自豪感、民族文化归属感、民族文化依恋感、民族文化幸福感等是民族文化情感的重要组成因素。此外,情绪与情感有着密切联系,二者都是以客观事物的态度体验,并以需求为中介而产生的,当个体需求得到满足后则会产生积极的情绪或情感。同时,情绪是情感的基础与保障,多次的、积极的情绪体验能够产生与之相一致的积极情感体验。因此,在情感教育的实践过程中,让个体在活动参与过程中不断产生快乐、兴奋、愉悦的积极情绪是提升个体对活动产生情感的重要方法、手段。所以,情绪与情感在理论和实践中存在着紧密的联系,在文化情感要素中囊括情绪因素具有一定的合理性。但在以往研究中,鲜见研究者将情绪作为情感组成要素进行分析、讨论。

综上所述,本研究认为武术文化情感是武术文化认同的重要组成部分,它指个体在参与武术运动或联想到武术文化时体验到的积极情感与情绪。武术文化情感与个体对武术文化价值的认知与体验有着密切联系,个体认识、了解并体验到武术文化价值内容、价值功能越丰富、越全面、越系统,其给予武术文化的情感就越强烈、越持久。同时,武术运动中体验的积极情绪是武术文化正向情感形成的基础,是构成武术文化情感的重要组成部分,因此,在武术文化情感维度中应囊括情绪因素。

(3) 武术文化行为表现

在态度的相关理论中行为包含两种含义:其一,行为意向(behavior intention)是指个人对态度对象的反应倾向或行为的准备状态,也就是个体准备对态度对象做出何种反应倾向性;其二,实际行为,

---

① 彭聃龄:《普通心理学(修订版)》,北京师范大学出版社2001年版。

是指个人实际采取行动的行为；行为意向对实际行为有着直接、重要的影响，是预测行为最为紧密的变量。在以往的民族文化认同研究中，研究者倾向于将行为意向与实际行为作为民族文化行为构成要素进而形成民族文化认同的相关维度，具体表现为民族行为、民族参与、民族事务卷入等行为维度。① 因此，本研究认为武术文化行为是武术文化认同的组成部分，包含行为意向与实际行为两个部分。此外，关于外显行为背后的深层次价值、功能对于了解武术文化行为具有重要意义。梳理以往关于武术文化认同的研究可以看出，积极武术文化认同可以呈现积极行为表现，具体为以下三个方面：①积极参与武术运动的行为表现（例如：我经常参加与武术有关的活动，我能做出很多套路动作，我掌握很多关于武术的知识）；②积极传承武术文化的行为表现，（例如：我会传承、发扬武术文化，我时常会向其他人传授一些武术知识、技能等，我会说服其他人参加武术运动）。③武术文化价值内化后的日常行为表现，即武术道德思想内化为个体自身价值体系，通过外显行为得以表现（例如：日常生活中不到万不得已的情况，我不会与他人争执；如果遇到不合理的事情，我都愿意去管管；答应别人的事情，我会尽力去做）。从武术教育的理论与实践两个方面考虑，多数研究者认为外显的武术行为是判断武术文化认同重要的直观指标，而武术文化认同的意义也可以理解为是对个体武术参与行为与武术、武术文化传承行为的提升；此外，"武德"教育的终极目标不应停留在"武德"价值概念的认识与理解，更为重要的是体味、领悟"武德"的精神实质，内化精神价值，在日常生活中通过外显行为体现"武德"精髓。由此，以上三种武术文化行为的逻辑基础与现实意义得以体现。

---

① Phinney, J. S., "The Adolescents and Young Adults Multigroup Ethnic Identity Measure: A New From Diverse Group", *Journal of Adolescent Scale for Use With Research*, 1992 (7): 156 – 176; Ashmore, R., Deaux, K., McLaughlin-Volpe, T., "An Organizing Framework for Collective Identity: Articulation and Sign TLIcance of Mufti-dimensionality", *Psychological Bulletin*, 2004 (130): 80 – 114; 胡发稳、张智、李丽菊：《哈尼族青少年学生文化认同的理论构建及问卷初步编制》，《红河学院学报》2010 年第 3 期。

## 第四章 研究二：中学生武术文化认同结构构建、检验及量表编制

综上所述，本研究认为武术文化行为是武术文化认同结构的组成之一，它是指个体在日常学习生活中呈现的与武术运动相关的积极实践行为特点和行为意向，其行为表现形式可以分为三个种类，即积极参与行为、积极传承行为以及积极内化行为，其中前两项是在武术教学、武术锻炼情境下展现出来的，而积极内化行为则是日常行为表现。相对于前两项行为，表现积极的内化行为呈现较为困难，需要教育者提供长期、有效的教育教学刺激、引导，同时也需要被教育者的积极响应和配合。

（4）武术文化身份认同

在以往关于民族文化认同的研究中，围绕民族成员对自身的文化特征的分析、讨论成为研究者的关注焦点，同时也成为以往民族文化认同结构中重要的维度之一。追本溯源，认同的英文表述"identity"就是指代身份，认同的过程就是个体对自我身份的寻找和确认，而文化认同就是利用自身蕴含的文化特征、文化属性进行身份自我寻找和确认的过程。据此判断，从文化身份角度描述武术文化认同：是个体或群体根据自身所具备的武术文化特征、武术文化属性，通过比较、区分寻求身份探索、确认的过程（例如：武术技术、技能的掌握与展现，以及自身所具备的行侠仗义、不畏强势等特点是自身与他人区分的重要依据）。一方面，个体或群体通过共有的文化属性确认"我们"的共同身份；另一方面，个体或群体利用特有的文化属性将"我们"和"他们"区分开来，明确身份的特殊性。由此可以看出，身份性特征是武术文化认同的重要特征，因此也是其重要构成维度。此外，在以往研究中，关于文化身份的认知、文化身份的情感以及文化身份的行为构成了文化身份的分析要素，从认知、情感、行为三个方面分析文化身份是以往研究的总体思路。据此，本研究也将从认知、情感、行为三个方面构建武术文化身份，由此将该维度命名为武术文化身份态度。武术文化身份认知，可以理解为是个体对自身所具备的武术身份属性的知觉、评价等，如"我认为自己是一名习武之人"；武术文化身份情感，可以理解为个体对自身所具备的武术身份属性的情感表现，如"我为自己是一名习武之人而自豪"；武术文

身份行为，可以理解为个体依据武术身份特征而产生的行为表现，如"在做自我介绍的时候，我乐意提到我是一名习武之人"。

综上所述，身份性是认同的本质特征之一，因此武术参与者对自身的身份性探索与确认成为武术文化认同的重要组成部分，表现为个体对自身"武术人""习武之人"等武术文化身份积极的认知评价、情感体验和行为表现。在日常武术教育中教师经常用"武术人""习武之人""武者"等具有明显身份性特征的词语，激励学生通过"身心兼修"让其成为其中一员；利用成为一名合格、优秀的武术群体成员激发其学习和参与动机。武术文化身份性的实践价值、实践意义由此体现。

### （二）中学生武术文化认同结构及量表的实证分析

1. 《中学生武术文化认同初始量表》条目搜集与整理

本项研究利用问卷调查法和文献改编两种途径搜集与整理初始量表的相关测量题目。在问卷调查法中，首先对初级调查语句进行筛选，剔除漏答、字迹模糊、答非所问、重复等无效问句进而获得有效语句；并根据本研究对武术文化认同及相关维度界定的含义对筛选出有效语句进行归类，共获取有效语句 78 个（占比 85.71%）作为初始测量条目。此外，本研究通过文献查询，在借鉴前人关于认同中的情绪、行为及身份的描述、解释、测量及评价结果的基础上，参考本研究对于武术文化认同的含义，在武术文化情感体验、武术文化行为、武术文化身份体验三个维度上构建相关测量条目共计 13 个（占比 14.29%）。通过以上两种方法，共搜集、整理有效测量条目 91 个（如表 4-2 所示）。其中，武术文化认知评价维度共获取有效条目 33 个（武术文化认知条目 17 个，占比 18.68%；武术文化评价条目 16 个，占比 17.58%，共计占比 36.26%），武术文化情感体验维度共获取有效条目 18 个（武术文化情感体验条目 10 个，占比 10.99%；武术文化情绪体验条目 8 个，占比 8.79%，共计占比 19.78%），武术文化行为维度共获取有效条目 22 个（武术文化实际行为条目 15 个，占比 16.48%；武术文化行为意向条目 7 个，占比 7.69%，共计占比 24.18%），武术

## 第四章 研究二：中学生武术文化认同结构构建、检验及量表编制

文化身份认同维度共获取有效条目18个（武术文化身份认知条目4个，占比4.40%；武术文化身份情感条目9个，占比9.89%；武术文化身份行为条目5个，占比5.49%，共计占比19.78%）。

从以上分析可以看出：首先，利用问卷调查获取的条目数量远远大于文献改编条目数量，这说明测量条目主要源自实践调查分析。其次，从武术文化认同中的四个维度条目数量上看，武术文化认知评价维度的测量条目最多，占比为36.26%；武术文化情感体验与武术文化身份认同维度测量条目相对较少，每个维度测量条目达到18个，分别占19.78%。究其原因，或许表层的知识、文字容易被感知、识记，而内化的情感、行为的认知则相对较为困难；抑或被试在日常生活学习中已经储备了大量关于武术文化的知识，关于武术文化认知评价的信息内容较为丰富、全面，因此获取的相关条目数量较多。虽然在武术文化认知维度搜集的测量条目较多，但数量不等同于质量，是否能够成为正式量表中的条目还需后续的信度与效度检验。

表4-2　　　　　　"中学生武术文化认同量表"初始条目

| 测量条目 | 条目来源 | 心理与行为特征 | 维度 |
|---|---|---|---|
| 1. 武术套路是对真实打斗的抽象演练；<br>2. 武术提倡"未曾学艺、先学礼，未曾学武、先学德"；<br>3. 武术文化蕴含着"和谐共生"的价值理念；<br>4. "止、戈"是武术的最高境界；<br>5. 练武之人通常以理服人；<br>6. 习武之人具有独特的思维模式；<br>7. 我认为习武之人勇敢仗义；<br>8. 武术蕴含着丰富的哲学思想；<br>9. 我认为武术是一门"进攻与防守之间的艺术"；<br>10 武术的运动形式主要有套路、散打和功法练习；<br>11. "精、气、神"是武术的外在表现；<br>12. "抱拳礼"是武德的体现；<br>13. 武术提倡"重礼崇德"；<br>14. 武术提倡"自强不息"；<br>15. 武术注重身心合一、内外兼修；<br>16. "武德"是武术文化重要体现；<br>★17. 练习武术就是为了打败别人 | 问卷调查 | 武术文化认知 | 武术文化认知评价 |

续表

| 测量条目 | 条目来源 | 心理与行为特征 | 维度 |
|---|---|---|---|
| 18. 武术教会我"为人处事"；<br>19. 武术有很强的观赏性；<br>20. 武术服饰具有鲜明的文化特征；<br>21. 武术可以促进个人全面发展；<br>22. 武术运动有益于身心健康；<br>23. 以武会友，可以促进交流、增进友谊；<br>24. 武术文化蕴含的道德思想对我影响很大；<br>25. 武术蕴含丰富的教育价值；<br>26. 武术可以磨炼个人意志；<br>27. 武术可以强身健体；<br>28. 武术具有很强的观赏性；<br>29. 武术具有悠久的历史；<br>30. 中华武术文化博大精深，源远流长；<br>31. 武术是弘扬中华传统文化的重要途径、手段；<br>32. 在学校、社会中应大力推广武术运动；<br>★33. 我对武术文化一无所知 | 问卷调查 | 武术文化评价 | 武术文化认知评价 |
| 34. 我对武术的历史人物、故事很着迷；<br>35. 我喜欢不同的武术器械；<br>36. 我喜欢一切关于武术的事物；<br>37. 我喜欢灿烂的武术文化；<br>38. 我喜欢武术题材的电影、电视；<br>39. 我对自己坚持武术运动很满意；<br>★40. 我不喜欢武术运动 | 问卷调查 | 武术文化情感体验 | 武术文化情感体验 |
| 41. 对我来讲，武术不仅仅是一种身体练习，它意味很多；<br>42. 如果被迫放弃武术，将是我最大的损失；<br>43. 武术已经成为我生活中的一部分 | 文献改编 | | |
| 44. 武术运动令人兴奋；<br>45. 武术运动对我很有吸引力；<br>46. 武术运动令我感到愉快；<br>47. 武术运动激发了我的运动欲望；<br>48. 武术运动给我带来许多快乐；<br>49. 我对武术技击与技巧动作有着浓厚的兴趣；<br>50. 当想到武术动作中的一些招式时，我就感觉特别有意思；<br>★51. 我对武术运动毫无兴趣 | 问卷调查 | 武术文化情绪体验 | |

# 第四章 研究二：中学生武术文化认同结构构建、检验及量表编制

续表

| 测量条目 | 条目来源 | 心理与行为特征 | 维度 |
|---|---|---|---|
| 52. 我掌握很多关于武术的知识；<br>53. 我能做出很多套路动作；<br>54. 我经常用武术文化思想丰富我的头脑；<br>55. 我尊重老师的重要决定；<br>56. 我时常会向其他人传授一些武术知识、技能等；<br>57. 为了提高对武术的认识，我常常去学习一些额外的武术知识、技能等；<br>58. 我经常阅读、观看武术题材的书籍、影视剧等；<br>59. 我经常参加与武术有关的活动；<br>60. 闲来无事时，我会做一些武术动作；<br>61. 我愿意琢磨一些武术动作；<br>62. 我时常向同学传授武术知识；<br>63. 我时常向父母亲属传授武术知识；<br>64. 我有时组织一些与武术有关的活动 | 问卷调查 | 武术文化实际行为 | 武术文化行为表现 |
| 65. 我经常会用武术价值标准去思考、判断问题；<br>66. 日常生活中我经常用"武德"标准，规范自身行为 | 文献改编 | | |
| 67. 不论有多困难，我都会坚持武术运动；<br>68. 我会传承、发扬武术文化；<br>69. 我会说服其他人参加武术运动；<br>★70. 即使有时间，我也不愿意参加与武术有关的活动 | 问卷调查 | 武术文化行为意向 | |
| 71. 答应别人的事情，我会尽力去做；<br>72. 日常生活中不到万不得已的情况，我不会与他人争执；<br>73. 如果遇到不合理的事情，我都愿意去管管 | 文献改编 | | |
| 74. 我认为自己是一名习武之人；<br>75. 具备武术知识与技能是我自身一个最大的特点；<br>76. 在他人眼中，我是一名习武之人 | 问卷调查 | 武术文化身份认知 | 武术文化身份认同 |
| 77. 在别人谈论有关习武人的话题时，我感觉与自己有关 | 文献改编 | | |

续表

| 测量条目 | 条目来源 | 心理与行为特征 | 维度 |
|---|---|---|---|
| 78. 我为自己是一名习武之人而自豪；<br>79. 我在乎别人是如何看习武之人的；<br>80. 能成为一名习武之人是我的荣幸；<br>81. 我关心别人如何看待习武之人；<br>82. 作为一名武术学习者，我感到十分骄傲；<br>83. 当看到或听到赞扬习武之人时，我感到很欣慰；<br>84. 能成为武术大家庭中的一员，我感到无比幸福 | 问卷调查 | 武术文化身份情感 | 武术文化身份认同 |
| 85. 当有人无端指责习武之人时，我感觉受到了侮辱；<br>86. 作为一名习武之人，我时常受人尊敬 | 文献改编 | | |
| 87. 在做自我介绍的时候，我乐意提到我是一名习武之人；<br>88. 向他人介绍自己时，我经常提及自身的武术背景；<br>89. 我努力成为一名合格的"武术人" | 问卷调查 | 武术文化身份行为 | |
| 90. 我希望通过习武得到他人的尊重；<br>★91. 如果有来世，我不想成为一名习武之人 | 文献改编 | | |

注：★为反向计分。

### 2.《中学生武术文化认同初始量表》效度检验及项目分析

（1）《中学生武术文化认同初始量表》的内容效度检验

内容效度，又称逻辑效度（logical validity），是指项目对欲测的内容或行为范围取样的适当程度，即测量内容的适当性和相符性，内容效度通常利用专家评价法进行相应的检验。本研究邀请 8 名专家（6 名武术专业、2 名运动心理学专业专家），利用专家评价问卷（附录 2）对搜集到的测量条目内容效度进行检验。根据专家评价结果对相应的测量条目进行确认、删除及修改：首先，当所有 8 名专家认为测量条目"适合"时，表明该测量条目内容效度较好，可以直接纳入初始量表中；此类题目为 75 个。其次，当只有 0—3 名专家认为该测量条目"适合"时（即 5—8 名专家认为不"适合"），表明该测量条目内容效度较差可以直接删除；此类题目为 11 个。当 5—7 名家认为该测量条目"适合"时（即1—3名专家认为"不适合"），表明该测量条目内容效度有待提高，根据专家意见进行修改，此类题目为5个。经专家评价结果及修改意见后形成《中学生武术文化认同初始量表》，其中武术文化认知维度条目为26个、武术文化情感维度条目为17个、武术文化行为维度条目为19个、武术文化身份认同条目为18个，共计80个测量条目，具体测量条目见附录3。

（2）《中学生武术文化认同初始量表》的项目分析

常用的项目分析方法为：极端分组决断值分析法、离散程度分析法、题总相关分析法、题他相关分析法。其中，前两种方法只进行一次，根据相应标准剔除不良题目；在此基础上进行后两种分析，后两种分析项目相互配合、循环进行直至删减后题目达到最优效果。

①极端分组决断值分析法（critical ratio，CR）。极端分组决断值分析法，是将量表中总分最高与总分最低的27%被试分为高、低两组，对两组数据中各个测量题目得分进行均数差异性检验，即 $t$ 检验，$t$ 值就是极端分组决断值（CR值）。当CR值达到显著性效应且数值达到一定水平时，表明该测量项目具有一定的鉴别能力；如果CR值没有达到显著性水平或数值没有达到一定水平，则表明该项目鉴别力较差。根据以往的研究结果，CR值显著且大于3时才具有鉴别力。[①] 本研究结果表明，所有项目CR值均达到显著性水平且大于3，这提示所有条目具有一定的鉴别能力。

②离散程度分析法。以往研究通常利用项目得分的标准差，即离散程度来评价区分度，离散程度越大说明该项目区分能力越强。以往研究认为，如果项目得分的标准差大于1则表明该项目具有一定的区分度，应予以保留。经统计表明，本研究所有测验项目得分标准差均大于1，这提示所有条目具有一定的区分度。

③题总相关分析法。分别计算武术文化认知评价、武术文化情感体验、武术文化行为表现、武术文化身份认同4个分量表中每个测量题目得分与扣除该题目后分量表总分之间的矫正相关系数，将相关系

---

[①] 邱皓政：《量化研究与统计分析》，五南图书出版公司2002年版。

数小于 0.3 的测量题目予以删除。

④题他相关分析法。计算武术文化认知评价、武术文化情感体验、武术文化行为表现、武术文化身份认同 4 个分量表中每个测量题目得分与其余 3 个分量表总分之间的相关系数,即为题他相关。如果一个条目的题总相关小于题他相关,则说明该条目没有测量到所要测量的目标,因此,需要根据条目所测内容改变从属分量表或直接删除。

在进行第一种与第二种项目分析后,保留了所有 80 个初始测验题目。然后,本研究进行三轮题总相关与题他相关分析,根据相关系数值进行删减题目,当保留下的测量题目题总相关系数大于 0.3 且该项目的题总相关系数大于题他相关系数时,表明余下题目具有一定相互关联性且相互间又具有一定的区分性。三轮题总相关与题他相关分析共删除 42 个题目,保留下 38 个有效题目:武术文化认知评价维度为 13 个题目、武术文化情感体验维度为 10 个题目、武术文化行为表现维度为 8 个题目、武术文化身份认同维度为 7 个题目。利用以上保留下的 38 个题目进行随后的结构公式模型分析。

(3)《中学生武术文化认同初始量表》的结构效度检验

结构效度(structural validity),又称为构想效度,是指一个测验实际测到所要测量的理论结构和特质的程度;或者说它是指测验分数能够说明心理学理论的某种结构或特质的程度。[①] 在心理学量表构建及检验研究中,结构效度被视为最为重要的指标。一般情况下,研究者利用结构方程模型分析(structural equation modeling,SEM)对量表的结构效度进行验证,由于验证过程涉及量表中各因素是否存在,以及各因素之间关系确认等问题,因此此过程也称为验证性因素分析(confirmatory factor analysis,CFA)。在结构公式模型分析中,结构方程的拟合度指数(goodness of fit index,GFI),即结构公式模型的统计结果是反映量表结构效度优劣的参考依据。在结构公式模型分析发展

---

① 坎特威茨、罗迪格、埃尔姆斯:《实验心理学》,郭秀艳等译,杨治良审校,华东师范大学出版社 2010 年版。

## 第四章 研究二：中学生武术文化认同结构构建、检验及量表编制

过程中，产生一些拟合优度指数，通常情况下研究者利用以下拟合优度指数反映结构效度：①$\chi^2/df$，$\chi^2$（卡方）是检验模型的最常用指标，但卡方值与样本规模关联紧密，样本越大，卡方值也越大，因此拒绝一个模型的概率会随着样本规模增加而增加。因此利用卡方与自由度（$df$）的比值，即$\chi^2/df$作为判断方程拟合度的常用指标，通常认为$\chi^2/df$的比值小于5是可以接受的；②拟合度指数与校正拟合优度指数（adjusted goodness-of-fit index，AGFI）取值范围为0—1，一般认为指数大于0.9模型拟合效果较好；③非规范拟合指数（non-normed fit index，NNFI）与比较拟合指数（comparative fit index，CFI），在AMOS统计中利用TLI（trucker-lewis index）表示NNFI，TLI与CFI取值范围为0—1，一般认为指数大于0.9模型拟合效果较好；④近似误差均方根（Root Mean Square Error of Approximation，RMSEA）相对来讲受样本影响较小，对参数过少的误设模型还较为敏感[1]，因此是较为理想的拟合度指标。一般认为，RMSEA低于0.08表示模型拟合较好；低于0.05表示模型拟合非常好。[2]

本研究利用结构公式模型对中学生武术文化认同的结构进行检验，统计结果参照以上六个拟合度指标判断模型的拟合程度，同时也是验证《中学生武术文化认同量表》的结构效度过程。研究结果如表4-3所示，$\chi^2/df$的结果小于5，GFI与AGFI的结果接近0.9，TLI与CFI的结果大于0.9，RMSEA的结果为0.05。以上结果表明：本研究提出的"中学生武术文化认同结构模型"以及《中学生武术文化认同初始量表》的结构效度尚可。此外，结构公式模型分析结果还表明，四个维度之间相关较为紧密，因此可以进行二阶模型结构检验。统计结果如表4-4所示，二阶模型的三个拟合指数效果（$\chi^2/df$、

---

[1] Marsh, H. W., Balla, J. R., "Goodness-of-fit Indices in Confirmatory Factor Analysis: The Effect of Sample Size and Model Complexity", *Quality & Quantity*, 1994, 28: 185-217.

[2] Steiger, J. H., "Structure Model Evaluation and Complication: An Interval Estimation Approach", *Multivariate Behavioral Research*, 1990 (25): 173-180; Browne, M. W., Mels, G., *Ramona User's Guide*, Columbus Ohio: The Ohio State University, Department of Psychology, 1994.

TLI、CFI）即略好于一阶模型，而剩余三个拟合指数值与一阶模型相同。

以上结果提示：①中学生武术文化认同结构模型存在一阶四因素和二阶五因素两种结构。②两种结构的总体拟合度，即结构效度较好。③中学生武术文化认同二阶五因素结构效度略好于一阶四因素，这与本研究假设较为一致。④经内容效度检验、项目分析、结构效度检验后，最终确定了由38道题构成的《中学生武术文化认同量表》；其中，武术文化认知评价维度为13个题目、武术文化情感体验维度为10个题目、武术文化行为表现维度为8个题目、武术文化身份认同维度为7个题目。在随后的研究中，将对确立后的量表再次进行检验。

表4-3 一阶四因素结构模型的拟合指数分析结果

|  | $\chi^2/df$ | GFI | AGFI | TLI | CFI | RMSEA |
|---|---|---|---|---|---|---|
| 拟合度 | 3.51 | 0.89 | 0.87 | 0.90 | 0.90 | 0.05 |

表4-4 二阶五因素结构模型的拟合指数分析结果

|  | $\chi^2/df$ | GFI | AGFI | TLI | CFI | RMSEA |
|---|---|---|---|---|---|---|
| 拟合度 | 3.44 | 0.89 | 0.87 | 0.91 | 0.91 | 0.05 |

3.《中学生武术文化认同量表》的信度与效度检验

对《中学生武术文化认同初始量表》进行内容效度、项目分析、结构效度统计分析后形成《中学生武术文化认同量表》，利用统计处理对该量表重测信度、内部一致性信度、结构效度进行检验进而确定最终量表。

（1）重测信度检验

重测信度（test-retest reliability），是反映测验结果是否会随时间变化而变化的指标，考察的是测验稳定性与跨时间的一致性，数值越大说明该测验稳定性越强，重测信度越好。本研究抽取120名中学生被试（在年级与性别上匹配），在量表实测后间隔4周再对量表进行

## 第四章 研究二：中学生武术文化认同结构构建、检验及量表编制

重测，利用两次数值的相关系数评价重测信度，结果如表 4-5 所示。在相关分析中，通常认为相关系数为 0—0.40 即为低度相关，0.40—0.80 为中度相关，0.80 以上为高度相关。本研究结果表明：总量表与武术文化认知评价分量表相关系数在 0.80 以上，为高相关；武术文化情感体验、武术文化行为表现、武术文化身份认同三个分量表相关系数在 0.70 以上，为中高度相关。因此，可以认为《中学生武术文化认同量表》具有一定的重测信度，即该量表在时间跨度上具有一定的稳定性。

表 4-5 《中学生武术文化认同量表》重测信度检验

|  | 总量表 | 武术文化认知评价 | 武术文化情感体验 | 武术文化行为表现 | 武术文化身份认同 |
| --- | --- | --- | --- | --- | --- |
| 相关系数 | 0.84 | 0.81 | 0.78 | 0.74 | 0.75 |

（2）内部一致性信度检验

内部一致性信度（consistency reliability），是指测验内容的一致性或测验内部所有题目的一致性程度，它反映的是测验题项是否具有同样的特质，考察的是测验题项之间的关系。如果测验题目相关系数为正且数值较高，则认为该测验是同质的且同质程度较好；反之，则相反。在以往研究中，通常利用克隆巴赫 α 系数评价内部一致性信度水平。本研究结果表明（如表 4-6 所示）：总体量表与分量表克隆巴赫 α 系数均达到 0.80 以上，因此可以认为《中学生武术文化认同量表》具有一定的内部一致性信度，即相关的测量题目具有一定的相同特质。

表 4-6 《中学生武术文化认同量表》克隆巴赫 α 系数检验

|  | 总量表 | 武术文化认知评价 | 武术文化情感体验 | 武术文化行为表现 | 武术文化身份认同 |
| --- | --- | --- | --- | --- | --- |
| 条目数 | 38 | 13 | 10 | 8 | 7 |
| α 系数 | 0.95 | 0.86 | 0.87 | 0.86 | 0.84 |

(3) 结构效度检验

利用结构公式模型分析法对第一轮确定量表结构进行第二轮检验，检验过程同样涉及一阶四因素模型与二阶五因素模型检验（如表4-7所示）。研究结果表明：首先，从各个拟合指数数值上看，一阶四因素模型与二阶五因素模型中 $\chi^2/df$ 小于5，GFI、AGFI 接近0.90，TLI、CFI 为0.90，RMSEA 为0.05，总体看模型拟合效度可以接受。其次，从横向比较来看，两个模型只有在 $\chi^2/df$ 的拟合指数上存在差别且二阶模型略好于一阶模型，而在其他拟合指数上一致，据此可以判定两个模型价值等同。最后，从纵向比较看，第一轮结构公式模型分析总体结果略好于第二轮，但差别不大，因此可以判定第二轮结构公式模型分析结果验证了第一轮提出的模型结构。

表4-7　　一阶四因素与二阶五因素结构模型的拟合指数分析结果

|  | $\chi^2/df$ | GFI | AGFI | TLI | CFI | RMSEA |
|---|---|---|---|---|---|---|
| 一阶四因素模型 | 3.83 | 0.88 | 0.86 | 0.90 | 0.90 | 0.05 |
| 二阶五因素模型 | 3.81 | 0.88 | 0.86 | 0.90 | 0.90 | 0.05 |

根据以上分析可以确认：中学生武术文化认同具有一定的结构性，表现为一阶四因素（如图4-3所示）或二阶五因素结构（如图4-4所示）；《中学生武术文化认同量表》由4个维度、38道题构成（如表4-8，附录4），具有一定的结构效度。

表4-8　　《中学生武术文化认同》各分量表与条目内容一览

| 分量表 | 条目 | 条目内容 |
|---|---|---|
| 武术文化认知评价 | JZ1 | 习武之人具有独特的思维模式 |
| | JZ2 | 武术蕴含着丰富的哲学思想 |
| | JZ3 | 武术教会我"为人处事" |
| | JZ4 | 武术提倡"未曾学艺、先学礼，未曾学武、先学德" |
| | JZ5 | 武术文化蕴含着"和谐共生"的价值理念 |
| | JZ6 | "止、戈"是武术的最高境界 |

# 第四章 研究二：中学生武术文化认同结构构建、检验及量表编制

续表

| 分量表 | 条目 | 条目内容 |
| --- | --- | --- |
| | JZ7 | 武术服饰具有鲜明的文化特征 |
| | JZ8 | 武术是弘扬中华传统文化的重要途径、手段 |
| | JZ9 | 武术可以促进个人全面发展 |
| | JZ10 | 武术运动有益于身心健康 |
| | JZ11 | 以武会友，可以促进交流、增进友谊 |
| | JZ12 | 练武之人通常以理服人 |
| | JZ13 | "武德"是武术文化重要体现 |
| 武术文化情感体验 | QG1 | 我对武术的历史人物、故事很着迷 |
| | QG2 | 武术运动激发了我的运动欲望 |
| | QG3 | 武术运动对我很有吸引力 |
| | QG4 | 我喜欢不同的武术器械 |
| | QG5 | 武术运动给我带来许多快乐 |
| | QG6 | 武术运动令人兴奋 |
| | QG7 | 我喜欢武术题材的电影、电视 |
| | QG8 | 武术运动令我感到愉快 |
| | QG9 | 我喜欢灿烂的武术文化 |
| | QG10 | 武术运动能让我达到"忘我"境界 |
| 武术文化行为表现 | XW1 | 我掌握很多关于武术的知识 |
| | XW2 | 我能做出许多套路动作 |
| | XW3 | 我经常用武术文化思想丰富我的头脑 |
| | XW4 | 日常生活中我经常用"武德"标准，规范自身行为 |
| | XW5 | 不论有多困难，我都会坚持武术运动 |
| | XW6 | 我经常参加与武术有关的活动 |
| | XW7 | 我会传承、发扬武术文化 |
| 武术文化身份认同 | SF1 | 向他人介绍自己时，我经常提及自身的武术背景 |
| | SF2 | 我希望通过习武得到他人的尊重 |
| | SF3 | 在别人谈论有关习武人的话题时，我感觉与自己有关 |
| | SF4 | 我在乎别人是如何看习武之人的 |
| | SF5 | 在做自我介绍的时候，我乐意提到我是一名习武之人 |
| | SF6 | 我为自己是一名习武之人而自豪 |
| | SF7 | 在他人眼中，我是一名习武之人 |
| | SF8 | 能成为武术大家庭中的一员，我感到无比幸福 |

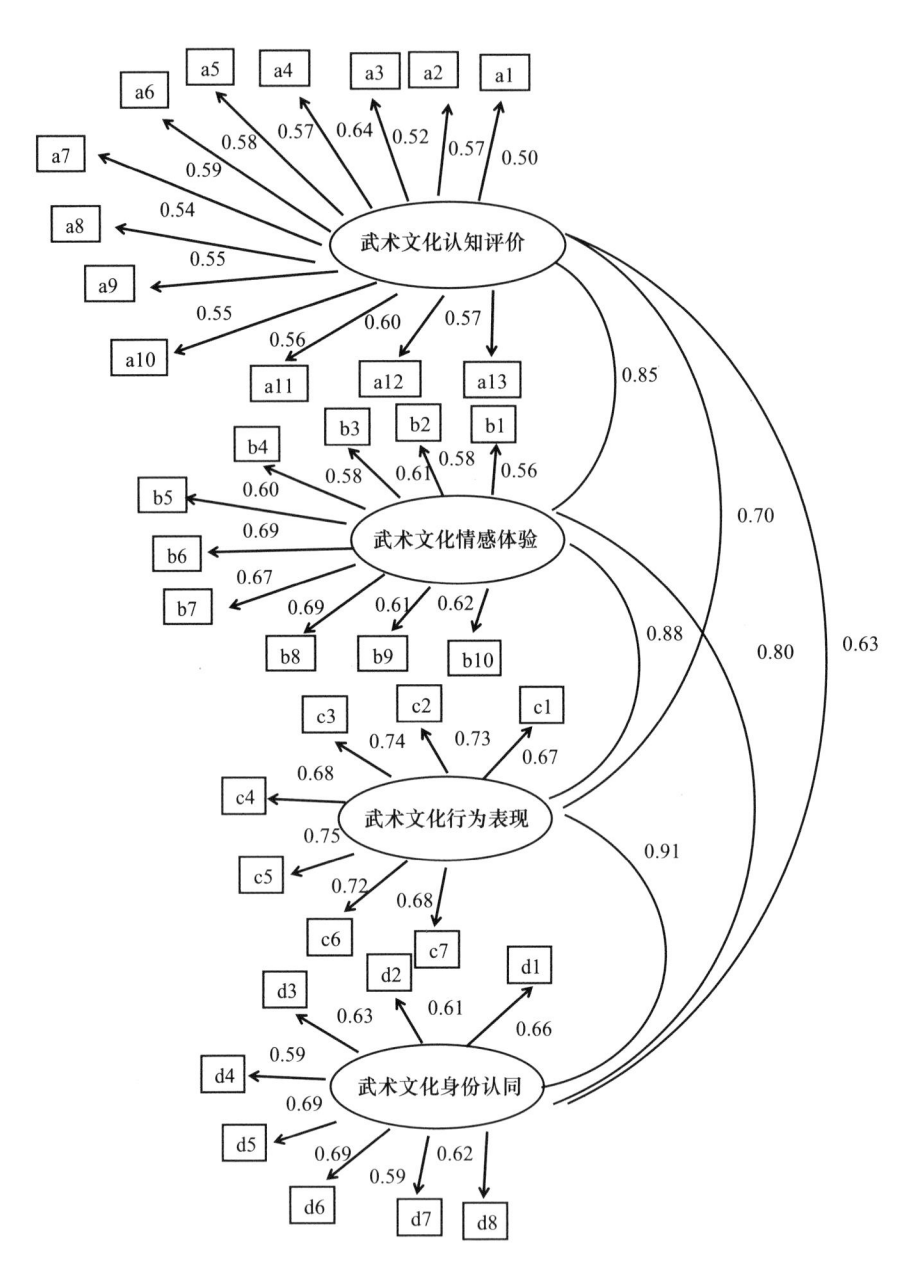

图 4-3 武术文化认同一阶四因素模型

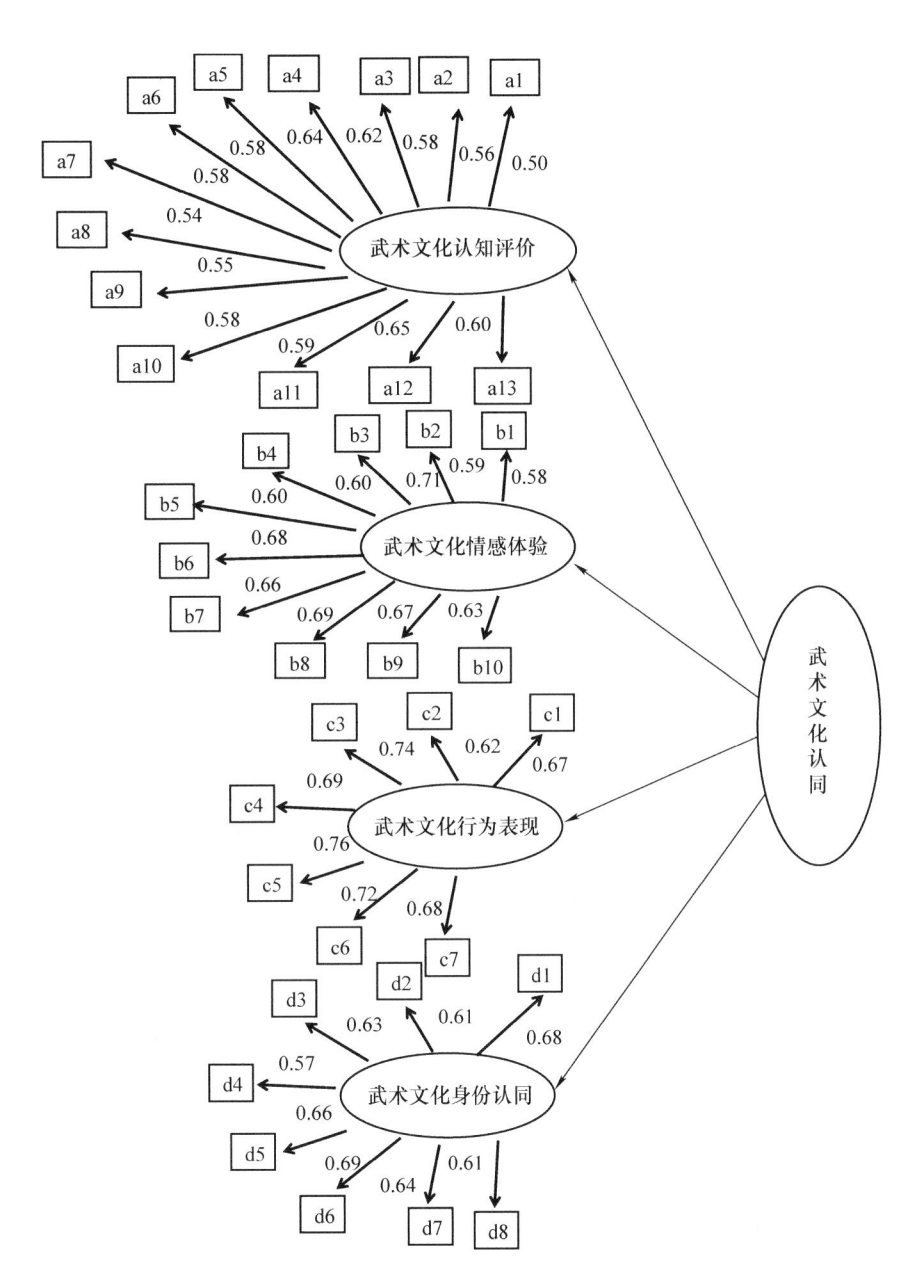

第四章 研究二：中学生武术文化认同结构构建、检验及量表编制

图 4-4 武术文化认同二阶五因素模型

## 六 讨论、结论与建议

### (一) 讨论

1. 中学生武术文化认同各维度及题目的分析与检验

本研究认为武术文化认同的四个维度，即武术文化认知评价、武术文化情感体验、武术文化行为表现、武术文化身份认同，它们各自具有多层次的丰富含义，在实践测量评价中应选择与含义相适应的条目展现相应含义。本研究从理论构建与实证分析两个层面对武术文化认同各个维度进行了描述与分析，具体如下。

其一，武术文化认知评价包含了个体对武术文化的认知及评价两层含义，二者相互关联、相互影响；前者是个体对武术文化价值内容的认知与了解，感知成分占主导；后者是个体对武术文化价值功能的综合性认识，思维成分占主导；经过项目分析与信效度检验后，原有的33个题目缩减为13个，前者保留6个题目、后者保留7个题目；从维度内部条目数量上看，武术文化认知与武术文化评价各占比例较为平均；此外从总体所占比例看，武术文化认知评价维度的13个条目占比最高，为34.21%，其重要程度及代表性或许由此体现。其二，武术文化情感包含了武术文化情感与情绪体验两个层次，二者相互关联、相互影响；二者都是在武术实践过程中，当自身关于武术方面的相关需要、需求得到满足后产生的积极心理、生理体验过程；经过项目分析与信效度检验后原有的18个题目缩减为10个，前者保留6个题目、后者保留4个题目；从维度内部条目数量上看，武术文化情感体验条目数量要多于武术文化情绪体验；此外从总体所占比例看，武术文化情感体验维度的10个条目排在第二，为26.32%，在以往态度研究中，一般认为情感因素是态度结构成分中最为重要、最具代表性的要素，但这种重要性、重要价值并没有在条目数量上得以体现，或许在随后的应用研究中应细致分析。其三，武术文化行为表现，包含了武术文化行为意向与武术文化实际行为两个方面；此外二者蕴含了武术文化传承、武术运动参与、武术行为内化（武术文化理念的日常行为表现）三个方面的内涵；经过项目分析与信效度检验后原有的22个题目缩减为8个，武术文化行为意向保留2个题目、武术文化实际行为保留6个题目；此外，在这8个题目中代表武术文化传承与武术行为内化的题目各保留1个，而武术运动参与题目为6个，占比极高；这或许说明学生参与武术运动的目的较为直接、明确，而缺少对于武术文化传承等附加目标，同时武术文化价值内化为具体的日常行为过程较为复杂、困难，大部分学生并没有产生此方面行为。其四，武术文化身份认同，包含了个体对武术文化身份的认知、情感、行为三个方面，三个方面相互关联、相互影响；经过项目分析与信效度检验后原有的18个题目缩减为7个，其中涉及武术文化身份认知的题目为2个、武术文化身份情感的题目为3个、武术文化身份行为的题目为2个，从分布看较为平均；此外与其他维度为相比，武术文化身份认同最终确定的题目最少，这或许说明，学生从武术文化角度确认"武者""习武之人"自身的身份特征是一个较为复杂、困难的过程，在认知、情感、行为上表现不明显。

2. 中学生武术文化认同结构的一阶模型与二阶模型

本研究利用结构公式模型分析，对中学生武术文化认同结构效度进行检验，结果表明：中学生武术文化认同存在一阶四因素与二阶五因素两种模型。虽然从表面看中学生武术文化认同存在两个不同结构，但两种结构反映的实质特征是一致的：从一阶模型视角出发，四个一阶因素（即武术文化认同的四个维度）具有一定的且较高的相关性，这种高相关特征的实质是"武术文化的价值、属性"在认知、情感、行为及身份上的体现，而这种相关性特征能够在模型中直接得以体现。从二阶模型视角出发，首先，二阶五因素模型是始于一阶四因素模型，在一阶模型分析中四个因素的高度相关提示有一个高阶因素，即武术文化认同可以概括、解释这四个因素，因此应进行二阶模型分析；其次，虽然在二阶模型图例中四个一阶因素没有相关连线，但这四个一阶因素仍存在一定的相关联系，只是这种相关联系是通过武术文化认同这个高阶因素体现出来的。由此可以看出，武术文化认同的结构及特征不仅体现为四个相对独立的维度，更为重要的是这四个维度之间存在一定的关联性：

首先，武术文化认知评价是武术文化情感、武术文化行为的基础，即对武术文化价值内容、价值功能等丰富知识的认识、了解以及积极的评价是个体形成积极武术文化情感、武术文化行为的基础与保障，在武术教学实践中，特别是学校武术教学中此方面显得尤为重要。例如：对武术历史中的人物与事件、武术招式与动作的文化内涵等文化知识的讲解往往会激发学生参与武术热情与行为。其次，武术文化情感在一定程度上反映了学生对武术文化认知的程度。情感的呈现、表达与情感对象所凝结的价值成正比，积极强烈的武术文化情感表达是个体对武术文化所蕴含的丰富价值内容、价值功能认知评价的具体表现；此外，武术文化行为表现是以武术文化认知与文化认同情感为基础的，只有当个体对武术文化有着正确、积极的认知并付之于积极的情感依托，才会产生参与武术运动、传承武术文化的积极行为。最后，虽然武术文化身份认同具有自身特点，但同样也受到了武术文化认知、武术文化情感、武术文化行为的影响，即从武术文化角度区分、确立自身"习武之人"的身份是离不开个体对武术文化的积极认知、情感及行为表现的。

### （二）结论

（1）中学生武术文化认同是一个多维度结构，由一个二阶因子、四个一阶因子构成，包括武术文化认知评价、武术文化情感体验、武术文化行为表现、武术文化身份认同四个一阶因子，共同构成二阶因子——中学生武术文化认同。

（2）《中学生武术文化认同量表》在重测信度、内部一致性信度以及内容效度、结构效度上表现良好，因此可以认为它是一个可信、有效的心理测量评价工具。

（3）《中学生武术文化认同量表》是由四个维度、38个题目组成，具体为：武术文化认知评价（13个题目）、武术文化情感体验（10个题目）、武术文化行为表现（8个题目）、武术文化身份认同（7个题目）。

### （三）建议

（1）中学生武术文化认同具有丰富含义，应从其四个维度即武术文化认知评价、武术文化情感体验、武术文化行为表现、武术文化身份认同入手对其进行认识与理解；此外，在实践中研究者应根据其现实需要，并参考各维度含义选择相应的测量条目。

（2）武术文化认同的结构及特征不仅体现为四个相对独立的维度，更为重要的是这四个维度具有一定的关联性，相互依存、相互促进。因此，在改善、提升中学生武术文化认同过程中应将武术文化认同的四个维度作为实施路径，注重综合效应。

（3）武术文化认同的不同维度在不同教学情景下可能存在不同价值与意义，因此应区别对待各维度，例如：对武术文化价值内容、价值功能等知识的认识、了解及积极评价对于其情感、行为具有重要作用，因此在武术教学的开始阶段，丰富的武术文化知识传授、讲解是必不可少的。

# 第五章 研究三：中学生武术文化认同影响因素研究

## 一 研究目的

本研究主要利用量表测量法、数理统计法对中学生武术文化认同和武术教育环境进行测量与评价，分析武术文化认同量表总分及各维度分数在年级、性别、锻炼强度、锻炼时间、锻炼频率上的变化情况，以及武术教育环境对中学生武术文化认同的影响效果。从定量分析角度去解释影响中学生武术文化认同的相关因素及其作用效果，为提升与改善中学生武术文化认同提供理论与实践支撑。

## 二 研究方法

**（一）量表测量法**

（1）利用研究二确定的《中学生武术文化认同量表》进行相应的测量及评价，量表包括38个题目，四个一阶因素，即武术文化认知评价、武术文化情感体验、武术文化行为表现、武术文化身份认同（见附录4）。量表为5级李克特记分，从"非常不同意"到"非常同意"，分别为1—5分。本研究表明：①重测信度，0.84；②内部一致性信度（科隆巴赫$\alpha$系数），0.95；③结构效度，$\chi^2/df$（3.81）、GFI（0.88）、AGFI（0.86）、TLI（0.90）、CFI（0.90）、RMSEA（0.05）。

# 第五章 研究三：中学生武术文化认同影响因素研究

（2）根据《体育活动等级问卷》的评价内容、评价方法①，结合本研究自编的《武术活动等级问卷》，对被试的每次锻炼强度、每次锻炼时间、每周锻炼频率进行评价。每次锻炼强度、每周锻炼频率为3等级评分，每次锻炼时间为5等级评分。本研究表明：①该量表重测信度，0.84；②内部一致性信度（科隆巴赫α系数），0.90（见附录5）。

（3）根据Roff编制的《教育环境评估量表》（The Dundee Ready Educational Environment Measure，DREEM）②，自编《武术教育环境量表》进行相应的测量及评价，量表包括23个题目，四个一阶因素、一个二阶因素组成，即武术教育家庭环境、武术教育学校环境、武术教育社会环境、武术教育课堂环境共同构成武术教育环境。量表为5级李克特记分，从"非常不同意"到"非常同意"，分别为1—5分（见附录6）。本研究表明：①重测信度，0.82；②内部一致性信度（科隆巴赫α系数），0.89；③结构效度，$\chi^2/df$（3.82）、GFI（0.87）、AGFI（0.85）、TLI（0.88）、CFI（0.89）、RMSEA（0.07）。

本研究利用团体测试对以上量表进行施测，当场回收问卷。测试整个过程由研究者本人或经研究者指导的任课教师根据统一指导语进行，要求被试根据自身实际，果断、独立完成相应问题，并强调本研究对所有测试问题的保密性，以求最大限度保证回收数据的真实性。

## （二）数理统计法

利用SPSS17.0中的描述性统计、方差分析等方法，对武术文化认同量表总分、各维度分数在年级、性别、锻炼强度、锻炼时间、锻炼频率上的变化、发展情况进行分析。

---

① 梁德清：《高校学生应激水平及其与体育锻炼的关系》，《中国心理卫生杂志》1994年第1期。

② Roff S., McAleer S., Harden R. M., et al., "Development and Validation of the Dundee Ready Education Environment Measure (DREEM)", Med Teach, 1997, 19 (4): 295-299.

## 三 研究被试

本研究共发放问卷 3152 份,回收问卷 2686 份,回收率为 85.22%;剔除无效问卷,获取有效问卷 2042 份,问卷有效率 76.02%。以上被试来自于河南省郑州市(十九中学初高中部)、河北省沧州市(第八高级中学初高中部)、山东省聊城市(外国语中学初中部、第一中学高中部)、福建省厦门市(乐安中学初高中部)、广东省广州市(81 中学高中部)五个地区,武术教育教学活动开展较好的学校。

## 四 研究结果与分析

### (一)中学生武术文化认同总体情况分析

本研究对武术文化认同量表总分以及各维度总分的平均数与标准差,以及项目平均得分进行统计,结果如表 5-1 所示。本研究利用 5 级李克特计分标准进行相关的测量与评价,其中"1"代表非常不同意、"2"代表不同意、"3"代表不确定、"4"代表同意、"5"代表非常同意。研究结果表明:武术文化认知评价程度最高,均分达到 3.80;武术文化行为表现程度最低,均分为 3.23;武术文化认同均分为 3.54。各维度项目均分都大于 3,表明被试在武术文化认同以及相关维度上认识、理解的总体表现较为明确,所有中学生在武术文化认同上总体表现相对积极。

表 5-1　武术文化认同量表总分与各维度的描述性统计

|  | 武术文化认同总分 | 武术文化认知评价 | 武术文化情感体验 | 武术文化行为表现 | 武术文化身份认同 |
| --- | --- | --- | --- | --- | --- |
| 各维度总分与标准差 | 134.47±25.09 | 49.42±8.45 | 36.40±7.55 | 25.86±6.86 | 22.76±5.89 |
| 各维度题目数 | 38 | 13 | 10 | 8 | 7 |
| 各维度项目均分 | 3.54 | 3.80 | 3.64 | 3.23 | 3.25 |

## (二) 年级、性别对中学生武术文化认同的影响

本研究利用多因素方差分析（Multi-way ANOVA）对中学生武术文化认同测评总分及各维度分数的年级、性别变化特征进行分析，结果如表5-2所示。从统计参数指标中显著性数量上看：年级变量的主效应较为明显，即武术文化认同总分、武术文化认知评价、武术文化情感体验、武术文化行为表现在不同年级水平上呈现一定的差异，需进一步检验；性别变量的主效应只体现在武术文化情感体验与武术文化行为表现两个维度上，说明男生与女生在这两个维度上存在差异，需进一步检验；但年级与性别的交互作用在量表总分及各维度得分上没有达到显著性水平，不需要进一步检验。

表5-2　　年级、性别在量表总分及各维度的多因素方差分析

| 统计参数 | 武术文化认同 | | 武术文化认知评价 | | 武术文化情感体验 | | 武术文化行为表现 | | 武术文化身份认同 | |
|---|---|---|---|---|---|---|---|---|---|---|
| | F | Sig | F | Sig | F | Sig | F | Sig | F | Sig |
| 年级 | 7.07 | 0.00 | 11.74 | 0.00 | 8.04 | 0.00 | 2.96 | 0.00 | 2.15 | 0.06 |
| 性别 | 3.09 | 0.08 | 0.02 | 0.90 | 9.41 | 0.00 | 10.14 | 0.01 | 0.09 | 0.76 |
| 年级×性别 | 0.19 | 0.97 | 0.18 | 0.97 | 0.18 | 0.97 | 0.92 | 0.47 | 0.81 | 0.54 |

由于年级、性别两个变量在武术文化认同及部分维度的主效应达到显著性水平，故在达到显著性水平的相关指标上进行事后检验（post hoc test），进一步分析不同水平之间的差异。首先，对年级的主效应进行事后检验。统计结果表明（如表5-3所示）。

①在武术文化认同总分上，初一＞初三、高一、高二、高三＞初二，即初一年级得分最高，初二年级得分最低且达到显著性水平，初三年级至高三年级之间差异未达到显著性水平，但四个年级分数与初一、初二年级之间的差异达到显著性水平，得分变化趋势如图5-1所示。以上结果说明，初一至初二年级学生在武术文化认同方面的得

分呈现下降趋势且变化较为剧烈,随后又呈现上升趋势,但这种上升趋势在初三以后出现停滞现象;虽然在随后的高中阶段发展中出现起伏,但这种起伏现象并不显著。②武术文化认知评价变化与武术文化认同相一致,即初一得分最高,初二得分最低且达到显著性水平;而其余四个年级差异未达到显著性水平,但与初一、初二年级差异达到显著性水平,得分变化趋势如图5-2所示。③在武术文化情感体验上,初一与初三年级差异没有达到显著性水平,但高于其他年级;初二与高一年级差异没有达到显著性水平,但低于其他年级;初三只与初二、高一年级差异达到显著性水平;高二、高三年级只与初一、初二年级差异达到显著水平,变化趋势如图5-3所示。以上结果说明初一至初二年级学生在武术文化情感体验方面的得分呈现下降趋势且变化较为剧烈,随后至初三期间又呈现上升趋势;虽然初三至高一阶段呈现下降趋势,但高中三个年级差异未达到显著性水平,变化不显著。④与前三个变化特征相比,武术文化行为表现的变化具有一定的独特性(如图5-4所示)。初一至初二年级仍呈现下降表现,虽然总体看从初二开始呈现上升趋势,但直到高三年级才呈现差异且达到显著性水平,而在高中期间三个年级之间变化差异未达到显著性水平。

表5-3 不同年级在量表总分及各维度的得分情况

| 年级 | 武术文化认同 | 武术文化认知评价 | 武术文化情感体验 | 武术文化行为表现 | 武术文化身份认同 |
| --- | --- | --- | --- | --- | --- |
| 初一 | 139.85±24.36 | 51.44±7.53 | 38.05±7.07 | 26.87±6.99 | 23.49±5.97 |
| 初二 | 128.61±20.36 | 46.65±8.21 | 34.67±7.00 | 25.10±5.40 | 22.18±4.60 |
| 初三 | 135.10±23.38 | 49.56±8.42 | 37.17±6.95 | 25.57±6.45 | 22.79±5.84 |
| 高一 | 132.46±24.00 | 48.92±8.04 | 35.59±6.91 | 25.36±6.74 | 22.58±5.80 |
| 高二 | 135.04±27.01 | 50.38±8.46 | 36.67±8.02 | 25.65±7.58 | 22.33±6.51 |
| 高三 | 134.46±29.24 | 49.14±9.64 | 36.15±8.83 | 26.28±7.49 | 22.88±6.33 |

第五章 研究三：中学生武术文化认同影响因素研究

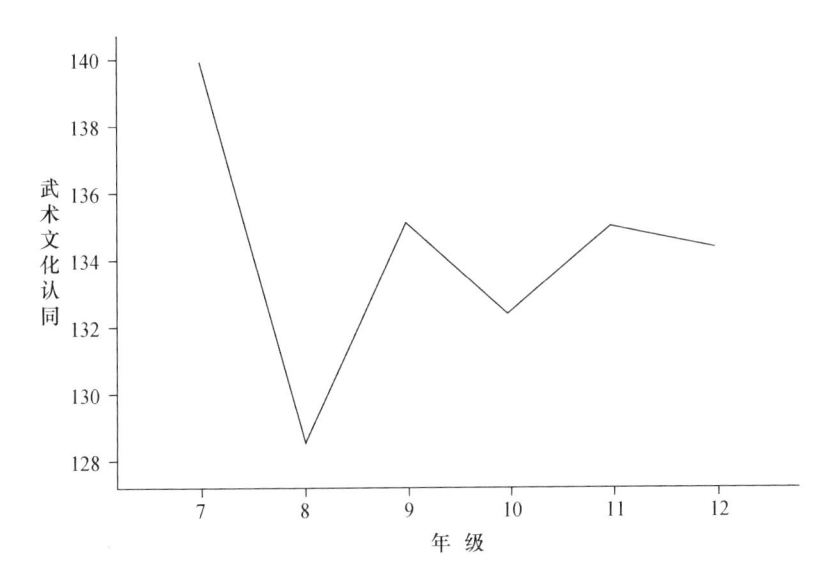

图 5-1 武术文化认同在不同年级的变化特点

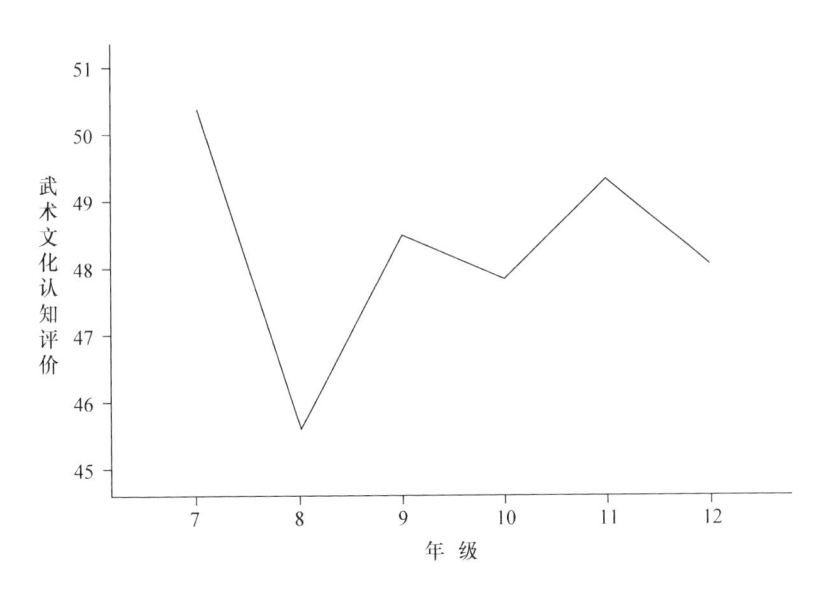

图 5-2 武术文化认知评价在不同年级的变化特点

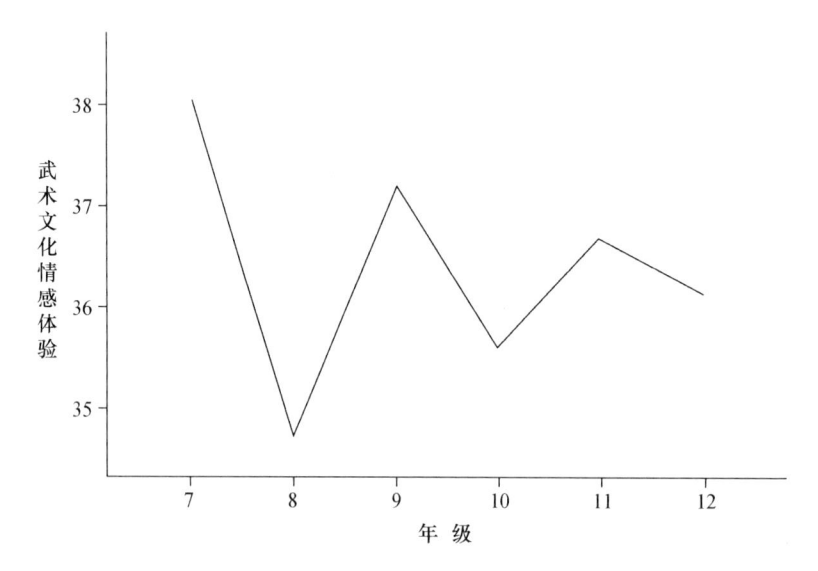

图 5-3　武术文化情感体验在不同年级的变化特点

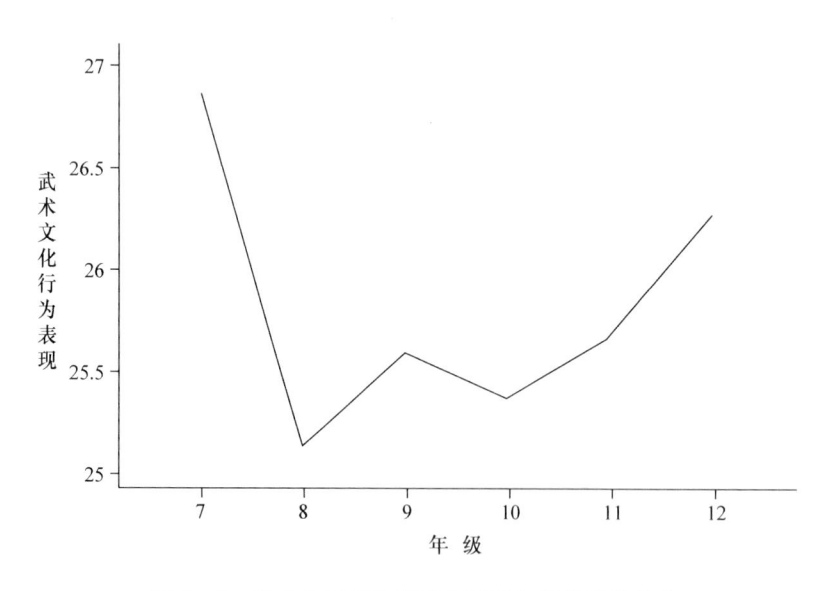

图 5-4　武术文化行为表现在不同年级的变化特点

其次，对性别主效应进行分析（如表5-4所示），结果表明：在武术文化情感体验、武术文化行为表现两个维度的得分上，男生得分略高于女生且差异达到显著性水平，说明男生表现得更为积极。

表5-4　　　　性别在量表总分及各维度的得分情况

| 性别 | 武术文化认同 | 武术文化认知评价 | 武术文化情感体验 | 武术文化行为表现 | 武术文化身份认同 |
|---|---|---|---|---|---|
| 男生 | 135.53±25.20 | 49.50±8.62 | 36.90±7.51 | 26.37±6.77 | 22.76±6.01 |
| 女生 | 134.69±25.38 | 49.40±8.39 | 35.84±7.66 | 25.29±6.99 | 22.75±5.81 |

### （三）武术锻炼对中学生武术文化认同的影响

1. 武术锻炼各项指标在武术文化认同上的主效应分析

利用多因素方差分析在武术锻炼三个指标即锻炼强度、锻炼时间、锻炼频率变化特征上对武术文化认同及各维度得分进行分析，结果如表5-5所示。从锻炼强度（每次锻炼强度）、锻炼时间（每次锻炼时间）、锻炼频率（每周锻炼次数）主效应看，除锻炼频率在武术文化认知评价方差分析结果上没有达到显著性水平外，三个锻炼指标在武术文化认同及各维度方差分析结果上均达到显著性水平，因此，应利用事后检验对三个锻炼指标的不同水平差异进行检验。

表5-5　　　锻炼强度、锻炼时间、锻炼频率在量表总分及各维度的多因素方差分析

| 指标 | 武术文化认同 | | 武术文化认知评价 | | 武术文化情感体验 | | 武术文化行为表现 | | 武术文化身份认同 | |
|---|---|---|---|---|---|---|---|---|---|---|
| | F | Sig | F | Sig | F | Sig | F | Sig | F | Sig |
| 锻炼强度 | 27.80 | 0.00 | 23.00 | 0.00 | 24.15 | 0.00 | 19.49 | 0.00 | 12.19 | 0.00 |
| 锻炼时间 | 8.61 | 0.00 | 4.40 | 0.00 | 7.17 | 0.00 | 10.58 | 0.00 | 5.20 | 0.00 |
| 锻炼频率 | 9.76 | 0.00 | 2.37 | 0.09 | 4.07 | 0.02 | 23.03 | 0.00 | 11.07 | 0.00 |
| 锻炼强度×锻炼时间 | 2.78 | 0.01 | 2.79 | 0.01 | 2.02 | 0.04 | 2.15 | 0.03 | 1.91 | 0.06 |

续表

| 指标 | 武术文化认同 | | 武术文化认知评价 | | 武术文化情感体验 | | 武术文化行为表现 | | 武术文化身份认同 | |
| --- | --- | --- | --- | --- | --- | --- | --- | --- | --- | --- |
| | F | Sig | F | Sig | F | Sig | F | Sig | F | Sig |
| 锻炼强度×锻炼频率 | 2.01 | 0.09 | 2.56 | 0.04 | 2.48 | 0.04 | 1.02 | 0.40 | 0.91 | 0.46 |
| 锻炼时间×锻炼频率 | 1.79 | 0.08 | 1.67 | 0.10 | 1.42 | 0.18 | 1.50 | 0.15 | 2.16 | 0.03 |
| 锻炼强度×锻炼时间×锻炼频率 | 1.47 | 0.10 | 1.95 | 0.08 | 1.38 | 0.14 | 1.37 | 0.15 | 0.56 | 0.92 |

首先，对锻炼强度进行事后检验并参考各维度得分情况（如表5-6所示），结果表明：武术文化认同、武术文化认知评价、武术文化情感体验、武术文化行为表现、武术文化身份认同在锻炼强度各水平间差异呈现一致性变化规律，即锻炼强度水平3＞锻炼强度水平2＞锻炼强度水平1且差异达到显著性水平，这提示每次锻炼强度对武术文化认同程度及其相关维度指标有着积极影响，随着锻炼强度的提升，个体武术文化认同程度及其相关维度指标也随之增强。

其次，对锻炼时间进行事后检验并参考各维度得分情况（如表5-6所示），结果表明：①从武术文化认同上看，武术文化认同在锻炼时间各水平间差异变化呈现一定的规律性，即锻炼时间水平3（21—30分钟）、锻炼时间水平4（31—59分钟）、锻炼时间水平5（60分钟及以上）＞锻炼时间水平2（11—20分钟）＞锻炼时间水平1（10分钟及以下）且差异达到显著性水平，但锻炼时间水平3、锻炼时间水平4、锻炼时间水平5之间差异未达到显著性水平。这提示随着每次锻炼时间的增加，个体武术文化认同度也随之增强，但当每次锻炼时间高于20分钟（锻炼时间水平2）后，武术文化认同提升效果不明显。②从武术文化认知评价上看，武术文化认知评价在锻炼时间各水平间差异变化呈现一定的规律性，即锻炼时间水平3、锻炼时间水平4、锻炼时间水平5＞锻炼时间水平2＞锻炼时间水平1且差异达到显著性水平,但锻炼时间水平 3、锻炼时间水平 4、锻炼时间水平 5 之间差异未达到显著性水平。这提示随着每次锻炼时间的增加,个体武术文化认知评价也随之增强,但当每次锻炼时间高于 20 分钟(锻炼时间水平 2)后,武术文化认知评价提升效果不明显。③从武术文化情感体验上看,武术文化情感体验在锻炼时间各水平间差异变化呈现一定的规律性,即锻炼时间水平 4＞锻炼时间水平 3＞锻炼时间水平 2＞锻炼时间水平 1 且差异达到显著性水平。虽然锻炼时间水平 5 得分与锻炼时间水平 3、锻炼时间水平 4 之间差异未达到显著性水平,但锻炼时间水平 5 得分仍高于锻炼时间水平 1、锻炼时间水平 2。以上结果说明,武术文化情感体验在锻炼时间上呈现较为一致的表现,随着每次锻炼时间的增加,个体的武术文化情感体验会随之增强,锻炼时间升至最高水平 5(60 分钟以上)后,情感体验效果会出现"倒退现象",但仍高于锻炼时间水平 2。④从武术文化行为表现上看,武术文化行为表现在锻炼时间各水平间差异变化呈现一定的规律性,锻炼时间水平 5＞锻炼时间水平 3＞锻炼时间水平 2＞锻炼时间水平 1 且差异达到显著性水平;锻炼时间水平 3 与锻炼时间水平 4 之间、锻炼时间水平 4 与锻炼时间水平 5 之间差异未达到显著性水平,但锻炼时间水平 4＞锻炼时间水平 1、锻炼时间水平 2 且差异达到显著性效应。以上结果表明随着锻炼时间增加,个体武术文化行为表现程度随之增加,锻炼时间水平 3(21—30 分钟)是转折点,只有在此点上继续提升两个水平时间才能获取更高的行为表现。⑤从武术文化身份认同上看,武术文化身份认同在锻炼时间各水平间差异变化呈现一定的规律性,锻炼时间水平 3、锻炼时间水平 4、锻炼时间水平 5＞锻炼时间水平 2＞锻炼时间水平 1 且差异达到显著性水平;锻炼时间水平 3、锻炼时间水平 4、锻炼时间水平 5 得分之间差异性未达到显著性水平。以上结果说明,武术文化身份认同在锻炼时间上呈现一定的规律性,随着锻炼时间增加,个体武术身份认同度随之增加,但当锻炼时间升至锻炼时间水平 3(21—30 分钟)后,继续增加锻炼时间将不会增强身份认同度,锻炼时间水平 3 又一次成为关键点。

最后,对锻炼频率进行事后检验并参考各维度得分情况(如表

5-6所示），结果表明：武术文化认同、武术文化行为表现、武术文化身份认同在锻炼频率水平1（每周1—2次）、锻炼频率水平2（每周3—5次）、锻炼频率水平3（几乎每天1次）呈现一致性差异变化规律，即随着锻炼频率水平的不断增加，武术文化认同、武术文化行为表现、武术文化身份认同程度也随之不断增强；武术文化情感随着锻炼频率水平增加而提高的现象只存在于锻炼频率水平2、锻炼频率水平3＞锻炼频率水平1，而锻炼频率水平2与锻炼频率水平3差异未达到显著性水平，但锻炼频率水平3得分高于锻炼频率水平1。以上结果提示：其一，每周锻炼次数对武术文化认同总体表现、武术文化认知评价、武术文化行为表现、武术文化身份认同具有积极促进作用，几乎每天一次的高频率锻炼呈现积极意义；其二，每周锻炼次数对武术文化情感具有一定促进作用，但从经济性角度考虑每周3—5次锻炼效果最佳。

表5-6  锻炼强度、锻炼时间、锻炼频率在量表总分及各维度上的得分情况

| 指标 | | 武术文化认同 | 武术文化认知评价 | 武术文化情感体验 | 武术文化行为表现 | 武术文化身份认同 |
| --- | --- | --- | --- | --- | --- | --- |
| 锻炼强度 | 1 | 121.61±25.33 | 45.93±8.92 | 32.71±7.80 | 22.54±6.92 | 20.42±5.93 |
| | 2 | 133.47±22.53 | 49.92±7.45 | 36.19±7.09 | 25.09±6.54 | 22.27±5.67 |
| | 3 | 143.63±21.94 | 52.27±7.35 | 39.21±6.55 | 27.92±6.22 | 24.22±5.42 |
| 锻炼时间 | 1 | 121.01±24.73 | 46.61±8.67 | 32.55±7.87 | 21.81±6.56 | 20.01±5.87 |
| | 2 | 136.03±20.66 | 50.40±7.31 | 37.07±6.00 | 25.74±6.02 | 22.81±5.35 |
| | 3 | 141.54±23.02 | 51.40±7.70 | 38.43±6.90 | 27.55±6.44 | 24.16±5.58 |
| | 4 | 145.13±22.46 | 52.64±7.15 | 39.70±6.70 | 28.20±6.12 | 24.59±5.58 |
| | 5 | 143.10±23.96 | 51.57±8.45 | 38.80±8.08 | 28.93±6.12 | 23.80±5.69 |
| 锻炼频率 | 1 | 131.30±24.52 | 49.46±8.46 | 35.78±7.65 | 24.28±6.72 | 21.77±6.00 |
| | 2 | 138.37±22.92 | 50.48±7.80 | 37.44±7.05 | 26.94±6.41 | 23.52±5.30 |
| | 3 | 143.30±24.59 | 51.28±8.35 | 38.64±7.02 | 28.66±6.78 | 24.71±5.50 |

2. 武术锻炼各项指标在武术文化认同上的交互作用分析

多因素方差分析表明锻炼强度、锻炼时间、锻炼频率交互作用在

# 第五章 研究三：中学生武术文化认同影响因素研究

量表总分及各维度得分达到显著性水平（如表 5-5 所示），表现为：①锻炼强度与锻炼时间的交互作用在武术文化认同、武术文化认知评价、武术文化情感体验、武术文化行为表现四个方面的差异性达到显著性水平；②锻炼强度与锻炼频率交互作用只在武术文化认知、武术文化情感体验的差异性达到显著性水平；③锻炼时间与锻炼频率交互作用只在武术文化身份认同上达到显著性水平。因此，应对以上交互作用的简单效应（simple effect）进行检验，进一步分析交互价值与效果。此外，考虑到在武术教学实践中每次锻炼时间（每节课时间）、每周锻炼频率（每周上课次数）通常是按着教学计划事先固定好的，基本无法改变、调节，而每次锻炼强度可以通过教学内容、设计等改变而调节，属于可控因素，因此本研究在分析交互作用时只分析锻炼强度的简单效应以供参考。

首先，对锻炼强度×锻炼时间二阶交互作用进行简单效应分析，结果如表 5-7 所示。①参考图 5-5 并结合事后检验结果：从总体变化特征上看，在不同锻炼时间水平上，随着锻炼强度的提升，中学生武术文化认同呈现上升趋势。从不同锻炼强度水平上看，在低锻炼强度情况下，锻炼时间水平 3 作用效果最高；在中锻炼强度情况下，锻炼时间水平 2、锻炼时间水平 3、锻炼时间水平 4、锻炼时间水平 5 > 锻炼时间水平 1 且差异达到显著性水平；在高锻炼强度情况下，锻炼时间水平 3、锻炼时间水平 4、锻炼时间水平 5 > 锻炼时间水平 2 > 锻炼时间水平 1 且差异达到显著性水平。以上结果说明锻炼强度与锻炼时间的交互作用显著，二者共同作用对提升中学生武术文化认同具有积极意义，但作用机理具有一定的复杂性。②参考图 5-6 并结合事后检验结果：从总体变化特征上看，在不同锻炼时间水平上，随着锻炼强度的提升，中学生武术文化认知评价呈现上升趋势。从不同锻炼强度水平上看，在低锻炼强度情况下锻炼时间水平 2、锻炼时间水平 3、锻炼时间水平 4 > 锻炼时间水平 1、锻炼时间水平 5 且差异达到显著性水平；在中锻炼强度情况下，锻炼时间水平 2、锻炼时间水平 3、锻炼时间水平 4、锻炼时间水平 5 > 锻炼时间水平 1 且差异达到显著性水平；在高锻炼强度情况下，锻炼时间水平 3、锻炼时间水平4、锻炼时间水平5>锻炼时间水平1、锻炼时间水平2且差异达到显著性水平。以上结果说明锻炼强度与锻炼时间的交互作用显著,二者共同作用对提升中学生武术文化认知评价水平具有积极意义,但作用机理具有一定的复杂性;值得注意的是,在低锻炼强度情况下,锻炼时间水平5的锻炼效果与锻炼时间水平1相同且低于其他水平,这提示高锻炼频率、低锻炼强度的锻炼模式的作用效果较差,应在武术教学实践中注意。③参考图5-7并结合事后检验结果:从总体变化特征上看,在不同锻炼时间水平上,随着锻炼强度的提升,中学生武术文化情感体验呈现上升趋势。从不同锻炼强度水平上看,在低锻炼强度情况下,锻炼时间水平2、锻炼时间水平3、锻炼时间水平4、锻炼时间水平5>锻炼时间水平1且差异达到显著性水平,此外锻炼时间水平3>锻炼时间水平5且差异达到显著性水平;在中锻炼强度情况下,锻炼时间水平2、锻炼时间水平3、锻炼时间水平4>锻炼时间水平5>锻炼时间水平1且差异达到显著性水平;在高锻炼强度情况下,锻炼时间水平4、锻炼时间水平5>锻炼时间水平2、锻炼时间水平3>锻炼时间水平1且差异达到显著性水平。以上结果说明锻炼强度与锻炼时间的交互作用显著,二者共同作用对提升中学生武术文化情感体验具有积极意义,但作用机理具有一定的复杂性;值得注意的是锻炼时间水平5的最佳锻炼效果只出现在高锻炼强度情况,这又一次提示较长的锻炼时间并不能产生最好的锻炼效果。④参考图5-8并结合事后检验结果:从总体变化特征上看,在不同锻炼时间水平上,随着锻炼强度的提升,中学生武术文化行为表现呈现上升趋势。从不同锻炼强度水平上看,在低锻炼强度情况下,锻炼时间水平3、锻炼时间水平5>锻炼时间水平2、锻炼时间水平4>锻炼时间水平1且差异达到显著性水平;在中锻炼强度情况下,锻炼时间水平5>锻炼时间水平2、锻炼时间水平3、锻炼时间水平4>锻炼时间水平1且差异达到显著性水平;在高锻炼强度情况下,锻炼时间水平3、锻炼时间水平4、锻炼时间水平5>锻炼时间水平2>锻炼时间水平1且差异达到显著性水平。以上结果说明锻炼强度与锻炼时间的交互作用显著,二者共同作用对提升中学生武术文化行为表现具有积极意义,但作用机理具有一定的复杂性。与之前结果相比,锻炼时间水平5最佳作用效果体现在各个锻炼强度水平上,即越长的锻炼时间对于提升中学生武术文化行为表现作用效果较好。

表5-7 锻炼强度×锻炼时间在武术文化认同及其维度上的简单效应分析

|  | 指标 | 武术文化认同 | 武术文化认知评价 | 武术文化情感体验 | 武术文化行为表现 |
|---|---|---|---|---|---|
| 锻炼强度 | 锻炼时间1 | 36.77** | 24.58** | 30.48** | 27.50** |
|  | 锻炼时间2 | 9.88** | 10.62** | 10.06** | 5.42** |
|  | 锻炼时间3 | 23.60** | 15.01** | 22.18** | 20.74** |
|  | 锻炼时间4 | 30.10** | 19.81** | 29.16** | 23.10** |
|  | 锻炼时间5 | 21.14** | 17.07** | 20.88** | 16.22** |
| 锻炼时间 | 锻炼强度1 | 34.03** | 19.54** | 28.39** | 32.30** |
|  | 锻炼强度2 | 13.92** | 6.26** | 12.39** | 17.01** |
|  | 锻炼强度3 | 12.13** | 5.86** | 11.13** | 13.66** |

注:*代表 p<0.05,**代表 p<0.01。

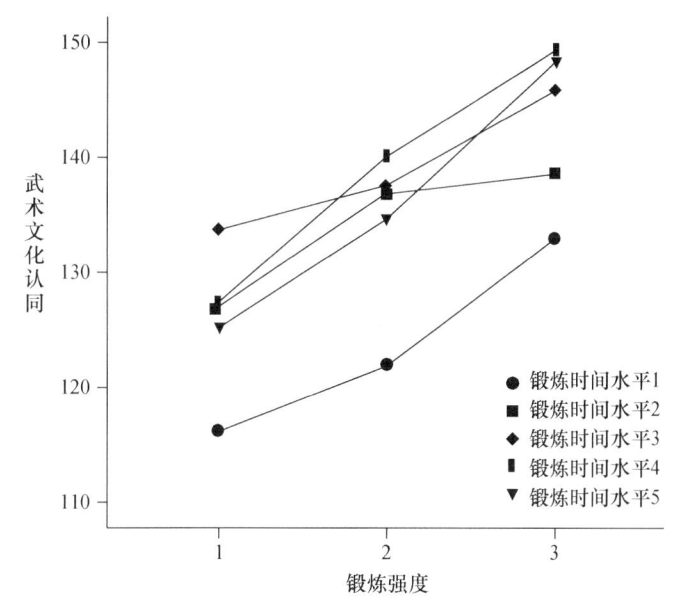

图5-5 锻炼强度×锻炼时间在武术文化认同上的交互作用

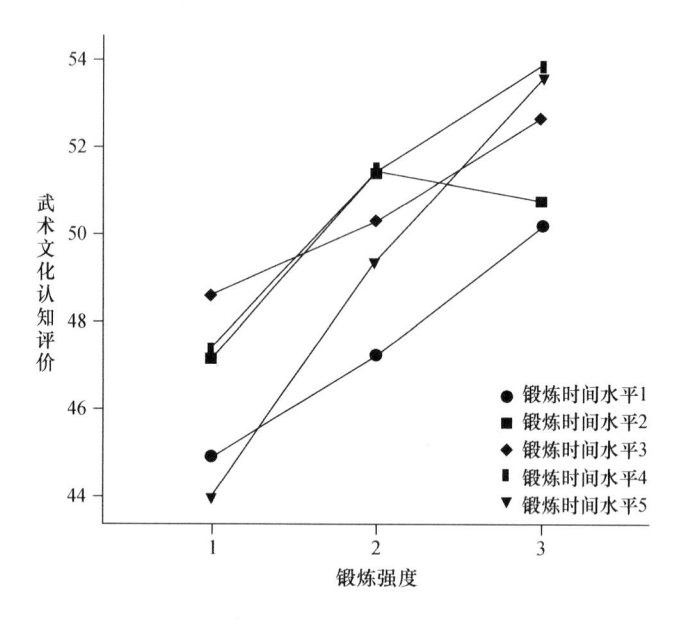

图 5-6 锻炼强度×锻炼时间在武术文化认知评价上的交互作用

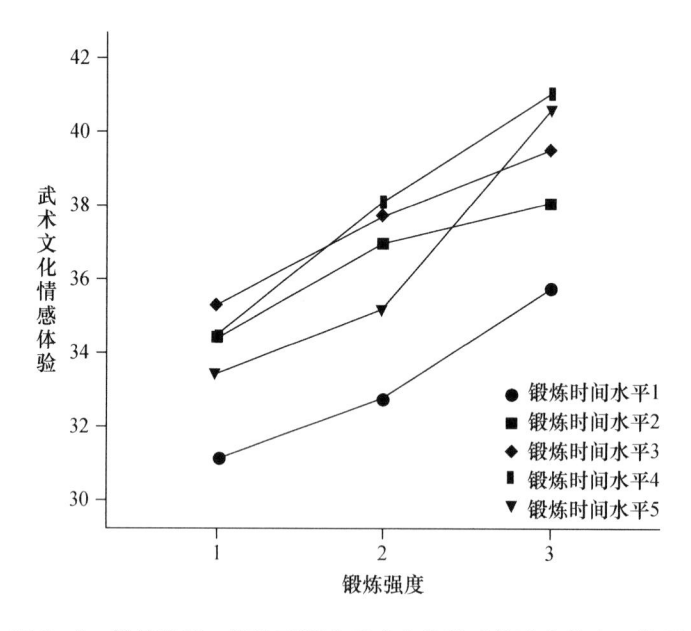

图 5-7 锻炼强度×锻炼时间在武术文化情感体验上的交互作用

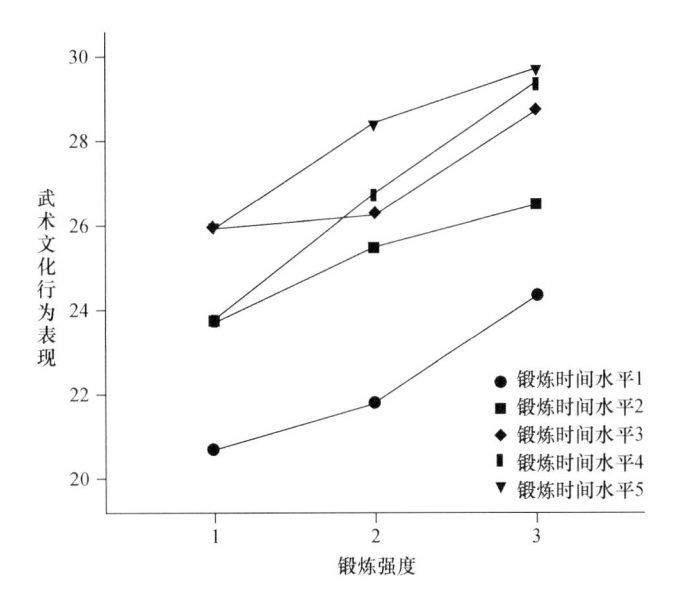

第五章 研究三：中学生武术文化认同影响因素研究

图 5-8 锻炼强度×锻炼时间在武术文化行为表现上的交互作用

其次，对锻炼强度×锻炼频率二阶交互作用进行简单效应分析，分析结果如表 5-8 所示。①参考图 5-9 并结合事后检验结果：从总体变化特征上看，在不同锻炼频率水平上，随着锻炼强度的提升，中学生武术文化认知评价呈现上升趋势。从不同锻炼强度水平上看，在低锻炼强度情况下，锻炼频率水平 3 > 锻炼频率水平 1、锻炼频率水平 2 且差异达到显著性水平；在中锻炼强度情况下，锻炼频率水平之间差异未达到显著性水平；在高锻炼强度情况下，锻炼频率水平 3、锻炼频率水平 2 > 锻炼频率水平 1 且差异达到显著性水平。以上结果说明锻炼强度与锻炼频率的交互作用显著，二者共同作用对提升中学生武术文化认知评价具有积极意义，但作用机理具有一定的复杂性；值得注意的是，在中等锻炼强度下无论哪种锻炼频率其效果都是相同的。②参考图 5-10 并结合事后检验结果：从总体变化特征上看，在不同锻炼频率水平上，随着锻炼强度的提升，中学生武术文化情感体验呈现上升趋势。从不同锻炼强度水平上看，在低锻炼强度情况下，锻炼频率水平 3 > 锻炼频率水平 1、锻炼频率水平 2 且差异达到显著性水平；在中锻炼强度情况下，锻炼频率水平之间差异未达到显著性水平；在高锻炼强度情况下，锻炼频率水平3、锻炼频率水平2＞锻炼频率水平1且差异达到显著性水平。以上结果与锻炼强度、锻炼频率交互作用在武术文化认知评价上的变化一致；综合以上两方面研究结果，提示我们在保证一定锻炼强度的前提下，较高的锻炼频率具有积极意义。

表5-8　　锻炼强度×锻炼时间在武术文化认知评价、情感体验上的简单效应分析

| 指标 | | 武术文化认知评价 | 武术文化情感体验 |
|---|---|---|---|
| 锻炼强度 | 锻炼频率1 | 26.55** | 38.98** |
| | 锻炼频率2 | 43.87** | 49.49** |
| | 锻炼频率3 | 14.05** | 20.02** |
| 锻炼频率 | 锻炼强度1 | 18.61** | 34.87** |
| | 锻炼强度2 | 1.25** | 2.88 |
| | 锻炼强度3 | 5.138** | 4.62** |

注：*代表$p<0.05$，**代表$p<0.01$。

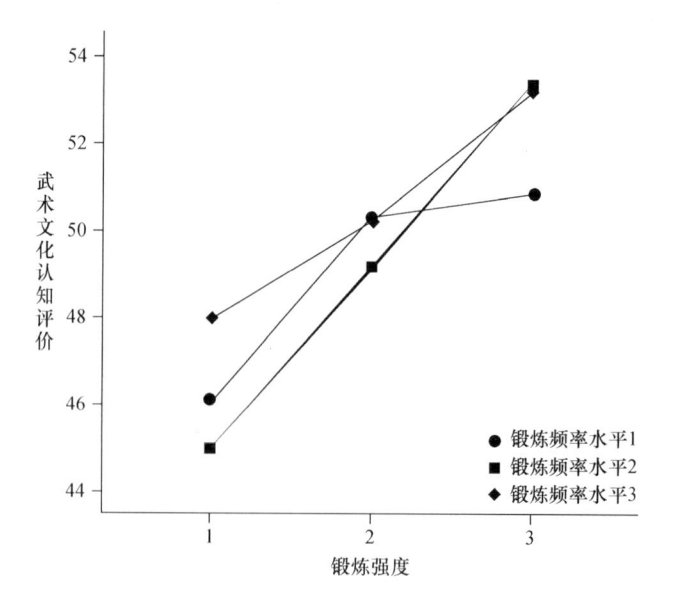

图5-9　锻炼强度×锻炼频率在武术文化认知评价上的交互作用

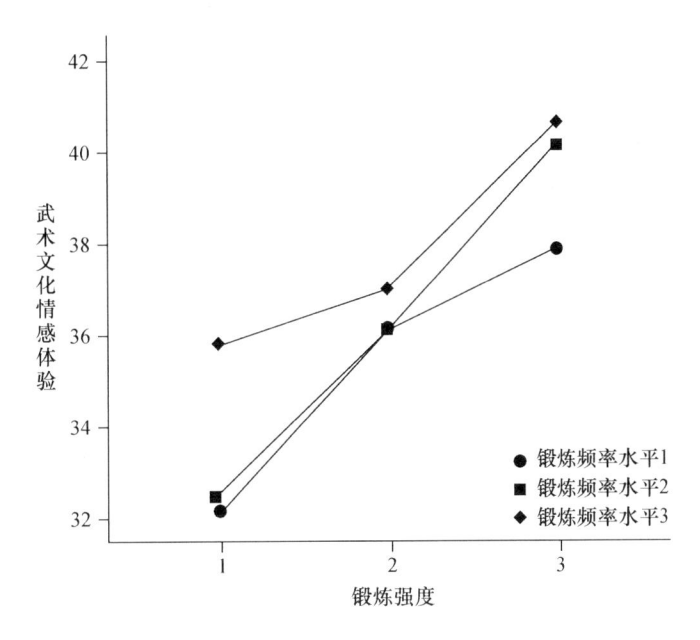

## 第五章 研究三：中学生武术文化认同影响因素研究

图 5-10 锻炼强度×锻炼频率在武术文化情感体验上的交互作用

最后，对锻炼频率×锻炼时间二阶交互作用在武术文化身份认同上进行简单效应分析，分析结果如表 5-9 所示。参考图 5-11 并结合事后检验结果：从总体变化特征上看，除锻炼时间水平 2 外，在其他锻炼频率水平上，随着锻炼强度的提升，中学生武术文化身份认同呈现上升趋势。从不同锻炼频率水平上看，在低锻炼频率情况下，锻炼时间水平 2、锻炼时间水平 3、锻炼时间水平 4、锻炼时间水平 5＞锻炼时间水平 1 且差异达到显著性水平；在中锻炼频率情况下，锻炼时间水平 2、锻炼时间水平 3、锻炼时间水平 4、锻炼时间水平 5＞锻炼时间水平 1 且差异达到显著性水平；在高锻炼频率情况下，锻炼时间水平 3、锻炼时间水平 4、锻炼时间水平 5＞锻炼时间水平 1、锻炼时间水平 2 且差异达到显著性水平。以上结果说明锻炼频率与锻炼强度交互作用显著，二者共同作用对提升中学生武术文化身份认同具有积极意义，但作用机理具有一定的复杂性；值得注意的是，锻炼时间水平 2 随着锻炼频率的提升呈现下降趋势。

表 5-9　　　　　锻炼频率×锻炼时间在武术文化身份
　　　　　　　　　　　认同上的简单效应分析

| 锻炼频率 | | | | | 锻炼时间 | | |
|---|---|---|---|---|---|---|---|
| 锻炼时间1 | 锻炼时间2 | 锻炼时间3 | 锻炼时间4 | 锻炼时间5 | 锻炼频率1 | 锻炼频率2 | 锻炼频率3 |
| 53.63** | 2.02 | 0.23 | 4.57* | 3.14* | 26.3** | 5.78** | 5.38** |

注：* 代表 $p<0.05$，** 代表 $p<0.01$。

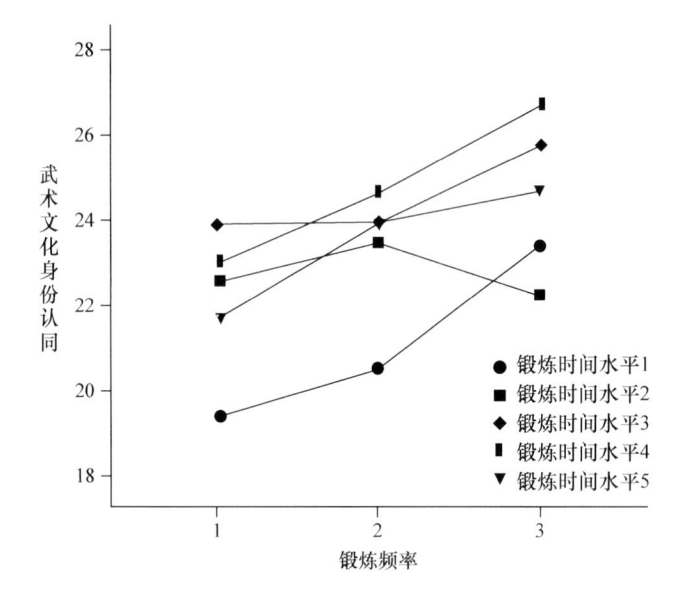

图 5-11　锻炼频率×锻炼时间在武术文化身份认同上的交互作用

### （四）武术教育环境对中学生武术文化认同的影响

1. 武术教育环境的总体特征

中学生个体对自身武术教育环境的总体评价结果如表 5-10 所示。武术教育环境总分以及各维度得分均在 3 分以上，表明武术教育环境对个体影响或者个体感知到的武术教育环境较为积极；其中，个体对武术教育课堂环境评价最高，对家庭环境评价最低，这或许提示：武术课堂环境氛围较为强烈容易被个体感知，家庭武术氛围环境较差不容易被个体感知。但以上结果并不能说明哪个环境因素对武术文化认同的影响强度、影响效果，这需要进一步分析、讨论。

表 5-10　　　　武术教育环境总分及各维度的描述性统计

|  | 家庭环境 | 学校环境 | 社会环境 | 课堂环境 | 环境总分 |
| --- | --- | --- | --- | --- | --- |
| 各维度总分与标准差 | 19.57 ± 5.53 | 20.62 ± 5.86 | 20.34 ± 5.48 | 14.28 ± 3.67 | 74.97 ± 17.89 |
| 各维度题目数 | 6 | 6 | 6 | 4 | 22 |
| 各维度项目均分 | 3.26 | 3.44 | 3.39 | 3.57 | 3.41 |

2. 武术教育环境与中学生武术文化认同之间的相关关系

利用皮尔逊相关分析双侧检验对武术教育环境与武术文化认同之间的相关关系进行分析，研究结果如表 5-11 所示。通常认为相关系数为 0—0.40 即为低度相关，0.40—0.80 为中度相关，在 0.80 以上为高度相关。本研究结果表明：首先，武术教育环境中的四个维度即武术教育家庭环境、学校环境、社会环境、课堂环境之间相关系数均为正向，两两之间相关系数为 0.58—0.69 且达到显著性水平，属于中高度相关水平；这提示武术教育家庭环境、学校环境、社会环境、课堂环境之间具有适当的关联，它们之间可以相互影响、相互促进。其次，武术教育环境总分与武术文化认同总分相关系数为 0.60 且达到显著性水平，属于中高度相关水平；这或许提示，从总体表现上看，积极的武术教育环境对于提升中学生武术文化认同具有提升作用。最后，进一步分析武术教育环境各维度与武术文化认同各维度相关关系：①武术教育家庭环境与武术文化认同总分及相关维度相关系数为正，两两之间相关系数为 0.50—0.63 且达到显著性水平，属于中度相关；②武术教育学校环境与武术文化认同总分及相关维度相关系数为正，两两之间相关系数为 0.32—0.42 且达到显著性水平，属于低度相关；③武术教育社会环境与武术文化认同总分及相关维度相关系数为正，两两之间相关系数为 0.39—0.48 且达到显著性水平，属于中低度相关；④武术教育课堂环境与武术文化认同及相关维度相关系数为正，两两之间相关系数为 0.51—0.59 且达到显著性水平，属于中度相关水平。

表 5-11　武术教育环境与中学生武术文化认同的相关分析

| | 家庭环境 | 学校环境 | 社会环境 | 课堂环境 | 环境总分 | 认知评价 | 情感体验 | 行为表现 | 身份认同 | 认同总分 |
|---|---|---|---|---|---|---|---|---|---|---|
| 家庭环境 | 1 | 0.58** | 0.64** | 0.63** | 0.83** | 0.50** | 0.54** | 0.62** | 0.60** | 0.63** |
| 学校环境 | 0.58** | 1 | 0.65** | 0.62** | 0.90** | 0.39** | 0.32** | 0.38** | 0.40** | 0.42** |
| 社会环境 | 0.64** | 0.65** | 1 | 0.6** | 0.92** | 0.41** | 0.39** | 0.46** | 0.45** | 0.48** |
| 课堂环境 | 0.63** | 0.62** | 0.69** | 1 | 0.82** | 0.53** | 0.52** | 0.53** | 0.51** | 0.59** |
| 环境总分 | 0.83** | 0.90** | 0.92** | 0.82** | 1 | 0.51** | 0.49** | 0.57** | 0.56** | 0.60** |

注：*代表 p<0.05，**代表 p<0.01。

**3. 武术教育环境对中学生武术文化认同的回归分析**

以上相关分析表明，武术教育环境及各维度与中学生武术文化认同及各维度相关达到显著性水平，根据变量之间相关系数的显著性水平建构回归模型，进行回归分析。本研究以武术教育环境及各维度得分为自变量，以武术文化认同及各维度得分为因变量，采用标准回归（enter regression）分析武术教育环境对中学生武术文化认同影响效果，结果如表 5-12 所示。

首先，从武术教育环境对武术文化认同影响的总体表现来看，该方程达到显著性水平，武术教育环境能够解释武术文化认同总体变异为 36%（模型调整 $R^2$），武术教育环境的回归系数为 0.61 且达到显著性水平，标准回归方程为：武术文化认同 = 0.61 × 武术教育环境。

表 5-12　武术教育环境总分对中学生武术文化认同总分预测的标准回归分析

| 标准回归系数 β | t | sig | 模型调整 $R^2$ | 模型 F | 模型 sig |
|---|---|---|---|---|---|
| 0.61 | 31.77 | 0.00 | 0.36 | 1009.45 | 0.00 |

其次，进一步分析武术文化教育环境各维度对中学生武术文化认同及各维度的影响，研究结果如表5-13所示：①在武术文化认同回归方程中，武术教育家庭环境与武术教育课堂环境进入回归方程且达到显著性水平；二者共同作用能够解释武术文化认同47%的变异；从回归系数上看，二者均达到显著性水平且前者大于后者，表明武术教育家庭环境影响效果较好；标准回归方程为：武术文化认同 = 0.45×武术教育家庭环境 + 0.35×武术教育课堂环境。②在武术文化认知评价回归方程中，武术教育环境的四个维度都进入了回归方程且达到显著性水平；四个因素共同作用能够解释武术文化认知评价34%的变异；从回归系数上看，四个系数均达到显著性水平且武术教育课堂环境＞武术教育家庭环境＞武术教育社会环境＞武术教育学校环境，这表明武术教育课堂环境影响效果最佳；标准回归方程为：武术文化认知评价 = 0.28×武术教育家庭环境 + 0.08×武术教育学校环境 + 0.09×武术教育社会环境 + 0.37×武术教育课堂环境。③在武术文化情感体验回归方程中，除武术教育社会环境外，其余的三个因素都进入回归方程且达到显著性水平；三个因素共同作用能够解释武术文化情感体验35%的变异；从回归系数上看，三个系数均达到显著性水平且武术教育家庭环境＞武术教育课堂环境＞武术教育学校环境，这表明武术教育家庭环境影响效果最佳；标准回归方程为：武术文化情感体验 = 0.41×武术教育家庭环境 + 0.12×武术教育学校环境 + 0.34×武术教育课堂环境。④在武术文化行为表现回归方程中，除武术教育社会环境外，其余的三个因素都进入回归方程且达到显著性水平；三个因素共同作用能够解释武术文化行为表现42%的变异；从回归系数上看，三个系数均达到显著性水平且武术教育家庭环境＞武术教育课堂环境＞武术教育学校环境，这表明武术教育家庭环境影响效果最佳；标准回归方程为：武术文化行为表现 = 0.49×武术教育家庭环境 + 0.11×武术教育学校环境 + 0.25×武术教育课堂环境。⑤在武术文化身份认同回归方程中，武术教育家庭环境与武术教育课堂环境进入回归方程且达到显著性水平；二者共同作用能够解释武术文化认同39%的变异；从回归系数上看，二者均达到显著性水平且前者大于后者,表明武术教育家庭环境影响效果较好;标准回归方程为:武术文化身份认同 = 0.45 × 武术教育家庭环境 + 0.24 × 武术教育课堂环境。

表 5-13　　　　武术教育环境各维度对中学生武术文化
认同各维度预测的标准回归分析

| 因变量 | 自变量 | 标准回归系数 β | t | sig | 模型调整 $R^2$ | 模型 F | 模型 sig |
|---|---|---|---|---|---|---|---|
| 武术文化认同 | 家庭环境 | 0.45 | 18.60 | 0.00 | 0.47 | 386.34 | 0.00 |
| | 学校环境 | 0.05 | 1.61 | 0.11 | | | |
| | 社会环境 | 0.00 | 0.05 | 0.96 | | | |
| | 课堂环境 | 0.35 | 13.44 | 0.00 | | | |
| 武术文化认知评价 | 家庭环境 | 0.28 | 10.16 | 0.00 | 0.34 | 212.60 | 0.00 |
| | 学校环境 | 0.08 | 2.07 | 0.04 | | | |
| | 社会环境 | 0.09 | 2.15 | 0.03 | | | |
| | 课堂环境 | 0.37 | 12.71 | 0.00 | | | |
| 武术文化情感体验 | 家庭环境 | 0.41 | 15.24 | 0.00 | 0.35 | 241.08 | 0.00 |
| | 学校环境 | 0.12 | 3.37 | 0.00 | | | |
| | 社会环境 | 0.01 | 0.18 | 0.85 | | | |
| | 课堂环境 | 0.34 | 12.01 | 0.00 | | | |
| 武术文化行为表现 | 家庭环境 | 0.49 | 19.38 | 0.00 | 0.42 | 325.32 | 0.00 |
| | 学校环境 | 0.11 | 3.22 | 0.00 | | | |
| | 社会环境 | 0.07 | 1.92 | 0.06 | | | |
| | 课堂环境 | 0.25 | 9.19 | 0.00 | | | |
| 武术文化身份认同 | 家庭环境 | 0.45 | 17.68 | 0.00 | 0.39 | 288.26 | 0.00 |
| | 学校环境 | 0.06 | 1.60 | 0.11 | | | |
| | 社会环境 | 0.05 | 1.14 | 0.25 | | | |
| | 课堂环境 | 0.24 | 8.71 | 0.00 | | | |

综合以上数据可以看出:其一,从武术教育环境对中学生武术文化认同的影响来看,武术教育环境能够有效预测中学生武术文化认

同。其二，从武术教育环境各维度对中学生武术文化认同作用的效果来看，武术教育的家庭环境与课堂环境较为重要，能够对中学生武术文化认同进行较好预测。其三，从武术教育环境各维度对武术文化认同各维度的作用效果来看，武术教育的家庭环境与课堂环境依然是较为重要的因素，对中学生武术文化认知表现、情感体验、行为表现、身份认同具有积极作用及价值。

## 五　讨论与结论

### （一）讨论

1. 中学生武术文化认同及相关维度在不同年级的变化特征

在以往民族传统文化研究中研究者通常都会分析民族文化认同及相关维度在年级的变化规律，揭示年龄差异变化所引起的民族文化认同及相关维度变化特征。因此，本研究也分析了武术文化认同及其相关维度在年级上的变化规律、变化特征。由于年级与年龄具有较高的相关性，二者在一定程度上可以互换，所以本研究实质也是分析武术文化认同在年龄上的变化规律。研究表明，年级的主效应体现在武术文化认同、武术文化认知评价、武术文化情感体验、武术文化行为表现四个方面，从不同年级变化规律走势上看：①武术文化认同、武术文化认知评价变化规律呈现一致性特征，表现为：初一＞初三、高一、高二、高三＞初二，即初一年级得分最高、初二年级得分最低且达到显著性水平，初三年级至高三年级之间差异没有达到显著性水平，但四个年级分数与初一、初二年级之间的差异达到显著性水平。②武术文化情感体验、武术文化行为表现也呈现了起伏趋势，即下降—上升—下降的基本走势。

以上研究结果提示：其一，武术文化认同与年龄有着一定联系，随着年龄增长，武术文化认同及其相关维度也会随之变化；但武术文化认同及其各维度的年龄变化趋势呈现非线性、复杂性特点，大致表现为初一年级最高、初二年级最低，其余年级在二者中间上下起伏的总体变化特征。其二，从初中、高中两个阶段分析相应的走势图可以看出，初中阶段是武术文化认同及相关维度变化的剧烈时期，即初一年级处于最高点，而初二年级处于最低点，到初三年级呈现上升趋势，而在高中阶段三个年级武术文化认同及相关维度的变化较为平稳，大致没有显著性变化。本研究结果与以往研究具有一定的相似性，即民族文化认同在年龄、年级上变化规律呈现非线性、起伏特征，年龄越小认同度相对较高，随着年龄增长呈现起伏性下降趋势。例如：胡发稳的研究表明，哈尼族青少年对本民族文化认同曲线呈现起伏现象，从小学五年级至初中一年级呈现下降—上升走势，从初中一年级后呈现持续下降趋势。[1] 秦向荣的研究表明，少数民族个体对本民族文化认同呈现下降—回升趋势，即11岁民族文化认同程度最高，11—20岁呈现下降趋势，到20岁后略有回升。[2] 王嘉毅等人考察了维吾尔族青少年民族认同，指出民族文化认同呈现总体下降趋势。[3]

利用菲尼的民族认同发展三阶段理论，[4] 对武术文化认同下降起伏的变化趋势进行分析似乎具有一定合理性：首先，初一年级（11岁）或许处于"未验证的民族认同阶段"，此时个体自我意识尚未建立完善、认知能力较差，对外界信息被动性完全接受，因此武术文化认同程度较高。其次，从初二年级（12岁）开始，个体或许进入"民族认同的探索阶段"，此时伴随着个体自我意识、认知能力的提升，在体验不同体育运动项目、运动文化的过程中，个体开始对武术运动及文化产生怀疑、排斥的倾向，文化冲突开始出现，因此初二年级呈现出较低的武术文化认同表现。最后，虽然从初二开始个体武术

---

[1] 胡发稳：《哈尼族青少年学生文化认同及与学校适应行为的关系研究》，硕士学位论文，云南师范大学，2007年。

[2] 秦向荣：《中国11至20岁青少年的民族认同及其发展》，硕士学位论文，华中师范大学，2005年。

[3] 王嘉毅、常宝宁、丁克贤：《新疆南疆维吾尔族青少年国家认同调查》，《新疆社会科学》2008年第4期。

[4] Phinney, J. S. & Ong, A. D., "Conceptualization and Measurement of Ethnic Identity: Current Status and Future Directions", *Journal of Counseling Psychology*, 2007, 54 (3): 271–281.

## 第五章 研究三：中学生武术文化认同影响因素研究

文化认同呈现上升趋势，但这并不代表个体已经进入到"民族认同的实现阶段"，即有了更深入的了解并内化成为自身的知识体系。这是因为虽然整体呈现上升趋势，但在初三至高三阶段较为平稳，同时上升后的表现仍低于初一年级水平。以往的研究提示，20岁左右（大学三年级）是个体进入民族认同的实现阶段的关键点，个体会更自信，也更自觉地接纳自己的民族文化——太极拳在大学中的风靡现象似乎验证这一理论，因此扩大样本年龄范围验证相应理论是未来武术文化认同研究中的一个方向所在。[1]

**2. 武术锻炼各项指标在中学生武术文化认同及相关维度的主效应作用**

日常武术学习、武术锻炼是学校武术教育基本的表现形式，是学生接受武术运动影响、武术文化熏陶的重要途径，对于提升学生对武术文化的认识、丰富武术文化情感、强化相应的武术行为和身份意识具有重要作用，对于增强学生武术文化认同具有现实意义。因此本研究根据《体育活动等级量表》编制《武术活动等级量表》，对被试日常武术活动中的每次锻炼强度、每次锻炼时间、每周锻炼频率进行测量、评价，利用相关统计方法描述武术文化认同及其相关维度在武术锻炼各项指标上的变化情况，分析、阐明中学生日常武术学习活动、武术锻炼在提升武术文化认同方面的价值与意义。

**（1）锻炼强度的作用及价值**

锻炼强度是指身体练习对人体的生理刺激程度，通常利用呼吸、心率、脉搏等指标进行评价。以往研究表明对运动强度的自我感知、判断不仅简单易行，同时对获取积极的运动效果具有一定的价值，因此利用自我感知、判断方式活动运动强度指标具有一定的信效度。

本研究根据呼吸、心率以及专注程度由低到高将锻炼强度分为三个等级：等级1为不专注型（动作结束后呼吸、心率几乎没有变化）、

---

[1] 胡发稳：《哈尼族青少年学生文化认同及与学校适应行为的关系研究》，硕士学位论文，云南师范大学，2007年；秦向荣：《中国11至20岁青少年的民族认同及其发展》，硕士学位论文，华中师范大学，2005年。

等级2为一般专注型（运动结束后呼吸、心率略有提升）、等级3为专注型（动作结束后呼吸、心率有点急促）。研究结果表明，武术文化认同及其相关维度在运动强度水平之间都呈现一致性变化规律，即锻炼强度水平3＞锻炼强度水平2＞锻炼强度水平1且差异达到显著性水平，这提示锻炼强度对武术文化认同的各个方面具有促进作用；从各水平差异幅度即提升效果上看，各个水平之间提升效果较为平均，说明每种锻炼强度设置水平较为合理。此外，以往大众健身研究表明中等锻炼强度如有轻度呼吸急促、感到有点心跳、周身微热、面色微红、微微小汗等更有利于心理效益的获取，据此本研究所使用的锻炼强度水平3可以判定为"适中"强度，研究结果表明在锻炼强度水平3上获取的心理效益最高、最好，这在一定程度上与以往研究结果一致。同时，研究结果提示即使被试为一般专注型（锻炼强度等级2）也会产生一定的锻炼心理效益且好于锻炼强度等级1，因此在实践过程中也应重视这种锻炼强度的设置与控制。

（2）锻炼时间的作用及价值

虽然从总体上看，武术文化认同及其各维度在每次锻炼时间各水平的变化规律具有一定相似性，即随着每次锻炼时间增长相应的心理指标随之增强。但相对而言锻炼时间变化规律具有一定的复杂性、独特性。

其一，当每次锻炼时间升至水平3及更高时，武术文化认同及其各维度出现"停滞现象"，例如：在武术文化认同、武术文化认知评价、武术文化身份认同上，锻炼时间水平3、锻炼时间水平4、锻炼时间水平5＞锻炼时间水平2＞锻炼时间水平1且差异达到显著性水平，但锻炼时间水平3、锻炼时间水平4、锻炼时间水平5之间差异未达到显著性水平，即在这三个水平上获取的心理效益是相一致的，也就是说锻炼时间水平3（21—30分钟）在各个水平间最为"适中"，如未达到此标准则会损失一定的锻炼效益，而超过此标准虽能获取最好的锻炼效益，但对于"惜时如金"的中学生来讲则是一种时间上的浪费，锻炼时间水平3的经济性、节约性由此体现。从实践角度出发，21—30分钟是学校课间操、课堂教学主体内容等的时间范围，贯穿于学校体育的每个阶段，对于这种时间范围的"适应性""忍耐性"或许是形成最佳效应的潜在因素，因此在未来的研究中需要进一步对此进行分析。此外，武术文化情感体验在锻炼时间水平上也呈现"停滞现象"，只是这种停滞表现为锻炼时间水平 4＞锻炼时间水平 3＞锻炼时间水平 2＞锻炼时间水平 1 且差异达到显著性水平，而锻炼时间水平 5 与锻炼时间水平 3、锻炼时间水平 4 差异未达到显著性且大于锻炼时间水平 1、锻炼时间水平 2。这种现象似乎验证了时间投入与情感获取的特殊关联性，即更多的时间投入将凝结深厚的情感。在武术锻炼过程中如果锻炼者希望培养个体对武术文化的积极情感、激发其积极的武术文化情绪体验，需要将其锻炼时间控制在30—60 分钟；但还要注意锻炼时间投入的"过犹不及"，即如果锻炼时间过长即超过 1 小时，对于情感培养效果将仅仅高于 20 分钟（锻炼时间水平 2）了，厌烦等消极情绪由此产生。

其二，在锻炼时间各水平变化上出现"高原现象"。例如：在武术文化行为表现上，锻炼时间水平 5＞锻炼时间水平 3＞锻炼时间水平 2＞锻炼时间水平 1 且差异达到显著性水平；锻炼时间水平 3 与锻炼时间水平 4 之间、锻炼时间水平 4 与锻炼时间水平 5 之间差异未达到显著性水平；但锻炼时间水平 4＞锻炼时间水平 1、锻炼时间水平 2 且差异达到显著性水平。这提示武术文化行为养成需要一定的时间投入，每次锻炼的时间范围对于参与武术运动、传承武术文化行为养成具有积极意义；虽然每次锻炼 21—30 分钟（锻炼时间水平 3）已具备一定意义，但如果想进一步养成更为积极的行为习惯，至少要投入 1 个小时以上时间才能产生相应效果，"高原现象"由此体现。

（3）锻炼频率的作用及价值

锻炼频率对武术文化认同及相关维度的影响表现与锻炼强度、锻炼时间具有一定的相似性：其一，其在武术文化认同、武术文化行为表现、武术文化身份认同在锻炼频率各水平上的差异变化具有一致性，即随着锻炼频率的提升，武术文化认同及相关维度得分也随之增加，这提示积极的武术文化行为习惯以及对自身文化身份的认同需要较高频率的外界刺激，几乎每天一次武术锻炼、武术活动效果最好，这也在一定程度上说明了武术文化行为习惯养成以及身份认同的困难性。其二，在武术文化情感体验上则出现"停滞现象"，即锻炼频率水平 2、锻炼频率水平 3 > 锻炼频率水平 1 且差异达到显著性水平，而锻炼频率水平 2、锻炼频率水平 3 之间差异未达到显著性水平，这提示武术文化情感形成与锻炼频率有一定的关联性，但每天一次的过高频率刺激似乎不能达到更好的效果。此外，锻炼频率也体现出一定的独特性，表现为武术文化认知评价在锻炼频率水平之间的差异性不显著；这或许说明每周锻炼次数并不重要，而每次锻炼的专注程度、时间投入才最重要，锻炼强度与锻炼时间的重要性由此体现。

3. 武术锻炼各项指标在中学生武术文化认同及相关维度的交互效应

在多因素设计中，往往涉及两个或多个因素水平之间的交互作用。由于交互作用涉及多个因素、多个水平相互之间的关系分析，能够多方面、综合性考虑研究问题，因此受到研究者的推崇。在交互作用分析中，首先检验交互作用差异的显著性，一旦差异达到显著性水平，再进一步对各因素水平之间的交互结果进行简单效应分析，讨论一个因素在另一个因素不同水平上的变化情况。本研究表明，锻炼时间（每次）、锻炼强度（每次）、锻炼频率（每周）之间两两交互作用在武术文化认同及其相关维度上的差异达到显著性水平，需进一步分析其简单效应，研究结果如下。

首先，从总体变化特征上看，在不同锻炼时间水平或锻炼频率水平上，随着锻炼强度的提升，中学生武术文化认同及其相关维度呈现上升趋势；在不同锻炼时间水平上，随着锻炼强度的提升，中学生武术文化认同的两个维度呈现上升趋势。这说明，当同时考虑两个锻炼因素共同促进武术文化认同时仍存在积极作用效果。此外，相对于锻炼频率与锻炼时间，锻炼强度具有更为突出的教学实践价值与意义，因此在简单效应分析中主要讨论其作用。究其原因：锻炼强度属于教学中可控因素，教师可以利用教学内容选择、教学课堂组织等方式进行调控，而前两个因素则根据教学计划在课前就已设定好，属于不可控因素。

## 第五章 研究三：中学生武术文化认同影响因素研究

其次，锻炼强度与锻炼时间交互作用效果的变化具有一定复杂性，主要表现为在低、中、高三个锻炼强度情况下，锻炼时间各水平间呈现非线性变化特征，有些情况下，锻炼行为越积极，锻炼效果反而越差。例如，在低锻炼强度情况下，锻炼时间水平 5 在武术文化认知评价上得分与锻炼时间水平 1 相同且低于其他水平；又如，只有在高锻炼强度情况下，锻炼时间水平 5 才展现出最佳锻炼效果，即在武术文化情感体验得分最高，而在低锻炼强度下，锻炼时间水平 5 作用效果与锻炼时间水平 1 相同且低于其他水平。这说明，并非越强的锻炼刺激就会产生越好的武术文化认同提升效果，每次 1 小时以上锻炼时间的投入（锻炼时间水平 5）作用体现具有一定的局限性。那么在哪种锻炼时间水平综合效果最好呢？本研究对此问题进行讨论：在梳理锻炼时间各水平作用效果时发现，锻炼时间水平 3 综合效果较为突出，即在低、中、高锻炼强度水平时，其作用效果基本高于锻炼时间水平 1、锻炼时间水平 2，但与锻炼时间水平 4、锻炼时间水平 5 差异不显著。由此判断，锻炼时间水平 3（每次锻炼 21—30 分钟）具有一定的经济性，同时这与其主效应的"适中性"相呼应。

4. 武术教育环境对中学生武术文化认同的影响及效果

教育环境通常可以理解为环境教育，它对个体行为、思想以及健康发展具有潜移默化的积极作用，构建积极的教育环境、教育氛围由此成为研究者关注的焦点。根据教育环境类型分类，可将教育环境大致分为宏观教育环境、中观教育环境、微观教育环境；参考教育实际情况，与以上划分相对应的是社会教育环境、学校与家庭教育环境、课堂教育环境。[①] 据此，本研究将武术教育环境划分为武术教育社会环境、武术教育学校环境、武术教育家庭环境、武术教育课堂环境四个方面，利用心理测量及数理统计方法分析、讨论其对武术文化认同的影响。

首先，从武术教育环境及各维度与武术文化认同及各维度相关关

---

[①] 杨业华、刘红霞：《思想政治教育环境问题研究综述》，《理论探讨》2004 年第 5 期。

系上看：其一，前者的各个要素与后者的各个要素呈现中度或中高度相关且达到显著性水平，说明武术教育环境与武术文化认同具有积极的联系，通过调整、改善武术教育环境的相关要素能够提升个体的武术文化认同水平。其二，武术环境各要素之间相关关系在一定程度上说明了社会教育、家庭教育、学校教育以及课堂教育之间的相互联系、相互作用，"四位一体"的教育模式在实践层面上具有一定的可行性。本研究结果与以往研究提出的"三位一体"的教育模式具有一定的相似性，即家庭教育、学校教育、社会教育在时空上循环衔接、相互兼容、融会贯通，体现了教育过程的全方位、无缝隙、无遗漏，只有使三者协调一致、取长补短，形成叠加效应，方能取得最佳的整体教育效果。[①] 这提示，在民族传统体育文化与文化教育过程中根据教育教学的实际情况，应重视、强化学校教育、社会教育、家庭教育独立及协调配合的价值与作用。[②] 此外，在以往研究中鲜见讨论武术课堂教育环境的价值及作用，本研究的结果表明课堂环境是更为细致、微观的教育环境，与其他三类教育环境有着密切联系，能够预测武术文化认同并具有独特价值。

其次，从武术教育环境及其各维度对武术文化认同及其各维度的预测效果上看：其一，从总体表现上看，武术教育环境能够较好地预测武术文化认同，其回归方程达到显著性水平、因变量变异解释率、回归系数均达到满意程度。其二，武术教育家庭环境、武术教育课堂环境在预测武术文化总体表现及其各维度中具有突出的效果，这两个要素在不同的回归方程中回归系数均达到显著性水平，即能够共同预测武术文化认同及其相关维度；此外，从每个方程的回归系数值上看（除武术文化认知评价回归方程外），武术教育家庭环境预测效果要好于武术教育课堂环境，这进一步突出了家庭教育环境的重要性。以

---

[①] 杨雄、刘程：《关于学校、家庭、社会"三位一体"教育合作的思考》，《社会科学》2013年第1期。

[②] 肖谋远、韦晓康：《少数民族传统体育文化传承与教育路径研究》，《西南民族大学学报》（人文社会科学版）2014年第7期；汪全先：《韩国文化遗产保护经验对我国民族传统体育文化保护的启示》，《体育成人教育学刊》2012年第2期。

上研究结果不仅在一定程度上进一步验证了武术教育环境在提升武术文化认同方面的总体作用,同时也突出了家庭教育环境的重要价值,这在一定程度上验证了美国学者伊娃·埃斯萨提出的同心圆发展理论,即个体生活环境是由家庭、学校、社区三个同心圆组成的,最内层同心圆为家庭及其成员、中间层同心圆为学校及同伴、最外层为社区及相关工作人员。[1] 从认知发展顺序上看,个体感知外界、获取信息是按着家庭—学校—周围环境的顺序展开的,最内层的家庭教育环境是个体早先获取信息、联系性最为紧密的渠道,父母的教育思想、教育行为以及形成的家庭教育环境、氛围对个人思想、行为形成与发展具有重要作用,因此其具有更为突出的价值。此外,武术课堂教育环境在预测武术文化认同中的积极效果验证了其独特价值,即教师积极参与、积极构建以及知识内容丰富的课堂教育环境氛围对学生学业成绩、学习表现具有正向预测作用。[2]

(二)结论

(1)中学生被试在武术文化认同以及相关维度上认识、理解的总体表现较为明确,所有中学生在武术文化认同上的总体表现相对积极。

(2)随着年龄的变化,中学生武术文化认同及其各维度呈现非线性、复杂性特点,具体表现为初一年级最高,初二年级最低,其余年级在二者中间波动起伏的变化特征。

(3)武术文化情感体验、武术文化行为存在性别差异,表现为男生比女生更为积极。

(4)除锻炼频率在武术文化情感体验的主效应未达到显著性水平外,锻炼强度、锻炼时间、锻炼频率在武术文化认同及其他维度的主效应均达到显著性水平。

---

[1] Essa, E. L., Rogers, P. R., *An Early Childhood Curriculum: from Developmental Model to Application*, Clifton Park, NY: Thomson Delmar Learning, 1992.
[2] 丁锐、马云鹏:《课堂环境与学生学习表现的因果关系研究——一个基于教学课堂的前实验研究》,《全球教育展望》2011年第10期。

（5）锻炼强度、锻炼时间、锻炼频率两两交互作用在武术文化认同及其部分维度达到显著性水平。

（6）在锻炼时间不同水平上，随着锻炼强度的提升，中学生武术文化认同、武术文化认知评价、武术文化情感体验、武术文化行为表现均呈现上升趋势；在低、中、高锻炼强度上，锻炼时间各水平的作用效果呈现非线性变化特征。

（7）在锻炼频率不同水平上，随着锻炼强度的提升，中学生武术文化认知评价、武术文化情感体验均呈现上升趋势；在低、中、高锻炼强度上，锻炼频率各水平的作用效果呈现非线性变化特征。

（8）在锻炼时间不同水平上，随着锻炼频率的提升，中学生武术文化身份认同呈现上升趋势；在低、中、高锻炼频率上，锻炼时间各水平的作用效果呈现非线性变化特征。

（9）武术教育社会环境、武术教育家庭环境、武术教育学校环境、武术教育课堂环境之间联系紧密，相互影响；同时，它们与中学生武术文化认同及其维度之间存在相关关系。

（10）武术教育环境能够较好地预测中学生武术文化认同；其中，武术教育家庭环境、武术教育课堂环境作用较为突出，比较而言，前者预测效果要好于后者。

## （三）建议

（1）由于中学生武术文化认同及其各维度变化呈现非线性、复杂性特点，且初一年级最高，初二年级最低，因此在教学实践中应重点关注初一至初二这一剧烈变化的敏感期，应通过观察、访谈、聊天等形式分析该特征形成的原因、解决策略与方法，进而改善武术教学内容、武术教学设计等，提升教学质量。

（2）由于男生比女生在武术文化情感体验、武术文化行为表现方面表现得更为积极且在其他维度不存在差异，因此如果在实践教学中想更好提升女生在武术文化情感体验、武术文化行为表现方面的得分，则应根据其内敛、不愿意表达、容易害羞等性别特征设计有效的教学内容与方法；如果想提升女生在武术文化认知、武术文化身份认同方面的得分,则不用区分教学方法、教学内容就能达到理想效果。

(3) 由于日常武术锻炼强度、锻炼时间、锻炼频率与中学生武术文化认同有着积极联系,具有促进效应,因此在日常教学或课余锻炼内容的设计、选择中,不仅要关注锻炼强度、锻炼时间、锻炼频率的独立价值,还应考虑三者联动的综合效应。

(4) 从锻炼过程差异性角度讲,在实践中应根据不同年级、性别、运动能力等特征,从锻炼强度、锻炼时间、锻炼频率出发设计不同的武术锻炼方案,以此提升武术锻炼效果。

(5) 根据本研究结果并参考同心圆发展理论、社会生态系统理论,在实践中应注重武术教育社会环境、武术教育家庭环境、武术教育学校环境、武术教育课堂环境之间的紧密联系、相互影响,从联动、综合性视角出发提升中学生武术文化认同总体及各维度水平。

(6) 由于武术教育家庭环境、武术教育课堂环境在改善中学生武术文化认同方面具有积极效应,因此从这两个方面入手进行实践干预将会具有一定的可行性、有效性。此外,鉴于武术教育课堂环境的突显价值,在实践中教师应围绕课堂环境质量,从课堂物质环境(如场地、器材的购置与摆放)与课堂心理环境(课堂心理氛围、动机氛围、师生关系等)入手进行积极构建。

# 第六章　研究四：中学生武术文化认同作用效果研究

## 一　研究目的

本研究主要利用量表测量法、数理统计法进行研究，其主要目的为分析武术文化认同的后果变量，即武术文化认同对中学生武术运动情境动机、武术学习满意度、社会主义核心价值观的影响效果，为验证武术文化认同的作用与价值提供理论与实践支撑。

## 二　研究方法

**（一）量表测量法**

（1）利用研究二确定的《中学生武术文化认同量表》进行相应的测量及评价，量表包括38个题目，四个一阶因素，即武术文化认知评价、武术文化情感体验、武术文化行为表现、武术文化身份认同（见附录4）。

量表为5级李克特记分，从"非常不同意"到"非常同意"，分别为1—5分。本研究表明：①重测信度，0.84；②内部一致性信度（科隆巴赫 $\alpha$ 系数），0.95；③结构效度，$\chi^2/df$（3.81）、GFI（0.88）、AGFI（0.86）、TLI（0.90）、CFI（0.90）、RMSEA（0.05）。

（2）参考并改编Guay编制的《运动情境动机量表》（The Sport

Situational Motivation Scale,SSIMS)①,对中学生武术运动情境动机进行相应的测量及评价(见附录7),量表包括16个题目,四个一阶因素,即内在动机(intrinsic motivation)、外部调节动机(external regulation)、缺乏动机(amotivation)、鉴别调节动机(identified regulation)。量表为5级李克特记分,从"非常不同意"到"非常同意",分别为1—5分。本研究表明:①重测信度,0.84;②内部一致性信度(科隆巴赫α系数),0.92;③结构效度,$\chi^2/df$(2.92)、GFI(0.90)、AGFI(0.89)、TLI(0.91)、CFI(0.92)、RMSEA(0.05)。

(3)参考并改编张力为编制的《运动训练满意度量表》②,对中学生武术学习满意度进行相应的测量及评价,量表由5个题目单一维度构成(见附录8),为5级李克特记分,从"非常不同意"到"非常同意",分别为1—5分。本研究表明:①重测信度,0.86;②内部一致性信度(科隆巴赫α系数),0.88;③结构效度,$\chi^2/df$(2.82)、GFI(0.94)、AGFI(0.92)、TLI(0.92)、CFI(0.93)、RMSEA(0.05)。

(4)利用《青少年社会主义核心价值观量表》中三个分量表(见附录9)、46个题目组成,即个人荣辱观分量表(包括5个一阶因子,22个题目)、社会价值观分量表(包括3个一阶因子,12个题目)、国家价值观分量表(包括3个一阶因子,12个题目)测量、评价个体价值观念。③ 本研究表明:①重测信度,0.74、0.70、0.75;②内部一致性信度(科隆巴赫α系数),0.82、0.80、0.85;③结构效度,$\chi^2/df$(2.72、3.15、3.90)、GFI(0.92、0.91、0.94)、AGFI(0.91、0.89、0.92)、TLI(0.85、0.80、0.88)、CFI(0.86、

---

① Frederic Guay, Robert Vallerand and Celine Blanchard, "On the Assessment of Situational Intrinsic and Extrinsic Motivation: The Situational Motivation Scale (SIMS)", *Motivation and Emotion*, 2000, 24 (3): 175–213.

② 张力为、毛志雄主编:《体育科学常用心理量表评定手册》,北京体育大学出版社2004年版。

③ 李征澜:《青少年社会主义核心价值观量表构念信效度及全国常模的制定》,硕士学位论文,西南大学,2010年。

0.82、0.91)、RMSEA(0.06、0.08、0.07)。

本研究利用团体测试对以上量表进行施测,当场回收问卷。测试整个过程由研究者本人或经研究者指导的任课教师根据统一指导语进行,要求被试根据自身实际,果断、独立完成相应问题,并强调本研究对所有测试问题的保密性,以求最大限度保证回收数据的真实性。此外,鉴于较多的量表填写容易产生疲劳效应,以及"武术文化认同"数据的核心重要性,本研究首先让被试填写《中学生武术文化认同量表》,然后随机呈现其他量表进行填写。

### (二)数理统计法

利用SPSS17.0中的相关分析、回归分析等,分析、讨论武术教学环境与中学生武术文化认同,中学生武术文化认同与武术运动情境动机、武术学习满意度、社会主义核心价值观的关系。此外,利用AMOS21.0对相应量表进行结构效度检验。

## 三 研究被试

本研究共发放问卷3152份,回收问卷2686份,回收率为85.22%;剔除无效问卷,获取有效问卷2023份,问卷有效率75.32%。以上被试来自于河南省郑州市(十九中学初高中部)、河北省沧州市(第八高级中学初高中部)、山东省聊城市(外国语中学初中部、第一中学高中部)、福建省厦门市(乐安中学初高中部)、广东省广州市(81中学高中部)五个地区,武术教育教学活动开展较好的学校。

## 四 研究结果与分析

### (一)武术文化认同对中学生武术运动情境动机的影响

1. 中学生武术运动情境动机的总体特征

中学生武术运动情境动机的总体评价结果如表6-1所示,结果表明：个体参与武术运动的内部动机均分最高，为 3.71；外部调节动机最低，为 2.88，低于 3；缺乏动机均分接近 3。以上结果在一定程度上说明：其一，个体参与日常武术学习、武术锻炼主要源于自身的喜爱、喜欢，明确的内部动机驱动个体武术学习行为占据主体；而外界环境的干预、刺激对个体参与武术运动影响较低，外部调节动机影响较弱。其二，缺乏动机数值越高，表明个体在参与武术学习、武术锻炼中越迷茫、困惑，目的性较差；研究结果显示缺乏动机均分接近 3，分数值处于中等水平，说明中学生参与武术学习目的上还存在一定的不确定性。

表 6-1　　武术运动情境动机总分及各维度的描述性统计

| | 内部动机 | 鉴别调节动机 | 外部调节动机 | 缺乏动机 |
| --- | --- | --- | --- | --- |
| 各维度总分与标准差 | 14.82 ± 3.41 | 13.73 ± 2.61 | 11.51 ± 3.12 | 12.28 ± 3.18 |
| 各维度题目数 | 4 | 4 | 4 | 4 |
| 各维度项目均分 | 3.71 | 3.43 | 2.88 | 3.07 |

2. 武术教育环境与中学生武术文化认同的相关关系

利用皮尔逊相关分析双侧检验对武术运动情境动机与武术文化认同之间的相关关系进行分析，研究结果如表 6-2 所示。首先，从武术运动情境动机四个维度的相关性上看：内部动机与鉴别调节动机呈中度正相关且达到显著性水平，内部动机与外部调节动机、缺乏动机相关未达到显著性水平；鉴别调节动机与外部调节动机呈低度正相关，与缺乏动机呈低度负相关且均达到显著性水平；外部调节动机与缺乏动机呈中度负相关且达到显著性水平。以上结果或许提示：①内部动机与外部调节动机、缺乏动机互不影响，较高水平的武术参与内部动机并不意味着较低的外部调节动机和缺乏动机，即前者变化未引起后两者变化。②内部动机与鉴别调节动机具有一定的紧密联系，二者可以相互影响、相互促进。③鉴别调节动机与外部调节动机存在微弱的积极联系，即随着前者升高，后者也随之升高；但鉴别调节动机与缺乏动机存在微弱的消极联系，即随着前者升高，后者也随之降低。④外部调节动机与缺乏动机具有一定的紧密消极联系,即个体外部调节动机越积极(从外部驱动个体行为越剧烈),其缺乏性行为表现就越微弱,反之同理。

综合以上数据:从相关方向上看,缺乏动机与其他三类动机类型呈负相关,而其他三类动机之间呈正相关,表明各动机类型具有不同属性;从相关强度上看,内部动机与鉴别调节动机、外部调节动机与缺乏动机呈中高度相关水平,表明二者联系相对较为紧密;此外,武术运动缺乏动机与武术文化认同总体表现之间不存在相关关系。

表6-2　　　　武术运动情境动机与武术文化认同的相关分析

| | 认同总分 | 认知评价 | 情感体验 | 行为表现 | 身份认同 | 内部动机 | 鉴别调节动机 | 外部调节动机 | 缺乏动机 |
|---|---|---|---|---|---|---|---|---|---|
| 内部动机 | 0.70** | 0.63** | 0.68** | 0.56** | 0.53** | 1 | 0.64** | 0.00 | -0.02 |
| 鉴别调节动机 | 0.65** | 0.60** | 0.63** | 0.53** | 0.47** | 0.64** | 1 | 0.05* | -0.06* |
| 外部调节动机 | 0.05* | 0.02 | 0.00 | 0.10* | 0.11* | 0.00 | 0.05* | 1 | -0.62** |
| 缺乏动机 | -0.02 | -0.03 | -0.04 | -0.08* | -0.10* | -0.02 | -0.06* | -0.62** | 1 |

注:*代表 $p<0.05$,**代表 $p<0.01$。

3. 武术文化认同对中学生武术运动情境动机的回归分析

以上相关分析表明,武术运动情境动机各维度得分与武术文化认同总分及各维度相关达到显著性水平,根据变量之间相关系数的显著性水平建构回归模型,进行回归分析。本研究以武术文化认同总分及各维度得分为自变量,以武术运动情境动机各维度得分为因变量,采用标准回归分析武术文化认同对武术运动情境动机的影响效果。

首先,从武术文化认同对武术运动情境动机各维度影响上看(如表6-3所示):①武术运动内在动机的回归方程达到显著性水平,武术文化认同可以解释武术运动内在动机49%的变异,回归系数为0.70且达到显著性水平,标准回归方程为武术运动内在动机 = 0.7 ×

武术文化认同。②武术运动鉴别调节动机的回归方程达到显著性水平，武术文化认同可以解释武术运动鉴别调节动机42%的变异，回归系数为0.65且达到显著性水平，标准回归方程为武术运动鉴别调节动机=0.65×武术文化认同。③武术运动外部调节动机的回归方程达到显著性水平，武术文化认同可以解释武术运动外部调节动机2%的变异，回归系数为0.05且达到显著性水平，标准回归方程为武术运动外部调节动机=0.05×武术文化认同。

表6-3 武术文化认同预测中学生武术运动情境动机的回归分析

| 因变量 | 标准回归系数β | t | sig | 模型调整$R^2$ | 模型F | 模型sig |
|---|---|---|---|---|---|---|
| 内在动机 | 0.70 | 7.07 | 0.00 | 0.49 | 1945.44 | 0.00 |
| 鉴别调节动机 | 0.65 | 23.78 | 0.00 | 0.42 | 1485.36 | 0.00 |
| 外部调节动机 | 0.05 | 28.56 | 0.00 | 0.02 | 3.12 | 0.03 |

其次，进一步分析武术文化认同各维度对武术运动情景动机各维度的影响，研究结果如表6-4所示：①在武术运动内在动机回归方程中，除武术文化行为表现未进入回归方程外，其他三个维度均进入；三者共同作用能够解释武术运动内在动机51%的变异水平；从回归系数上看，武术文化情感体验>武术文化认知评价>武术文化身份认同，表明在该方程中武术文化情感体验促进效果最大；标准回归方程为武术运动内在动机=0.11×武术文化认知评价+0.18×武术文化情感体验+0.04×武术文化身份认同。②在武术运动鉴别调节动机回归方程中，除武术文化身份认同未进入方程外，其余三个维度均进入；三者共同作用能够解释武术运动鉴别调节动机44%的变异水平；从回归系数上看，武术文化情感体验>武术文化认知评价>武术文化行为表现，表明武术文化情感促进效果最大；标准化回归方程为武术运动鉴别调节动机=0.11×武术文化认知评价+0.15×武术文化情感体验+0.06×武术文化行为表现。③在武术运动外部调节动机回归方程中，只有武术文化身份认同进入方程；其仅能解释武术运动外部调节动机1%的变异水平；标准回归方程为武术运动外部调节动机=

0.09×武术文化身份认同。④在武术运动缺乏动机回归方程中,只有武术文化身份认同进入方程;其仅能解释武术运动缺乏动机 1% 的变异水平;标准回归方程为武术运动缺乏动机 = -0.09×武术文化身份认同。

表6-4　　武术文化认同各维度对武术运动情景动机的回归分析

| 因变量 | 自变量 | 标准回归系数 β | t | sig | 模型调整 $R^2$ | 模型 F | 模型 sig |
| --- | --- | --- | --- | --- | --- | --- | --- |
| 内在动机 | 武术文化认知评价 | 0.11 | 11.79 | 0.00 | 0.51 | 533.50 | 0.00 |
| | 武术文化情感体验 | 0.18 | 14.39 | 0.00 | | | |
| | 武术文化行为表现 | 0.02 | 1.76 | 0.08 | | | |
| | 武术文化身份认同 | 0.04 | 2.53 | 0.01 | | | |
| 鉴别调节动机 | 武术文化认知评价 | 0.11 | 11.72 | 0.00 | 0.44 | 407.24 | 0.00 |
| | 武术文化情感体验 | 0.15 | 11.35 | 0.00 | | | |
| | 武术文化行为表现 | 0.06 | 4.00 | 0.00 | | | |
| | 武术文化身份认同 | 0.00 | 0.46 | 0.65 | | | |
| 外部调节动机 | 武术文化行为表现 | 0.04 | 1.06 | 0.29 | 0.01 | 14.00 | 0.00 |
| | 武术文化身份认同 | 0.09 | 2.45 | 0.01 | | | |
| 缺乏动机 | 武术文化行为表现 | -0.01 | -0.16 | 0.87 | 0.01 | 9.57 | 0.00 |
| | 武术文化身份认同 | -0.09 | -2.63 | 0.01 | | | |

综合以上数据可以看出：其一，武术文化认同只能有效预测武术运动情景动机中内在动机、鉴别调节动机、外部调节动机；从预测效果上看，武术文化认同总体表现对武术运动内在动机预测效果最好，解释率达到49%。其二，比较而言，武术运动内在动机、武术运动鉴别调节动机回归方程效果较好，在方程中能够有三个武术文化认同维度进行共同预测，自变量能够解释近45%或以上的因变量变异水平；武术运动外部调节动机、缺乏动机回归方程效果较差，在方程中只有武术文化身份认同能够进行预测且自变量只能解释1%的因变量变异水平。其三，在武术运动内在动机、武术运动鉴别调节动机回归方程中，武术文化情感体验与武术文化认知评价回归系数相对较大，预测效果相对较好。

### （二）武术文化认同对中学生武术学习满意度的影响

#### 1. 中学生武术学习满意度的总体特征

对中学生对自身武术学习满意度进行测量及评价，结果表明：中学生武术学习满意度均分及标准差为 16.43 ± 4.37，项目均分为 3.23，总体满意度水平中度略偏高，表明调查被试武术学习满意度有着积极倾向。

#### 2. 武术文化认同与中学生武术学习满意度的相关分析

利用皮尔逊相关分析双侧检验对武术文化认同与中学生武术学习满意度之间的相关关系进行分析，研究结果如表6-5所示。首先，武术文化认同总分与武术学习满意度呈现中高度正相关且达到显著性水平，表明中学生武术文化认同程度越高，其在武术学习、锻炼中的总体满意程度越高。其次，武术文化认同各维度与武术学习满意度相关分析表明：武术文化认同各维度与武术学习满意度呈中度或中高度正相关且达到显著性水平；从相关系数值看，武术文化行为表现＞武术文化情感体验＞武术文化身份认同＞武术文化认知评价，表明武术文化行为表现与中学生武术学习满意度联系最为紧密，同时其他维度相关程度也接近中高度相关水平，因此需要进一步检验。

表6-5　　武术文化认同与中学生武术学习满意度的相关分析

| | 武术文化认知评价 | 武术文化情感体验 | 武术文化行为表现 | 武术文化身份认同 | 武术文化认同 | 武术学习满意度 |
|---|---|---|---|---|---|---|
| 武术学习满意度 | 0.49** | 0.59** | 0.64** | 0.58** | 0.65** | 1 |

注：*代表 $p<0.05$，**代表 $p<0.01$。

### 3. 武术文化认同对中学生武术学习满意度的回归分析

以上相关分析表明，武术文化认同与中学生武术学习满意度相关且达到显著性水平，根据变量之间相关系数的显著性水平建构回归模型，进行回归分析。本研究以武术文化认同及各维度得分为自变量，以武术学习满意度得分为因变量分别建构回归模型，采用标准回归分析武术文化认同对中学生武术学习满意度的影响效果，研究结果如表6-6所示。

表6-6　　武术文化认同对中学生武术学习满意度的标准回归分析

| 因变量 | 自变量 | 标准回归系数β | t | sig | 模型调整$R^2$ | 模型F | 模型sig |
|---|---|---|---|---|---|---|---|
| 武术学习满意度 | 武术文化认同 | 0.65 | 38.94 | 0.00 | 0.43 | 1516.39 | 0.00 |
| | 认知评价 | 0.04 | 2.74 | 0.00 | 0.45 | 417.06 | 0.00 |
| | 情感体验 | 0.09 | 5.46 | 0.00 | | | |
| | 行为表现 | 0.24 | 12.75 | 0.00 | | | |
| | 身份认同 | 0.10 | 5.17 | 0.00 | | | |

首先，从武术文化认同总的影响上看，该回归方程达到显著性水平，武术文化认同能够解释中学生武术学习满意度43%的变异水平；回归系数为0.65，标准回归方程为武术学习满意度 = 0.65 × 武术文化认同。其次，从武术文化认同各维度共同影响上看，该回归方程达到显著性水平，武术文化认同所有维度均进入方程，四个维度能够共同解释武术学习满意度45%的变异水平；从回归系数上看，四个回

归系数均达到显著性水平且武术文化行为表现＞武术文化身份认同＞武术文化情感体验＞武术文化认知评价；标准回归方程为武术学习满意度＝0.04×武术文化认知评价＋0.09×武术文化情感体验＋0.24×武术文化行为表现＋0.10×武术文化身份认同。

综合以上数据可以看出：其一，从武术文化认同总体作用效果上看，武术文化认同能够有效预测中学生武术学习满意度。其二，从武术文化认同各维度共同影响效果上看，四个维度能够共同预测中学生武术学习满意度；在这四个维度中，武术文化行为表现的预测效果最佳。

### （三）武术文化认同对中学生社会主义核心价值观的影响

#### 1. 中学生社会主义核心价值观的总体特征

本研究选取《青少年社会主义核心价值观量表》中三个分量表，即个人荣辱观、社会价值观、国家价值观测量、评价被试的社会主义核心价值观总体水平。研究结果表明（如表6-7所示）：在社会主义核心价值观以及各维度（个人荣辱观、社会价值观、国家价值观）上，项目均分达到或接近4分（"同意"相应的条目内容），表明被试持有积极的社会主义核心价值观。但这种积极的价值观念是否与个体参与武术运动、受到武术文化影响有关，需要进一步去分析。

表6-7　　　　　　中学社会主义核心价值观的总体特征分析

| | 社会主义核心价值观 | 个人荣辱观 | 社会价值观 | 国家价值观 |
| --- | --- | --- | --- | --- |
| 各维度总分与标准差 | 184.65±26.44 | 89.66±17.56 | 48.00 | 47.12 |
| 各维度题目数 | 46 | 22 | 12 | 12 |
| 各维度项目均分 | 4.01 | 4.08 | 4.00 | 3.93 |

#### 2. 武术文化认同与中学生社会主义核心价值观的相关分析

利用皮尔逊相关分析双侧检验对武术文化认同与中学生社会主义核心价值观之间的相关关系进行分析，研究结果如表6-8所示。首先，从社会主义核心价值观各维度相关关系上看，个人荣辱观、社会价值观、国家价值观之间呈中高度相关且达到显著性水平，这表明个人、社会、国家三个层面的价值观念相互联系、相互影响，这符合社会主义核心价值观的基本理论。

其次，从社会主义核心价值观与武术文化认同的相关关系上看：①社会主义核心价值观与武术文化认同及各维度之间呈低、中度正相关且达到显著性水平，其中与武术文化认知评价联系最为紧密，相关程度最高；②个人荣辱观除与武术文化身份认同相关未达到显著性外，与武术文化认同及其他维度均呈现低度正相关且达到显著性水平，其中与武术文化认知评价联系最为紧密，相关程度最高；③社会价值观与武术文化认同总分及各维度相关呈低、中度正相关且达到显著性水平；④国家价值观除与武术文化行为表现相关未达到显著性水平外，与武术文化认同总分及其他维度呈低度正相关且达到显著性水平。以上结果说明：其一，武术文化认同与社会主义核心价值观具有积极的联系，武术文化认同水平的提升或许能够引起中学生社会主义核心价值观的改善；其二，武术文化认同各维度基本与个人荣辱观、社会价值观、国家价值观有着积极联系，社会主义核心价值观的三个维度或许受武术文化认知评价、武术文化情感体验、武术文化行为表现、武术文化身份认同的影响；其三，相对看，武术文化认知评价与社会主义核心价值观及相关维度联系最为紧密，这或许体现武术文化认知评价的独特价值。

表6-8　　武术文化认同与中学生社会主义核心价值观的相关分析

| | 武术文化认知评价 | 武术文化情感体验 | 武术文化行为表现 | 武术文化身份认同 | 武术文化认同总分 | 个人荣辱观 | 社会价值观 | 国家价值观 |
|---|---|---|---|---|---|---|---|---|
| 社会主义核心价值观 | 0.40** | 0.20** | 0.14** | 0.14** | 0.24** | 0.94** | 0.84** | 0.90** |
| 个人荣辱观 | 0.32** | 0.15** | 0.12** | 0.08 | 0.18** | 1 | 0.66** | 0.74** |
| 社会价值观 | 0.43** | 0.25** | 0.15** | 0.20** | 0.29** | 0.66** | 1 | 0.73** |
| 国家价值观 | 0.35** | 0.16** | 0.08 | 0.12** | 0.20** | 0.74** | 0.73** | 1 |

注：\*代表 $p<0.05$，\*\*代表 $p<0.01$。

**3. 武术文化认同对中学生社会主义核心价值观的回归分析**

以上相关分析表明,武术文化认同与中学生社会主义核心价值观及其相关维度的相关关系达到显著性水平,根据变量之间相关系数的显著性水平建构回归模型,进行回归分析。本研究以武术文化认同总分及相关维度得分为自变量,以社会主义核心价值观及各维度得分为因变量,采用标准回归分析武术文化认同对中学生社会主义核心价值观的影响效果。

首先,以武术文化认同总分为自变量,以社会主义核心价值观得分为因变量建构归回方程,研究结果如表6-9所示:①从武术文化认同对社会主义核心价值观的回归分析看,武术文化认同可以解释社会主义核心价值观6%的变异水平,回归系数为0.24且达到显著性水平,标准回归方程为社会主义核心价值观=0.24×武术文化认同;②从武术文化认同对个人荣辱观的回归分析看,武术文化认同可以解释个人荣辱观3%的变异水平,回归系数为0.18且达到显著性水平,标准回归方程为个人荣辱观=0.18×武术文化认同;③从武术文化认同对社会价值观的回归分析看,武术文化认同可以解释社会价值观8%的变异水平,回归系数为0.29且达到显著性水平,标准回归方程为社会价值观=0.29×武术文化认同;④从武术文化认同对国家价值观的回归分析看,武术文化认同可以解释国家价值观4%的变异水平,回归系数为0.20且达到显著性水平,标准回归方程为国家价值观=0.20×武术文化认同。根据以上结果可以看出:其一,从相关关系上看,武术文化认同与中学生社会主义核心价值观具有一定联系,但联系紧密度较低;其二,从预测效果看,利用武术文化认同可以预测、解释中学生社会主义核心价值观,但预测、解释的效果较差。

表6-9　　武术文化认同对中学生社会主义核心价值观的回归分析

| 因变量 | 标准回归系数β | t | sig | 模型调整$R^2$ | 模型F | 模型sig |
|---|---|---|---|---|---|---|
| 社会主义核心价值观 | 0.24 | 5.48 | 0.00 | 0.06 | 29.99 | 0.00 |
| 个人荣辱观 | 0.18 | 24.69 | 0.00 | 0.03 | 16.26 | 0.00 |

续表

| 因变量 | 标准回归系数 β | t | sig | 模型调整 $R^2$ | 模型 F | 模型 sig |
| --- | --- | --- | --- | --- | --- | --- |
| 社会价值观 | 0.29 | 25.34 | 0.00 | 0.08 | 45.11 | 0.00 |
| 国家价值观 | 0.20 | 25.02 | 0.00 | 0.04 | 20.30 | 0.00 |

其次，进一步分析武术文化认同各维度对社会主义核心价值观各维度的影响，研究结果如表6-10所示：①在社会主义核心价值观回归方程中，武术文化认知评价、武术文化身份认同进入方程，二者共同作用能够解释社会主义核心价值观17.4%的变异水平；从回归系数上看，武术文化认知评价＞武术文化身份认同，表明在该方程中武术文化认知评价预测效果较好；标准回归方程为社会主义核心价值观＝0.50×武术文化认知评价＋0.18×武术文化身份认同。②在个人荣辱观回归方程中，武术文化认知评价、武术文化身份认同进入方程，二者共同作用能够解释个人荣辱观10%的变异水平；从回归系数上看，武术文化认知评价＞武术文化身份认同，表明在该方程中武术文化认知评价预测效果较好；标准回归方程为个人荣辱观＝0.39×武术文化认知评价＋0.19×武术文化身份认同。③在社会价值观回归方程中，只有武术文化认知评价进入方程，它能够解释社会价值观18%的变异水平；标准回归方程为社会价值观＝0.48×武术文化认知评价。④在国家价值观回归方程中，武术文化认知评价、武术文化身份认同进入方程，二者共同作用能够解释国家价值观15%的变异水平；从回归系数上看，武术文化认知评价＞武术文化身份认同，表明在该方程中武术文化认知评价预测效果较好；标准回归方程为国家价值观＝0.49×武术文化认知评价＋0.15×武术文化身份认同。根据以上结果可以看出：其一，在建立的四个回归方程中，社会价值观回归方程被解释效果最好，社会主义核心价值观回归方程次之，由此体现武术文化认同相关维度的预测价值。其二，虽然武术文化认同的四个维度几乎都与社会主义核心价值观及其维度存在相关关系，但在同时考虑四个维度共同预测作用时，武术文化情感体验与武术文化行为表现的预测作用被剔除，而武术文化认知评价与武术文化身份认同的预

## 第六章 研究四：中学生武术文化认同作用效果研究

测作用由此体现,这其中武术文化认知评价较为突出,在每个方程中均有出现;特别在社会价值观回归方程中,只有武术文化认知评价进入方程,且解释效果在四个回归方程中最好,武术文化认知评价的作用价值与效果由此体现。

表6-10　武术文化各维度对中学生社会主义核心价值观及各维度的回归分析

| 因变量 | 自变量 | 标准回归系数 β | t | sig | 模型调整$R^2$ | 模型 F | 模型 sig |
|---|---|---|---|---|---|---|---|
| 社会主义核心价值观 | 认知评价 | 0.50 | 8.66 | 0.00 | 0.17 | 24.70 | 0.00 |
| | 情感体验 | 0.00 | 0.07 | 0.95 | | | |
| | 行为表现 | 0.00 | 0.07 | 0.95 | | | |
| | 身份认同 | 0.18 | 2.77 | 0.01 | | | |
| 个人荣辱观 | 认知评价 | 0.39 | 6.63 | 0.00 | 0.10 | 14.80 | 0.00 |
| | 情感体验 | 0.01 | 0.20 | 0.84 | | | |
| | 行为表现 | 0.04 | 0.62 | 0.53 | | | |
| | 身份认同 | 0.19 | 2.92 | 0.00 | | | |
| 社会价值观 | 认知评价 | 0.48 | 8.52 | 0.00 | 0.18 | 27.95 | 0.00 |
| | 情感体验 | 0.03 | 0.67 | 0.50 | | | |
| | 行为表现 | 0.03 | 0.54 | 0.60 | | | |
| | 身份认同 | 0.12 | 1.88 | 0.06 | | | |
| 国家价值观 | 认知评价 | 0.49 | 8.45 | 0.00 | 0.15 | 21.99 | 0.00 |
| | 情感体验 | 0.01 | 0.16 | 0.88 | | | |
| | 行为表现 | 0.06 | 1.10 | 0.27 | | | |
| | 身份认同 | 0.15 | 2.43 | 0.02 | | | |

## 五 讨论与结论

（一）讨论

1. 武术文化认同对中学生武术运动情景动机的影响及效果

以往研究表明，个体对于特定文化的认同，特别是对内涵较为丰富、深刻的传统文化认同能够促进其参与相应活动的动机水平，激发相应的积极行为。例如，对于华侨或外国留学生来讲，学习汉语的直接动机就是对中国传统文化的向往、喜爱、肯定，即对中国传统文化的认同。[①] 众所周知，需求是动机产生的本质，文化需求是文化动机的根本，是促进积极文化行为的理论依据。个体参与武术运动的动机不仅体现在学习其外在的技术动作上，了解武术广博、深刻的文化内容、文化内涵也是吸引人们参与其中的一个重要原因。[②] 因此，武术文化认同与武术学习动机具备了一定的逻辑联系，通过增强个体武术文化认同进而提升武术学习动机具有一定理论可行性。故，本研究利用心理测量、数理统计法分析、讨论武术文化认同对武术学习动机的影响。研究表明：首先，从相关关系强度、显著性上看，武术文化认同及四个维度均与武术运动情境动机中的内在动机、鉴别调节动机联系较为紧密，呈中度或中高度正相关且达到显著性水平；武术文化认同、武术文化行为表现、武术文化身份认同与外部调节动机呈低度正相关且达到显著性水平；武术文化行为表现、武术文化身份认同与缺乏动机呈低度负相关且达到显著性水平。其次，从回归方程上看，武术运动内在动机、武术运动鉴别调节动机回归方程效果较好，武术文化认同中的三个维度能够共同解释45%或以上的变异水平，同时，

---

① 王爱平：《东南亚华裔学生的文化认同与汉语学习动机》，《华侨大学学报》（哲学社会科学版）2000年第9期；朱莉：《文化认同对留学生学习汉语动机的影响》，硕士学位论文，浙江大学，2012年；武玉天奉：《来华留学生文化认同与汉语学习动机的相关研究》，硕士学位论文，天津大学，2014年；陶宇坤：《留学生汉语学习动机及其与中国文化认同关系研究——以广西大学泰国留学生为例》，硕士学位论文，广西大学，2014年。

② 董利、邵月：《对武术专选班学生习武动机的调查分析》，《湖北体育科技》2003年第1期。

## 第六章 研究四：中学生武术文化认同作用效果研究

在以上两个方程中武术文化情感体验与武术文化认知评价预测回归系数相对较大，预测效果相对较好；与此相反的是，武术运动外部调节动机、缺乏动机回归方程效果较差，武术文化认同及相关维度预测效果不显著。

由于本研究所使用的《武术运动情境动机量表》的理论基础为 Deci 和 Ryan 提出的自我决定理论（self-determination theory，SDT）中的有机整合理论（organismic integration theory，OIT），[①] 因此根据该理论解释研究结果具有一定的可行性。该理论根据自我决定程度，将动机分为缺乏动机、外部动机以及内在动机，其中外部动机又可以进一步分解为外部调节动机、内摄调节、鉴别调节动机和整合调节（但结构效度的检验中发现内摄调节与整合调节无法测量和区分，因此最终量表未包含该两个维度），[②] 并认为个体动机水平从无到有、从低到高呈现一定的连续性，表现为缺乏动机—外部调节动机—内摄调节动机—鉴别调节动机—内在动机的有机整合过程。纵观该理论内容并结合本研究结果可以看出：①缺乏动机是最为低级的动机水平，表现为自主性差、缺乏目的、缺乏兴趣，与积极态度体验的武术文化认同不相符，因此二者之间不存在相关关系。②相对于缺乏动机，外部调节动机是高一级别的动机水平，因此与武术文化认同及部分维度存在相关关系，但这种动机类型受到外部奖励或惩罚控制，缺少个体主动性、自发性，因此相关关系较弱。③虽然鉴别调节动机属于外部动机，但这种动机表现为个体已经意识到武术运动、武术文化对自身具有积极意义，而对武术运动、武术文化积极价值的赞许、肯定在一定程度上是源于对武术文化的认同，二者之间的逻辑联系及预测关系由此可见。④作为自主水平最高的内在动机其生成、发展必然与积极体验（如积极的认知、情感、行为）相联系，因此武术文化认同及相

---

① Deci, E. L., Ryan, R. M., "The 'what' and 'why' of Goal Pursuits: Human Needs and the Self-determination of Behavior", *Psychological Inquiry*, 2000 (11): 227–268.

② Frederic Guay, Robert Vallerand and Celine Blanchard, "On the Assessment of Situational Intrinsic and Extrinsic Motivation: The Situational Motivation Scale (SIMS)", *Motivation and Emotion*, 2000, 24 (3): 175–213.

关维度与武术运动内在动机存在积极联系且相关程度最高,利用武术文化认同促进、提升个体武术运动内在动机和激发参与行为在理论与实践上存在可能。⑤在利用武术文化认同促进鉴别调节动机、内在动机的实践中,应注重对武术文化情感体验、武术文化认知评价两方面的培养,本研究提示相对于其他维度,这两者具有独特价值和重要意义。

2. 武术文化认同对中学生武术学习满意度的影响及效果

"学习满意度是一种对学习活动的感觉或态度,它直接反映了学生在学习过程中希望达到满足的程度。"① 在教学实践中,利用学生的学习满意度不但可以衡量实际的教学质量、教学效果,同时还可以解释学生参与学习活动后的实际效果。因此,学习满意度成为研究热点问题,而如何提升学习满意度成为教育者的研究焦点。根据顾客满意度理论,顾客的期望、需求是影响满意度的重要因素;② 以此为依据,满足学生的期望、需求对于提升其学习满意度具有重要意义。以往研究表明,个体对于武术学习、武术锻炼的期望与需求不仅表现为学习、掌握相应的技术动作、技术要领,同时还表现为对传统武术文化的向往与探索,因此符合个体武术文化期望、满足个体武术化需求对于提升武术学习满意度具有积极作用。③ 而本研究中的武术文化认同可以理解为是个体对武术文化的确认、肯定,在一定程度上可解释个体武术文化期望、需求的满足,所以武术文化认同与武术学习满意度存在一定逻辑联系,利用武术文化认同预测武术学习满意度存在理论可行性,故本研究对二者间预测关系进行分析、讨论。

研究结果表明:武术文化认同及相关维度与武术学习满意度呈中高度相关且达到显著性水平;回归分析表明,武术文化认同能够较好

---

① 郝建春:《生活压力、负向情绪调整、学习满意度与学习绩效关系研究》,硕士学位论文,天津大学,2005年。

② Johnson M., Fornell C., "A Framework for Comparing Customer Satisfaction Across Individuals and Product Categories", *Journal of Economic Psychology*, 1991, 12 (5): 267-286.

③ 王亮:《传统文化与现代健身需求对武术的发展及影响》,《当代体育科技》2016年第27期;董利、邵月:《对武术专选班学生习武动机的调查分析》,《湖北体育科技》2003年第1期。

地预测武术学习满意度,前者能够解释后者43%的变异水平;利用武术文化认同四个维度作为自变量,共同预测武术学习满意度的回归方程中四个维度预测效果均达到显著性水平,解释率达到45%,其中武术文化行为表现的回归系数最大,预测效果最佳。以上结果提示:其一,武术文化认同与武术学习满意度具有积极联系,通过武术文化认同可以改善、提升中学生武术学习满意度;本结果与牛雄鹰等人的研究结果具有一定的相似性,该研究表明外国留学的跨文化态度即文化适应水平与其学习满意度具有一定的联系,积极的文化态度、文化适应水平能够促进、提升其学习满意度。[①] 其二,武术文化认同的四个维度,即武术文化认知评价、武术文化情感体验、武术文化行为表现、武术文化身份认同均与武术学习满意度有着积极联系,它们能够共同预测、解释武术学习满意度的变化,因此在教学实践中,教师应注重以上四个方面协同作用,从武术文化认同四个维度出发建构武术教学内容、教学方法,这对于改善、提升课程质量以及个体学习满意度具有积极价值。此外,武术文化行为表现在预测武术学习满意度中的独特作用也具有积极理论与实践意义——在一定程度上验证了武术运动或体育运动的特殊性,即在语言说教上花费更多的时间,倒不如鼓励学生到操场上活动一下筋骨,大汗淋淋地体验一番武术运动的乐趣,这种实践性行为体验过程是其他学科无法达到的。[②]

3. 武术文化认同对中学生社会主义核心价值观的影响及效果

众所周知,民族传统武术文化是中国传统优秀文化中的重要旗帜与代表,其所提倡的"和谐自然""天人合一""侠肝义胆"等思想精髓不仅使其项目本身经久不衰、延绵千年;同时,这些思想与社会主义核心价值观所倡导的自由和谐、以人为本、爱国主义等理念相吻合统一。究其根本:民族传统武术文化与社会主义核心价值观都是在特定的民族文化环境中产生和发展的,中国传统文化的精髓同是二者

---

① 牛雄鹰、宋朋、王亮:《来华留学生学习满意度的影响因素研究》,《第二届职业发展与就业管理国际会议论文摘要集》,2015年。
② 马启伟:《体育心理学》,高等教育出版社1996年版。

的思想来源,因此,二者之间在理念价值(如和谐自然、以人为本、爱国主义)和功能价值(如传承功能、教育功能、导向功能)上存在一定逻辑联系,从民族传统武术文化角度拓展青少年社会主义核心价值观教育途径具备一定理论可能;此外,武术运动是学校体育课程的重要内容之一,是青少年喜闻乐见的运动项目,青少年在把握武术动作特征和实现武术锻炼的同时,更领略到中国道德理性的和合精神,这为促进社会主义价值观的形成提供了实践可能。[①] 因此,本研究利用心理测量、数理统计等方法从实证角度出发,分析、讨论武术文化认同对中学生社会主义核心价值观的影响,为拓展武术文化认同的价值与作用,以及青少年价值观教育方法、手段提供理论及实践参考。

  本研究表明:首先,武术文化认同及相关维度与社会主义核心价值观及相关维度几乎呈正向低度相关水平,武术文化认知评价与社会主义核心价值观及相关维度相关强度相对较强,达到或接近中度水平。其次,回归分析表明武术文化认同总分能够对社会主义价值观及其维度进行有效预测、解释,但回归方程解释率较低,不足10%;当同时考虑武术文化认同四个维度对社会主义核心价值影响效果时,预测效果明显提升,最高变异解释率达到18%;同时,在四个回归方程中武术文化认知与武术文化身份认同回归系数达到显著性水平,其中武术文化认知评价系数值较大,作用较为突出。以上研究结果提示:其一,虽然武术文化认同及相关维度与社会主义核心价值观处于低度相关水平,但仍达到显著性水平,说明从武术文化认同角度提升中学生社会主义核心价值观存在实践可能;此外,"不以善小而不为"——青少年价值观改善与提升是一个艰巨、复杂和长期的过程,在教育实践中如果能够取得丝毫进步或许就体现出相应的教育方法、教育策略的正确性、有效性,由此武术文化认同教育作用与价值得以体现。其二,以往研究表明,青少年对社会主义核心价值观认知评价

---

[①] 高旭、柴娇:《民族传统体育文化与青少年社会主义核心价值观教育的逻辑联系及融合创新》,《思想政治教育研究》2014年第5期。

的缺失是阻碍践行社会主义核心价值观的重要问题所在，如何提升相关的认知、形成积极的评价是摆在研究者面前的一个重要问题。① 如前所述，民族传统武术文化与社会主义核心价值观在价值理念上具有一定的逻辑联系，对前者认知评价水平的改善、提升能够促进后者。本研究表明，在同时考虑武术文化认同四个维度对社会主义核心价值观的预测时，武术文化认知评价预测效果最好，最为显著，这体现了武术文化认知评价的独特价值，同时为改善个体对社会主义认知评价提供了可能途径。其三，武术文化身份认同在预测社会主义核心价值中具有显著意义，这或许提示从武术文化角度界定、确认自身"武术人""习武之人"的身份特征，并付之于积极的认知、情感和行为，对中学生提升社会主义核心价值观具有积极意义。

**（二）结论**

（1）武术文化认同及四个维度均与武术运动情境动机中的内在动机、鉴别调节动机联系较为紧密，呈中度或中高度正相关；武术文化认同、武术文化行为表现、武术文化身份认同与外部调节动机呈低度正相关；武术文化行为表现、武术文化身份认同与缺乏动机呈低度负相关。

（2）武术文化认同及其部分维度对中学生武术运动内在动机、武术运动鉴别调节动机预测效果较好，且武术文化情感体验与武术文化认知评价作用及价值较为突出。

（3）武术文化认同及其各维度与中学生武术学习满意度联系较为紧密，呈中高度相关。

（4）武术文化认同及其各维度能够较好地预测中学生武术学习满意度，且武术文化行为表现的作用及价值较为突出。

（5）武术文化认同及其各维度与社会主义核心价值观及其各维度

---

① 叶南客、肖伟华：《论中国传统文化对社会主义核心价值观教育现实困境的开解——基于王阳明"致良知"中德育方法论思想的考察》，《思想教育研究》2016 年第 4 期；李荣胜：《知行合一推进社会主义核心价值观教育》，《中国高等教育》2015 年第 21 期。

相关程度较低，总体呈正向低度相关。

（6）武术文化认同能够预测中学生社会主义核心价值观，且武术文化认知评价与武术文化身份认同的作用及价值较为突出。

（三）建议

（1）由于武术文化认同与个体运动情景动机中的内在动机、鉴别调节动机具有紧密联系，因此可以将二者作为武术文化认同效标，即通过个体在参与武术运动时内在动机、鉴别调节动机改善水平判断其武术文化认同提升状况；反之，亦可以利用武术文化认同教育教学内容与方法激发个体武术参与动机水平，促进积极参与行为。在此过程中要特别关注个体武术文化认知评价作用与武术文化情感体验的价值与意义。

（2）本研究结果表明武术文化认同及其各维度与中学生武术学习满意度联系较为紧密，因此可以将武术学习满意度作为中学生武术认同效标，即通过中学生武术学习满意度改善水平判断其武术文化认同提升状况；反之，亦可以利用武术文化认同教育教学内容与方法促进中学生武术学习满意度水平，以此促进其参与武术运动行为。在此过程中要特别关注个体武术文化行为表现的价值与意义。

（3）武术文化认同与社会主义核心价值观不论在理论逻辑上，还是在实证结果上，都存在一定联系，前者对后者具有一定影响。因此在实践中可以将武术文化认同教育方式、方法作为改善、提升青少年社会主义核心价值观的策略与路径；将武术教育教学实践活动融入社会主义核心价值观教育中，以此丰富相应的干预方法、干预手段。同时，从项目传承与文化传播视角出发，学校武术应借助青少年社会主义核心价值观教育活动广泛推广、全面展开，扩大影响力、提升实践力；为青少年道德教育与社会主义事业建设提供有力支撑。

# 第七章　总体讨论、总体结论与建议

## 一　总体讨论

武术文化认同是近年来的一个热点问题，它不仅涉及武术项目自身的传承与发展，同时对繁荣民族传统文化、捍卫国家文化安全以及引领、塑造青少年思想道德、价值观念等具有重要价值与意义。以往关于武术文化认同的研究主要从宏观和理论层面对其价值意义进行分析与讨论，而缺少微观、实证，特别是对武术文化认同的结构、测量和评价方面的细致分析与讨论。鉴于此，本研究从实证角度出发对武术文化认同结构、测量及应用效果等进行了有意尝试与探索。现将研究中主要涉及且需要进一步说明的几个问题集中讨论。

### （一）武术文化认同结构、测量的理论与实践启示

1. 武术文化认同结构、测量的理论启示

武术文化认同的结构组成、结构特征，以及相应的测量与评价，不仅对于深入细致了解武术文化认同具有重要价值与意义，同时相应测量评价工具的研制、使用为进行定量化分析，拓展武术文化认同的应用效果、应用价值提供了物质支持与技术保障。虽然在以往相关研究中，研究者从宏观的武术文化层次入手解析武术文化认同结构，明确了武术文化认同的指向与内容具有一定的积极意义，但很少从微观的个体心理与行为层面，特别是从心理测量及评价角度分析武术文化认同。本研究按梳理、界定武术文化认同含义及维度—验证武术文化认同结构及测量工具—应用武术文化认同测量工具的顺序，从宏观到

微观、从理论到实践研究思路，逐级逐步进行相应分析与讨论。

研究结果表明：武术文化认同是一种积极的态度体验，表现为个体对武术文化中所凝结的价值内容（物质文化、精神文化、制度文化、行为文化）、价值功能的知觉判断、情感体验及行为表现，并根据武术特有的文化属性确认自身文化身份进而产生的积极心理与行为特征；其由武术文化认知评价、武术文化情感体验、武术文化行为表现和武术文化身份认同构成，四个维度具有独特含义与意义，且它们之间相互关联、相互影响。（1）武术文化认知评价，是个体对武术文化带有评价意义的叙述，包括对武术文化认识、理解、相信、赞成等积极的认知与评价。在课程实践、教学设置中，武术文化认知评价是以个体对武术文化感性认识、了解为开端，以个体对武术文化理性解释、评价为终点的动态过程。教师所使用的教学方法、教学内容、教学设计以及个体周围的武术文化环境等因素都是促进动态发展过程的关键，在武术实践教学过程中，教师通常以传授武术文化内容精髓为开始让学生对武术文化有一个初步了解、认识。（2）武术文化情感体验，是指个体在参与武术运动或联想到武术文化时体验到的积极情感与情绪。武术文化情感体验与个体对武术文化价值的认知与体验有着密切联系，个体认识、了解并体验到的武术文化价值内容、价值功能越丰富、越全面、越系统，其给予武术文化的情感就越强烈、越持久。同时，武术运动中体验的积极情绪是武术文化正向情感形成的基础，是构成武术文化情感体验的重要组成部分，因此该维度中应囊括情绪因素。

此外，根据拟定的武术文化认同结构特征，本研究利用问卷调查法、专家评价法、数理统计法等对武术文化认同结构以及《中学生武术文化认同量表》信度、效度进行检验，结果表明：武术文化认同具有一定的结构特征，表现为一阶四因素模型和二阶五因素模型，由于二阶五因素模型结构效度略好于一阶四因素模型且这种结构符合研究预期，故本研究将其确定为最终结构；《中学生武术文化认同量表》总量表与分量表的信度与效度各项指标符合相应标准，据此可以判定开发的《中学生武术文化认同量表》具有一定可靠性、有效性，适合作为测量与评价中学生武术文化认同的工具。

2. 武术文化认同结构、测量的实践启示

从教育实践视角出发，武术文化认同与学校武术教育具有一定的逻辑联系，中学生武术文化认同结构及测量工具对相应的教育教学实践具有一定的启示作用：虽然技术、技能层面是武术运动区别于一般体育项目的直观特征，但凝结中国传统文化思想精髓的内隐特征则是武术运动本质属性所在，由此武术文化教育成为学校武术教育的内容、途径和方法，是学校武术教育的价值、功能取向。因此，可将学校武术教育理解为利用外在、直观的武术动作，通过练习、演练等学习方式来理解、体悟不同武术招式中的中国传统哲学、传统美学、传统道德礼仪等价值精髓，从而使学生接受、确认、肯定民族传统文化的教育过程，而这种对民族传统文化的接受、确认、肯定正是文化认同的实质，武术文化认同与学校武术教育的逻辑联系由此体现。这种逻辑上的联系使得从武术文化认同结构、测量视角启示日常武术教学活动成为可能。

其一，技术、技能讲授与传授是学校武术教学的基础与保障，是吸引学生参与武术运动的重要因素之一，但仅仅停留在技术、技能层面上的学校武术教学是空洞的、乏味的，教师应从中华传统哲学、传统美学、传统道德礼仪等角度构建教学内容、教学方法，让学生在一招一式的学习与练习过程中理解、体悟、接受和确认武术文化价值内容、文化价值精髓，即形成对武术文化的认同，从文化认同角度吸引学生参与其中进而提升武术教育教学质量。其二，武术文化认同结构的四个维度及其相关特征提示，以武术文化认同为视角展开的武术教学活动应从武术文化认知评价、武术文化情感体验、武术文化行为表现、武术文化身份认同四个方面共同入手构建武术教学活动、教学内容。如：在武术教学中对武术文化价值内容、价值功能进行细致、丰富的讲解，让学生形成积极的认知与评价；利用体验式、成功式教学手段以及丰富的武术文化认知培养学生的积极情绪、情感体验；鼓励、激发学生积极参与武术运动、形成良好的武术锻炼行为；利用"习武之人""武者"等明显的武术身份，激励学生成为一名合格、优秀的武术群体成员，进而激发其武术学习动机、参与行为，这些对于提升武术教育教学质量具有积极意义。此外，参考武术文化认知评价在武术教育教学中重要的实践意义以及它与另外三个维度的紧密联系，这提示：以武术运动与文化知识学习为先导的教学模式对于提升个体的武术文化情感、强化武术文化行为以及增强"武术人"的文化身份确认进而提升个体整体武术文化认同水平具有重要意义，因此丰富、有趣的武术知识的供应与呈现以及相应学习环境与氛围的构建就显得尤为重要。

## （二）提升中学生武术文化认同的策略与方法

本研究利用自编《中学生武术文化认同量表》对5个地区武术传统学校中学生被试进行武术文化认同测量、评价，在一定程度上揭示了中学生武术文化认同的总体特征、变化特点等。总体而言，中学生武术文化认同总体状况较为积极，这或许是与本研究所选取的被试长期参与武术锻炼、长期处于积极武术教育环境等因素有关。本研究从年级与性别、锻炼指标、武术教育环境三个方面分析、讨论了影响中学生武术文化认同的相关因素；在分析前两项影响因素时，主要利用方差分析观察中学生武术文化认同的变化、发展情况，在分析后一项影响因素时，主要利用相关与回归分析，检验其与中学生武术文化认同联系的紧密及预测程度。以上研究结果在一定程度上为提升中学生武术文化认同提供了策略与方法的参考。

### 1. 性别、年级的作用与意义

从中学生武术文化认同在性别、年级上的变化规律来看：其一，性别与年级的交互效应未达到显著性水平，无作用。其二，性别的主效应只在武术文化情感体验、武术文化行为表现两个分量表上达到显著性水平且男生好于女生，该结果与前人研究结果相反，即民族文化认同在性别差异性上达到显著性水平且女生高于男生。[①] 究其原因，

---

[①] 胡发稳：《哈尼族青少年学生文化认同及与学校适应行为的关系研究》，硕士学位论文，云南师范大学，2007年；秦向荣：《中国11至20岁青少年的民族认同及其发展》，硕士学位论文，华中师范大学，2005年。

男生或许在武术锻炼上较为积极,进而更容易产生较为积极的武术文化认同情感体验、武术文化行为表现。其三,对民族文化认同在年级或年龄上的变化、发展规律进行分析与讨论是以往研究的重点,相关研究显示民族文化认同随着年龄变化呈现先高后低再平稳的特点;而本研究结果基本与以往研究结果相似,即初中阶段是武术文化认同及相关维度变化的剧烈时期,即初一年级处于最高点,而初二年级处于最低点,到初三年级呈现上升趋势,而高中阶段三个年级在武术文化认同及相关维度的发展上较为平稳,大致没有显著性变化。

本研究结果在一定程度上验证了菲尼的民族认同发展理论,[1] 即初中阶段个体正处于"未验证的民族认同阶段"与"民族认同的探索阶段"的过渡期,武术文化认同剧烈的高低起伏是由于在初二年级时伴随个体自我意识、认知能力的提升,在体验不同体育运动项目、运动文化的过程中,个体开始对武术运动及文化产生怀疑、排斥的倾向,文化冲突开始出现,因此初二年级呈现出较低的武术文化认同表现;虽然从初三开始整体表现开始上升,但整体趋势较为平稳,同时上升后的表现仍与初一年级有着显著差距。从贝瑞文化适应理论可以看出,[2] 伴随自我意识、认知能力提升的初二年级个体开始出现文化认同危机,大多数个体被外来体育文化所吸引并采用"同化认同"策略,即个体更加愿意参与"三大球"等体育项目并接受其文化,而拒绝原有的武术运动、武术文化,厌烦心理和消极行为由此产生。因此初二年级成为武术文化认同的转折点、敏感期,在此阶段应采用有效的认同及教学策略——"整合认同"策略,即在武术教学及相关活动中树立"对话而非对立、互相独立又互不对抗的伙伴关系"的态度模式,正视西方体育文化的优势,承认现有文化冲突现实。但更为重要的是应在充分发掘、整理和认识中国武术文化精髓的基础上,

---

[1] Phinney, J. S., Ong, A. D., "Conceptualization and Measurement of Ethnic Identity: Current Status and Future Directions", *Journal of Counseling Psychology*, 2007, 54 (3): 271-281.

[2] Berry J. W., "Immigration, Acculturation, and Adaptation", *Applied Psychology: An International Review*, 1997 (46): 5-15.

抱有文化自信、文化自尊,① 让学生能够自觉、主动参与到武术运动及其文化传承中去。

2. 日常武术锻炼的作用与意义

从中学生武术文化认同在锻炼强度、锻炼时间和锻炼频率上的变化规律来看,武术文化认同在各个锻炼指标上变化规律都具有重要作用与意义。其一,从主效应上看:①虽然本研究表明最高的锻炼强度更有利于武术文化认同的提升,但这里的"最高强度水平"并不是运动训练中所谓高强度、大运动量的运动行为,而是指个体认真投入到相应的武术练习中且动作结束后呼吸略有急促,其本质是强调个体能够认真对待日常武术练习,只要能在规定时间、空间内将自身注意力集中在相应武术学习、武术锻炼过程中,武术文化认同及其各自维度就能够提升。②武术文化认同在每次锻炼时间上产生的"高原现象"表明,每次锻炼时间控制在水平3(21—30分钟)最为"适中",如未达到此标准则会损失一定的锻炼效益,而超过此标准虽能获取最好的锻炼效益,但对于"惜时如金"的中学生来讲则是一种时间上的浪费。从实践角度出发,21—30分钟是学校课间操、课堂教学主体内容等的时间范围,贯穿于学校体育教育的每个阶段,对于这种时间范围的"适应性""忍耐性"或许是形成最佳效应的潜在因素。虽然一些一线教师反映45分钟课堂时间设置具有一定的局限性,但本研究提示21—30分钟的课程时间具有最佳效果,因此如何在这短暂时间范围内有效建构武术教学课堂、调动学生积极性就成为武术教师面对的重要问题。③武术文化认同在锻炼频率上的变化规律表明,随着每周锻炼次数的增加,武术文化认同及其相关维度得分也随之增加,几乎每天一次武术锻炼的频率对其武术文化认同提升效果最好。这也在一定程度上说明了持之以恒、坚持不懈的武术运动特点;同时也在一定程度上说明武

---

① 叶献丹:《全球化时代中国武术文化认同及其策略反思》,《天津体育学院学报》2007年第1期;吴松、王岗:《中国武术发展中不可避免的问题——文化之争》,《体育学刊》2007年第9期;罗立平、方国清:《从"他者"到"自我":中国武术发展中不可或缺的主体意识》,《杭州师范大学学报》(自然科学版)2015年第1期。

术文化认同形成的困难性——相对外显的技术、技能等行为上的改变，个体内隐的文化态度、文化思想的改善具有一定的复杂性、困难性。

其二，从交互作用上看，武术文化认同及其部分维度在锻炼强度与锻炼时间、锻炼强度与锻炼频率、锻炼频率与锻炼时间二阶交互作用上呈现一定的复杂变化特征。这提示：在日常武术锻炼、学习过程中，教师在同时考虑两个锻炼或学习行为指标时应根据教学实际情况，具体问题具体分析。例如：在学校武术教学中，通常课堂教学时间（每次锻炼时间）、每周教学次数（每周锻炼频率）是根据教学大纲、教学安排事先固定好的，即为不可控因素，而每堂课的内容、练习方式（锻炼强度）由教师而定，是可控因素；因此，交互作用的简单效应分析应主要考虑锻炼强度，即在不同锻炼频率、锻炼时间水平上调节锻炼强度来观察武术文化认同及其相关维度的变化情况。研究结果还提示锻炼强度的提升伴随武术文化认同及其相关维度的改善，个体越投入、越认真锻炼，效果越好，锻炼强度的重要价值由此体现，而武术教学内容、教学方法、教学组织管理等对调节、控制锻炼强度具有重要意义，这些教学实践要素也由此体现出积极意义。

3. 武术教育环境的作用与意义

从武术教育环境对中学生武术文化认同的预测和影响上看。良好的教育环境能够对个体的思想道德、行为规范、价值观念等有潜移默化的影响，由此推断，积极的武术教育环境与武术文化认同改善存在关联，利用武术教育环境能够预测中学生武术文化认同。

本研究表明：武术教育环境的四个要素，即武术教育社会环境、武术教育家庭环境、武术教育学校环境、武术教育课堂环境不仅各自之间存在密切关系，同时它们还与武术文化认同及其各维度存在相关关系，利用武术教育环境四个要素能够预测、解释武术文化认同及其各维度。如果将武术教育课堂环境纳入武术教育学校环境中，那么本研究结果是对以往"三位一体"教育模型、教育思想的验证，即学校教育、家庭教育与社会教育三个子系统共同构成教育整体生态体系，三个子系统分别居于不同的位置，发挥着不同的功能和作用，彼此之间应是相互独立却又联系紧密的。三个子系统教育目标取向的出发点和归宿是基本一致的，教育内容是互补的、互为依托的，在教育的方法和途径上也是殊途同归的。① 在实践层面上，三个子系统中两个要素之间相互结合形成新的教育模式具有独特作用，其中学校教育与家庭合作模式是教育实践中探索最为丰富的模式，它是家庭与学校以促进未成年人的全面发展为目标，由家长参与学校教育、学校指导家庭教育，相互配合、互相支持的双向活动。② 这种教育合作方式不仅能够提升孩子的学习动机、促进积极学习行为的养成，同时对家长素质提升、亲子关系拓展也具有积极意义。本研究表明：相对于其他教育环境要素，武术教育家庭环境与课堂环境具有更为积极的意义，二者能够同时预测武术文化认同，如果将课堂环境纳入学校教学环境中，则可认为家庭—学校教育合作模式在培养学生武术文化认同中具有积极意义，同时在这种合作模式中应明确家庭教育的主体作用。

此外，从社会生态学视角透视本研究过程、研究结果具有一定借鉴与启示意义。社会生态学理论主要讨论了环境对个体成长、发展的影响，其核心思想是强调生态环境中个体水平、人际水平、机构水平、社区水平和公共政策对个体行为的综合效应。首先，强调不同维度的层次性、综合性。整个系统中的各个要素并不是独立存在的，而是根据相互依存、相互促进方式构成一个有机整体。该系统价值体现出了整体效应大于各个部分相加之和的非加和性原理。例如：在青少年武术文化认同促进路径上，并非是学校单一方面的事情，还涉及课堂、家庭、社会等多层次、综合性问题。其次，系统内各要素间密切联系，相互作用、相互影响。根据社会生态学开放性原理，社会生态系统始终与外界环境保持着新陈代谢，具备信息、能量的传递与交换。系统中某个要素的改变将会影响其他要

---

① 杨雄、刘程：《关于学校、家庭、社会"三位一体"教育合作的思考》，《社会科学》2013年第1期。
② 黄河清：《家校合作导论》，华东师范大学出版社2008年版。

素，带来其转变。例如：缺少政策支撑、政府关注的武术运动在很多学校的体育课堂中逐渐消失、消亡，由此造成武术文化知识学习匮乏，形成消极的武术文化认同。最后，社会生态系统中任何一个子系统的良性发展都要依赖上一个子系统及系统中各要素的协调发展，这个发展进程既呈现连续性、反复性，也呈现制约性、复杂性，如果各子系统不能协调一致发展，该系统的"木桶效应"将会导致发展的中断、停止。例如：中学生武术文化认同干预过程中，要深入挖掘学校、家庭、社会各子系统的单独作用价值、意义，根据实践经验构建相应的干预手段、方法；同时，更要重视它们的相互关系、相互联系，注重两个或三个综合性方法的联合使用。注重学校与家长、学校与社会等联动机制，注重从学校、家庭、社会多元一体化视角建构武术文化认同提升策略与手段。此外，在各系统中还应进一步细化作用层次，如学校系统中的环境建设、课堂建设、重视师生关系等，家庭系统中的家长支持、参与及家庭氛围等，社会系统中的政府部门协调配合、文件支撑等。

### （三）武术文化认同对中学生武术学习自主行为的影响及促进

**1. 武术文化认同对武术学习内在动机与鉴别调节动机的作用、意义**

体育运动动机是体育运动行为的内在动因、内部动力，直接影响个体参与体育运动的频率、持久性以及运动效果。在体育教学中，积极的体育参与动机与学生积极的课堂参与行为紧密联系，对课堂教学质量有着重要意义。以往学校武术教学研究表明：学生不愿意学习武术知识、技能，不愿意参与武术教学课内外等活动，武术在学校体育中的推广令人担忧。消极的以及低水平的武术运动参与动机是这些现象产生的重要原因之一，因此如何改善、提升学生武术运动参与动机，让其能够自觉、主动参与其中成为人们关注的焦点，也成为让武术运动在校园推广、传播的关键所在。众所周知，需求是动机产生的本质，文化需求是文化动机的根本，是促进积极文化行为的理论依据。个体参与武术运动的动机不仅体现在学习其外在的技术动作上，了解武术广博、深刻的文化内容和文化内涵也是吸引学生参与其中的一个重要原因。① 因此，武术文化认同与武术学习动机具备了一定的逻辑联系，通过增强个体武术文化认同进而提升武术学习动机具有了一定理论可行性。故，本研究利用心理测量、数理统计法分析、讨论武术文化认同对武术学习动机的影响。

本研究结果表明：武术文化认同与内在动机、鉴别调节动机的关系呈中高度相关，与外在调节动机的关系呈低度相关，但与缺乏动机相关且未达到显著性水平；回归分析验证了武术文化认同的积极预测作用，其对内在动机、鉴别调节动机作用效果较好。自我决定理论认为，内在动机与鉴别调节动机主要源于自身的内源结果且较多被自我所决定，因此被归纳为自主型动机。Ryan 等人的研究结果表明：自主型动机水平越高的个体，其体育参与行为越积极，能够持久、高效地参与到体育活动中去，同时在运动过程中伴随更多的积极情绪体验，这对于心理健康的获取与保持具有积极意义，因此在体育实践中促进、保持个体内在动机、鉴别调节动机就具有了重要意义。② 本研究结果中武术文化认同与内在动机、鉴别调节动机的积极联系，以及武术文化认同对内在动机、鉴别调节动机的有效预测，在一定程度上验证了通过武术文化认同可以提升、改善中学生的武术锻炼、武术学习内在动机、鉴别调节动机进而促进中学生积极参与武术运动的行为。因此从武术文化认同视角，具体讲从武术文化认知评价、武术文化情感体验、武术文化行为表现、武术文化身份认同四个方面入手改善、提升中学生自主参与武术学习、锻炼就具有了一定的实践作用与意义。

**2. 从外在动机视角提升武术学习内在动机与鉴别调节动机的意义与方法**

自我决定理论提示：自主需求是内在动机的根本，自主需求的满足是提升自主动机的关键，以往研究表明，外在的奖赏、命令、惩

---

① 董利、邵月：《对武术专选班学生习武动机的调查分析》，《湖北体育科技》2003年第1期。
② Ryan R. M., Frederick C. M., Lepers D., Rubio N., Sheldon K. M., "Intrinsic Motivation and Exercise Adherence", *International Journal of Sport Psychology*, 1997 (28): 335–351.

罚，或是带有压力性、强制性的目标都会削弱参与者的内在动机①。但需要注意的是，作为动机发展连续体上的外在动机，其对内在动机同样起着积极作用；因此如何将外在动机巧妙、有效地转化为个体的内在动机就成为教育实践的关键，即如何将带有命令、惩罚、压力性和强制性的课堂常规、课程目标等外在动机转化为学生能够接受、愿意承担、积极应对的内在动机是有效教学的重点所在。在武术教学实践中，教师经常遇见学生被迫参与、不愿意参加，甚至逃避教学等外在动机或缺乏动机的表现，如何改变这些消极动机表现，促进积极行为产生，常常困扰着一线教师。

根据自我决定理论以及本研究结果：首先，教师应明确外在动机与内在动机的作用和关系，即在教学开始阶段必要的课堂常规、奖惩措施等外在动机激发手段是必要可少的，不论学生愿意与否必须保证个体参与相应的武术教学活动；在此前提下，教师必须从教学内容、教学方法、教学组织管理等多方面入手激发学生的内在动机，让学生喜欢上、爱上武术课程、武术活动。本研究提示从武术文化认同角度，即武术文化认知评价、武术文化情感体验、武术文化行为表现及武术文化身份认同入手对于提升个体内在动机具有积极帮助。此外，针对学生特点提供丰富的教学内容，如太极拳或是搏击、格斗的教学内容，让学生有更多的选择空间；在教学组织管理上，让技术好、能力强的学生带动课堂，给予学生更多的自主管理权利，这些都能提升其内在学习动机，增强其自主学习的行为。

### （四）武术文化认同与社会主义核心价值观教育相互融合的意义与途径②

价值观教育本身是一种文化和价值现象，涉及文化价值的选择、

---

① Deci E. L., Vallerand R. J., Pelletier L. G., Ryan R. M., "Motivation and Education: The Self Determination Perspective", *Educational Psychologist*, 1991, 26 (3&4): 325–346; Ran R. M., Deci E. L., "Self-Determination Theory and the Facilitation of Intrinsic Motivation, Social Development and Well-Being", *American Psychologist*, 2000, 55 (1): 68–78.

② 高旭、柴娇：《民族传统体育文化与青少年社会主义核心价值观教育的逻辑联系及融合创新》，《思想政治教育研究》2014年第5期。

传承、发展和创新,没有文化价值参与、没有文化价值根基的价值观教育,注定是一种"无根"的教育,"无根"的价值观教育也注定了是一种低效甚至无效的教育。因此,应高度重视传统文化对价值观教育的影响,充分挖掘并有效利用传统文化优质的育人资源为价值观教育服务①。本研究以武术文化与社会主义核心价值观逻辑联系为研究起点,以测量评价、数理统计等实证手段为途径,验证了武术文化认同与中学生社会主义核心价值观的关联效应,说明利用武术文化认同可以预测、改善中学生社会主义核心价值观总体表现及不同维度。二者之间的相互融合不仅丰富了社会主义核心价值观的方法、手段,同时对武术运动项目自身及其文化传承与发展也具有积极意义。

1. 武术文化认同与社会主义核心价值观教育相互融合的意义

其一,社会主义核心价值观教育对武术运动的开展及其文化传承的意义。文化的积累和传递,是文化系统运行的基本形式之一,也是文化运行的一个基本规律,文化的发展和进步就是这两者的有机结合,民族传统武术的发展与进步同样也离不开自身文化的积极传承及其项目的有效开展。因此,在面对西方体育思想文化的冲击,以及民族传统武术自身形式和内容萎缩的形势下,其面临的一个重要问题是如何在保持自身民族性、传统性的同时,与时俱进,充分挖掘、整理其文化价值理念中与个人、社会、国家发展需要相联系的部分,应用于现实生活实践中,指导个体的思想、行为,以彰显民族传统武术价值魅力与现实意义,进而促进民族传统武术文化的传承及其项目的开展。而民族传统武术文化与社会主义核心价值观在价值理念、功能上的逻辑联系,不仅使其价值理念与时俱进,得到充分发掘、展现,更为重要的是为其依托社会主义核心价值观教育,传承民族传统武术文化、开展武术运动提供了理论保障。当前,社会主义价值观教育受到国家、社会、学校的高度重视,相关活动开展得如火如荼,因此,作为社会主义核心价值观传播载体、途径的民族传统武术运动也将会随之得到发展,其蕴含的文化理念及项目自身也必将得到弘扬与发展。

---

① 王振存:《青少年价值观教育的问题及对策》,《教育科学研究》2010年第2期。

其二，武术运动及文化对社会主义核心价值观教育的意义。青少年社会主义核心价值观作为意识形态的一种表现形式，其形成不仅受环境影响，更重要的是自身实践体验的过程。以往我国在社会主义核心价值观教育过程中，往往不重视内容的选择、不重视授课的方法，仅仅满足于应付差事、完成任务，把启迪智慧、涵养精神、丰富意义、提升境界、完善人格这些极具生命意识的价值观教育当作纯粹的知识去讲授、去灌输，忽视实践体验教学。① 教育工作者由此也逐渐意识到：将社会主义核心价值观中抽象的观点、理论转化为青少年切实需要、乐意接受、能够理解的教学实践形式进行传授，是开展青少年社会主义核心价值观的关键途径。如前所述，民族传统体育文化与社会主义核心价值观同宗同源，都受到中国传统文化的深刻影响，二者在理念与功能上具有一定的逻辑联系，利用青少年喜闻乐见的民族传统体育项目——武术，促进其社会主义核心价值观形成，不论是在理论上，还是在实践上都具备一定可行性。因此，基于实践性、体验性视角，将民族传统武术文化所蕴含的丰富、深刻的价值理念，运用直观、生动的教育教学手段融入青少年社会主义核心价值观教育中，是对青少年社会主义核心价值观教育教学内容、方法、途径上有意义的突破与创新。

2. 武术文化认同与社会主义核心价值观教育相互融合的路径

其一，应重视学校体育的主体作用。中国有3亿多在校青少年，因此学校成为传播、弘扬民族传统体育文化、社会主义核心价值的重要场所，将民族传统体育文化、社会主义核心价值观列入并融入日常学校体育教学中，让学生在经常性、科学性体育教学中不断感知它们所蕴含的价值理念，是民族传统体育与社会主义核心价值教育融合、创新的关键，践行此观点应从以下两方面进行。第一，应提升体育教师的综合素质。在实践教学中，体育教师不仅要熟练掌握相应的运动技能，在实践教学中能清晰准确地讲解、示范技术动作，更为重要的

---

① 朱海龙：《文化与实践创新：大学生社会主义核心价值观建构的途径分析》，《教育理论与实践》2012年第15期。

是应深刻领会技术动作所蕴含的传统价值理念、哲学道理,以及社会主义核心价值观的本质特征。通过边学边讲的"技道双修"教学过程让学生在掌握技术动作的同时,逐渐认识、理解相关动作思想内涵,引导其接受、认同社会主义核心价值观本质特征。例如:"抱拳礼"是武术教学最先呈现的技术动作,这种简单动作形式有着丰富的内在含义[①]:左掌表示德、智、体、美"四育"齐备,象征高尚情操;屈指表示不自大,不骄傲,不以"老大"自居。右拳表示勇猛习武;左掌掩右拳相抱,表示"勇不滋乱""武不犯禁",以此来约束、节制勇武的意思。这些丰富、深刻的内在含义与社会主义核心价值观所倡导的"文明、友善、平等"价值理念相融相通。教师所具备的运动技能、教学思想、文化理念等综合素质在提升青少年社会主义观教育中的重要作用由此体现。

其二,重视教学内容的制定与选择。生动有趣、符合青少年身心需要的民族传统体育教学内容的制定、选择不仅吸引着青少年踏入其中,同时也间接影响着社会主义核心价值观教育的有效实施。在实践中,不同年龄学生的教学内容应区别对待,激发其学习兴趣。如[②]:武术教学在小学阶段应以简单实用的基本技术、基本组合为主,目的是打基础,培养入门兴趣。初中阶段是以对抗性基本技术、基本组合练习为主,目的是培养学生勇于竞争、敢于拼搏的精神、气质。高中阶段应在对抗性练习过程中,增加一些由实用攻防组合而成的简单套路教学,并增添中国传统武术文化内涵、哲理的讲解与传授。同时,在不同阶段教学内容的制定、选择中,应有意识地选择社会主义价值观中所倡导的"和谐""爱国""诚信""友善""公平"等价值理念作为传授内容,使这些价值理念以技术动作内涵解释、历史人物故事讲授、民族文化风俗分析等多种形式,伴随主要讲授内容,辅助性、间接性出现在教学中,潜移默化地引导青少年对社会主义核心价值观

---

① 武勇成:《对中华武术"抱拳礼"的文化阐释》,《职业时空》2009年第10期。
② 杨建营、邱丕相、杨建英:《学校武术的定位及其教育体系的构建》,《山东体育学院学报》2008年第9期。

的认识、理解、认同。

#### 3. 重视家庭体育、社会体育的拓展作用

家庭体育与社会体育是学校体育的拓展与延伸，是对学校体育有益的补充，在利用民族传统体育文化促进青少年社会主义核心价值观的过程中，不仅要重视学校体育的主体作用，也不能忽视家庭体育、社会体育在此过程中的拓展及延伸作用。

其一，家庭教育是基于血缘关系的亲情教育，是一种长期性、终身性的教育方式，作为家庭教育重要组成部分的家庭体育对青少年体育参与意识、动机、行为等有着深刻影响。民族传统体育源于生活实践，富有浓厚的生活情趣，在闲暇娱乐时间家长可以根据自身所长引导孩子进行相应的本民族体育游戏，如水族武术中的鸭拳、鱼拳，扁担棍法等趣味性较强的体育活动，在培养孩子运动兴趣、促进身心发展的同时，从家庭体育角度拓展民族传统体育教育教学途径。

其二，社会教育是整个教育系统不可或缺的组成部分，能有效促进学校教育、家庭教育的进行，从社会体育角度拓展民族传统体育文化与社会主义核心价值观融合、创新途径，应重点讨论传统节日与民族传统体育的密切联系，分析在传统节日开展的民族传统体育活动的意义。众所周知，传统节日的传承与发扬，需要吸引人们参与其中进行认识、了解，在传统节日中出现的民族传统体育活动，其自身具有的艺术性、表演性是吸引人们参与其中的重要因素，增加了人们参与节日活动的兴趣、热情，提升了对重要传统节日的认知；同时，某些优秀民族传统体育项目只有在重要传统节日才能出现，这些传统节日成为其得以生存和发展的舞台。[①] 此外，这些传统体育项目多以舞龙、舞狮、龙舟等群体性民族传统体育活动为主，如在舞龙、舞狮、龙舟等群体性民族传统体育活动中，不论是参赛者，还是观众，都会成为团体中的一员，为团体成功而欢呼，为失败而沮丧，通过参与这样的团体性活动，民族凝聚力、民族精神得到了激发，民族自尊心、自信

---

① 夏琼华：《少数民族传统体育文化传承的教育策略》，《体育与科学》2010年第1期。

心、自豪感以及团结协作意识受到了教育,得到了培养。因此,在民族传统体育运动中充分挖掘、利用其教育功能,将有利于使它所倡导的公正严明、遵纪守法、严格自律、诚实守信等道德观念在无形中内化为人们的道德素养,使体育活动中的自发行为转化为实际生活中自觉的行动,这将有力地促进我国公民道德水平的提升。

4. 重视政府主导作用

如前所述,民族传统体育是青少年社会主义核心价值观教育的载体、途径,其开展程度、质量直接影响着青少年社会主义核心价值观教育实施的持久性、有效性。因此,如何保护、传承民族传统体育文化,广泛开展民族传统体育项目运动,以此为基础进行青少年社会主义核心价值观教育就成为二者相互融合、实施的关键。纵观国外民族传统体育发展的成功案例,已成为奥运会比赛项目,深受本国及他国人喜爱的跆拳道和柔道的成功经验或许能为我国民族传统体育的发展提供有意义的借鉴。相关的研究表明。重视政府主导作用,发挥其支撑、协调功能对于本国民族传统体育的传承与发展至关重要。[①] 具体表现为以下两点:

其一,营造文化氛围,鼓励全民参与。民族文化的保护首先要唤起各民族人民对自己民族文化的珍重与保护的自觉意识,有了这种自觉自愿,才能有效地使民族文化得到保护与发展,[②] 因此,民族传统体育文化的发展同样离不开全民的自觉意识与共同参与。政府所承担的任务不是包办一切,取代民族传统体育发展的群众角色,而应积极倡导、鼓励人们参与其中,即利用宣传、倡导、制定制度等方式使人们认识到民族传统体育文化的重要性,使其积极主动地参与到文化保护与发展中,通过营造良好的文化氛围使人们形成自觉的文化意识、自愿的文化行为,以此促进全民参与。例如:在韩国,从总理到政府官员,都懂得一些跆拳道技术和精神,并积极参与其中。政府和人民

---

① 汪全先:《韩国文化遗产保护经验对我国民族传统体育文化保护的启示》,《体育成人教育学刊》2012年第2期。

② 郑晓云:《日本民族传统文化的保护及其启示》,《云南民族学院学报》(哲学社会科学版)2002年第5期。

一致认为,跆拳道是韩国传统文化的重要组成部分,对开展这项运动都持十分积极的态度。

其二,重点扶持发展,做到以点带面。中华民族传统体育项目众多,不可能面面俱到,一一扶持,应选择那些代表中华特色(如武术)、地方特色(如蒙古族摔跤、朝鲜族荡秋千等)的民族传统体育项目加以重点扶持与发展,使之成为民族的、地方的象征与标致,这样就树立起民族传统体育的文化品牌,通过标志性体育项目的重点扶持、发展及其品牌效应带动民族传统体育的全面发展、普及,实施以点带面的发展策略。例如:日韩的柔道、跆拳道运动就是其民族体育文化中最具有代表性的运动项目,正是这方面的重点扶持、发展带动了其他方面的发展,因此取得了许多方面的显著效应。

### (五) 研究不足与研究展望

本研究以中学学校武术教育为视角,围绕中学生武术文化认同结构、测量进行较为系统的分析、讨论。但由于研究被试、研究方法选择、影响变量复杂性以及个人获取资源等问题,研究中存在一些不足,需要在未来的研究中加以完善。

其一,需进一步检验、完善武术文化认同跨样本信度、效度。虽然本研究使用2000多人的大样本对中学生武术文化认同测量工具的信度、效度进行分析,其信效度结果令人满意,但该量表所使用的被试仅来自五个武术运动开展相对较为发达地区的六所学校,被试的代表性具有一定的局限性。该量表是否适合其他地区、其他年龄阶段的武术练习者、武术学习者,需要进一步检验、完善。

其二,需在研究方法、研究取向上进行拓展。本研究主要利用自陈式量表法分析、讨论中学生武术文化认同结构特征,而以往研究表明文化认同具有一定的内隐特性,通过内隐测量法对武术文化认同进行测量、评价或许能得出更为有意义的结论,这是未来研究的一个重要方向。横向大样本调查分析是本研究主要的研究取向,在未来的研究中应从纵向实验角度出发,观察个体武术文化认同的变化情况和影响因素,进而弥补本研究的不足。

其三，需进一步讨论武术文化认同在年龄上变化特征。民族文化认同在年龄上的变化特征是以往研究中的重点及难点。民族认同发展三段论认为，个体对民族文化认同发展需经历未验证的民族认同阶段、民族认同的探索阶段、民族认同的实现阶段。本研究通过分析初中生、高中生武术文化认同的年级变化特征，发现其变化经历了未验证的民族认同阶段、民族认同的探索阶段，而缺少民族认同的实现阶段分析讨论是本研究的不足。因此，在未来的研究中应扩大被试年龄范围，将小学高年级（五、六年级）、大学各年级纳入其中，完整讨论武术文化认同的年龄变化特征，为武术教育教学提供实践参考。

## 二 总体结论

（1）中学生武术文化认同是一个多维度结构，由一个二阶因子、四个一阶因子构成，包括武术文化认知评价、武术文化情感体验、武术文化行为表现、武术文化身份认同四个一阶因子，共同构成二阶因子——中学生武术文化认同。

（2）《中学生武术文化认同量表》具有良好的信度与效度，可以利用其进行相应的测量与评价。

（3）随着年龄的变化，中学生武术文化认同及其各维度呈现非线性、复杂性特点，具体表现为初一年级最高，初二年级最低，其余年级在二者中间波动起伏的变化特征。

（4）每次锻炼强度、每次锻炼时间、每周锻炼频率对中学生武术文化认同有着积极影响，但影响效果的变化具有一定复杂性，对于影响效果的解释与应用需参考武术教学的实际情景。

（5）武术教育环境与中学生武术文化认同具有一定的关联性，利用武术教育社会环境、武术教育家庭环境、武术教育学校环境、武术教育课堂环境可以预测中学生武术文化认同的变化特征；其中，武术教育家庭环境、武术教育课堂环境预测作用较为突出。

（6）武术文化认同与中学生武术学习内在动机、鉴别调节动机的相关关系较为紧密，前者对后两个变量预测效果较好；武术文化认同与中学生武术学习外部调节动机、缺乏动机的相关程度较低,前者对后两个变量预测效果较差。

(7) 武术文化认同与中学生武术学习满意度、社会主义核心价值观具有一定的关联性,利用武术文化认同可以预测中学生武术学习满意度、社会主义核心价值观的变化特征。

## 三 总体建议

(1) 从结构特征与维度含义上看,中学生武术文化认同是由四个维度构成的,维度间具有双重特征,即具有独立性及相关性,因此在实践应用上应从两方面进行综合考虑:其一,中学生武术文化认同具有丰富含义,应从其四个维度即武术文化认知评价、武术文化情感体验、武术文化行为表现、武术文化身份认同入手对其进行认识与理解,在实践中研究者应根据其现实需要,并参考各维度含义选择相应的测量条目。其二,武术文化认同四个维度具有一定的关联性,相互依存、相互促进。因此,在改善、提升中学生武术文化认同过程中应将武术文化认同四个维度作为实施路径,注重综合效应。

(2) 武术文化认同的不同维度在不同教学情景下可能存在不同价值与意义,因此应区别对待各维度。例如:对武术文化价值内容、价值功能等知识的认识、了解及积极评价对于其情感、行为具有重要作用,因此在武术教育的开始阶段,丰富的武术文化知识传授、讲解是必不可少的。

(3) 在初高中阶段中学生武术文化认同及其各维度变化呈现非线性、复杂性特点,特别是在初一至初二阶段变化剧烈。因此,在教学实践中应重点关注初一至初二这一剧烈变化的敏感期,应通过观察、访谈、聊天等形式分析该特征形成的原因、解决策略与方法,进而改善武术教学内容、武术教学设计等,提升教学质量。

(4) 男女生在武术文化情感体验、武术文化行为表现上呈现性别差异特征,这提示:如果在实践教学中想更好地提升女生武术文化情感体验、武术文化行为表现的得分,则应根据其内敛、不愿意表达、容易害羞等性别特征设计有效的教学内容与方法；如果想提升女生武术文化认知评价、武术文化身份认同的得分，则不用区分教学方法、教学内容就能达到理想效果。

（5）鉴于日常武术锻炼强度、锻炼时间、锻炼频率与中学生武术文化认同有着积极联系，具有促进效应，因此在日常教学或课余锻炼内容设计、选择中不仅要关注锻炼强度、锻炼时间、锻炼频率的独立价值，还应考虑三者联动的综合效应。此外，从锻炼过程差异性角度讲，在实践中应根据不同年级、性别、运动能力等特征，从锻炼强度、锻炼时间、锻炼频率出发设计不同的武术锻炼方案，以此提升武术锻炼效果。

（6）根据同心圆发展理论、社会生态系统理论并参考本研究结果，在实践中应注重武术教育社会环境、武术教育家庭环境、武术教育学校环境、武术教育课堂环境之间的紧密联系及相互影响，从联动、综合性视角出发提升中学生武术文化认同总体及各维度水平。

（7）由于武术教育家庭环境、武术教育课堂环境在改善中学生武术文化认同时具有积极效应，因此从这两个方面入手进行实践干预将会具有一定的可行性、有效性。此外，鉴于武术教育课堂环境的突显价值，在实践中教师应围绕课堂环境质量，从课堂物质环境（如场地、器材的购置与摆放）与课堂心理环境（课堂心理氛围、动机氛围、师生关系等）入手进行积极构建。

（8）由于武术文化认同与个体运动情景动机中的内在动机、鉴别调节动机具有紧密联系，因此可以将二者作为武术文化认同效标，即通过个体在参与武术运动时的内在动机、鉴别调节动机改善水平判断其武术文化认同提升状况；反之，亦可以利用武术文化认同教育教学内容与方法激发个体武术参与动机水平，促进积极参与行为。在此过程中要特别关注个体武术文化认知评价作用与武术文化情感体验的价值与意义。

（9）本研究结果表明武术文化认同及其各维度与中学生武术学习满意度联系较为紧密，因此可以将武术学习满意度作为中学生武术认同效标，即通过中学生武术学习满意度改善水平判断其武术文化认同提升状况；反之，亦可以利用武术文化认同教育教学内容与方法促进中学生武术学习满意度水平，以此促进其参与武术运动的行为。在此过程中要特别关注个体武术文化行为表现的价值与意义。

（10）武术文化认同与社会主义核心价值观不论在理论逻辑上，还是在实证结果上，都存在一定联系，前者对后者具有一定影响。因此在实践中可以将武术文化认同教育方式、方法作为改善、提升青少年社会主义核心价值观的策略与路径；将武术教育教学实践活动融入社会主义核心价值观教育中，以此丰富相应的干预方法、干预手段。同时，从项目传承与文化传播视角出发，学校武术应借助青少年社会主义核心价值观教育活动广泛推广、全面展开，扩大影响力、提升实践力；为青少年道德教育与社会主义事业建设提供有力支撑。

# 参考文献

## 一 中文文献

### （一）著作

车文博：《弗洛伊德主义原著选辑》，辽宁人民出版社1988年版。

陈炎：《文明与文化》，山东大学出版社2006年版。

顾明远：《教育大辞典》，上海教育出版社1998年版。

黄河清：《家校合作导论》，华东师范大学出版社2008年版。

荆其诚主编：《简明心理百科全书》，湖南教育出版社1991年版。

坎特威茨、罗迪格、埃尔姆斯：《实验心理学》，郭秀艳等译，杨治良审校，华东师范大学出版社2010年版。

李印东：《武术释义——武术本质及其功能价值体系阐释》，北京体育大学出版社2006年版。

林崇德、杨治良、黄希庭：《心理学大词典》，上海教育出版社2004年版。

马克思：《马克思恩格斯选集》第3卷，人民出版社1979年版。

马启伟：《体育心理学》，高等教育出版社1996年版。

迈克尔·A. 豪格、多米尼克·阿布拉姆斯：《社会认同过程》，高明华译，中国人民大学出版社2011年版。

彭聃龄：《普通心理学（修订版）》，北京师范大学出版社2001年版。

乔纳森·弗里曼：《文化认同与全球化过程》，商务出版社2003

年版。

邱皓政：《量化研究与统计分析》，五南图书出版公司2002年版。

塞缪尔·亨廷顿：《文明的冲突与世界秩序的重建》，新华出版社2010年版。

沙莲香：《社会心理学（第二版）》，中国人民大学出版社2006年版。

沙莲香：《社会心理学（第一版）》，中国人民大学出版社2002年版。

温力：《武术与武术文化》，人民体育出版社2009年版。

肖前：《马克思主义哲学原理》，中国人民大学出版社1994年版。

张力为、毛志雄主编：《体育科学常用心理量表评定手册》，北京体育大学出版社2004年版。

郑晓云：《文化认同论》，中国社会科学出版社2008年版。

朱智贤主编：《心理学大词典》，北京师范大学出版社1989年版。

## （二）期刊

白晋湘、张小林、李玉文：《全球化语境下我国民族传统体育文化认同与文化适应》，《北京体育大学学报》2008年第9期。

蔡峰、张建华、张健：《佛教哲学思想影响下的少林武术观审视》，《体育成人教育学刊》2016年第6期。

蔡仲林、汤立许：《武术文化传播障碍之思考——以文化软实力为视角》，《天津体育学院学报》2009年第5期。

曹海峰：《全球化语境中文化认同的现实考验与建构策略》，《学术界》2016年第12期。

曹慧、张妙清：《认同整合——自我和谐之路》，《心理科学进展》2010年第12期。

陈茂荣：《论"民族认同"与"国家认同"》，《学术界》2011年第4期。

陈平：《多元文化的冲突与融合》，《东北师大学报》2004年第1期。

陈世联：《文化认同、文化和谐与社会和谐》，《西南民族大学学报》（人文社科版）2006年第3期。

陈振勇、姚孔运：《回族武术促进民族文化认同的指标体系构建与实证研究——以兰州回族武术为个案》,《体育科学》2012 年第 9 期。

程大力:《论武术文化的内涵与外延》,《搏击·武术科学》2011 年第 1 期。

崔新建:《文化认同及其根源》,《北京师范大学学报》(社会科学版) 2004 年第 4 期。

丁锐、马云鹏:《课堂环境与学生学习表现的因果关系研究——一个基于教学课堂的前实验研究》,《全球教育展望》2011 年第 10 期。

董莉、李庆安、林崇德:《心理学视野中的文化认同》,《北京师范大学学报》(社会科学版) 2014 年第 1 期。

董利、邵月:《对武术专选班学生习武动机的调查分析》,《湖北体育科技》2003 年第 1 期。

范可:《全球化语境下的文化认同与文化自觉》,《世界民族》2008 年第 2 期。

方国清:《一个中国特有的文化符号——武术之研究》,《北京体育大学学报》2011 年第 8 期。

方文:《群体资格:社会认同事件的新路径》,《中国农业大学学报》(社会科学版) 2008 年第 1 期。

费孝通:《中华民族的多元一体格局》,《北京大学学报》(哲学社会科学版) 1989 年第 4 期。

高旭、柴娇:《民族传统体育文化与青少年社会主义核心价值观教育的逻辑联系及融合创新》,《思想政治教育研究》2014 年第 5 期。

高永久:《论民族心理认同对社会稳定的作用》,《中南民族大学学报》(人文社会科学版) 2005 年第 5 期。

高永久、朱军:《论多民族国家中的民族认同与国家认同》,《民族研究》2010 年第 2 期。

关博、杨兆山:《武术教育的文化性探析》,《体育与科学》2014 年第 3 期。

管健、乐国安:《社会表征理论及其发展》,《南京师大学报》(社会科学版) 2007 年第 1 期。

管健:《社会表征理论的起源与发展——对莫斯科维奇〈社会表征:

社会心理学探索〉的解读》,《社会学研究》2009 年第 4 期。

郭瑞青:《文化认同视域下的区域武术文化研究——以河北沧州传统武术文化为例》,《山东体育科技》2016 年第 3 期。

郭玉成、郭玉亭:《当代武术教育的文化定位》,《武汉体育学院学报》2009 年第 6 期。

郭玉成:《论武术文化的涵义及基本特征》,《搏击·武术科学》2009 年第 3 期。

韩震:《论全球化进程中的多重文化认同》,《求是学刊》2005 年第 5 期。

韩震:《论作为社会主义核心价值观的和谐》,《高校理论战线》2012 年第 4 期。

贺金瑞、燕继荣:《论从民族认同到国家认同》,《中央民族大学学报》(哲学社会科学版)2008 年第 3 期。

黄聪、任璐、汤金洲等:《武术文化资本化与全球化语境下的武术发展》,《西安体育学院学报》2012 年第 6 期。

黄莉、雷波、陈春新、付晓静:《从北京奥运会文化冲突的视角探究中西文化交流的对策》,《体育科学》2012 年第 5 期。

吉洪林、赵光圣、张峰:《我国学校武术的发展历程与变革探析——兼论对当前武术教育改革的启示》,《北京体育大学学报》2014 年第 12 期。

金太军、姚虎:《国家认同:全球化视野下的结构性分析》,《中国社会科学》2014 年第 6 期。

李斌:《文化认同视域下传统武术文化变迁反思》,《搏击·武术科学》2014 年第 12 期。

李成银、周培启:《论中国传统武术文化》,《体育科学》1991 年第 3 期。

李金龙、宿继光、李梦桐:《由技进道:我国学校武术教育转型发展的出路》,《武汉体育学院学报》2014 年第 11 期。

李荣胜:《知行合一推进社会主义核心价值观教育》,《中国高等教育》2015 年第 21 期。

李杉杉、刘雷:《中小学武术文化教育探索》,《山东体育科技》2013年第5期。

李素华:《对认同概念的理论述评》,《兰州学刊》2005年第4期。

李信厚、郑健:《文化视域下武术文化的认同与自觉》,《广州体育学院学报》2016年第5期。

李源、赵连文、梁勤超:《学校武术教育百年的演进逻辑与文化反思》,《北京体育大学学报》2016年第6期。

李忠、石文典:《当代民族认同研究述评》,《西北民族大学学报》(哲学社会科学版)2008年第3期。

李卓嘉、雷学会、王岗:《学校武术教育务实推进的路径选择》,《北京体育大学学报》2016年第9期。

梁德清:《高校学生应激水平及其与体育锻炼的关系》,《中国心理卫生杂志》1994年第1期。

林尚立:《现代国家认同建构的政治逻辑》,《中国社会科学》2013年第8期。

刘军、邱丕相:《我国武术文化教育现状及其教育功能的传承研究》,《沈阳体育学院学报》2009年第1期。

刘文武、杜杰、胡海旭:《学校武术教育——定位、现状、对策》,《武汉体育学院学报》2015年第9期。

吕韶钧、张维凯:《民间习武共同体的提出及其社会文化基础》,《北京体育大学学报》2013年第9期。

罗立平、方国清:《从"他者"到"自我":中国武术发展中不可或缺的主体意识》,《杭州师范大学学报》(自然科学版)2015年第1期。

麻国庆:《全球化:文化的生产与文化认同——族群、地方社会与跨国文化圈》,《北京大学学报》(哲学社会科学版)2000年第4期。

马明:《中国武术哲理分析》,《体育文化导刊》2008年第9期。

牛聪伟、陈晓旭:《武术礼仪的传播与认同》,《搏击·武术科学》2015年第8期。

牛雄鹰、宋朋、王亮:《来华留学生学习满意度的影响因素研究》,

《第二届职业发展与就业管理国际会议论文摘要集》，2015年。

庞金友：《族群身份与国家认同：多元文化主义与自由主义的当代论争》，《浙江社会科学》2007年第4期。

秦宣：《关于增强中华文化认同的几点思考》，《中国特色社会主义研究》2010年第6期。

卿臻：《民族文化认同理论及其本质探析》，《前沿》2010年第7期。

邱丕相、马文国：《武术文化研究和教育研究的当代意义》，《广州体育学院学报》2005年第2期。

石中英：《论国家文化安全》，《北京师范大学学报》（社会科学版）2004年第3期。

石中英：《学校教育与国家文化安全》，《教育理论与实践》2000年第11期。

史慧颖、张庆林、范丰慧：《西南地区少数民族大学生民族认同心理研究》，《民族教育研究》2007年第2期。

宋丽：《中国武术发展的困境与文化认同问题》，《南京体育学院学报》（社会科学版）2008年第5期。

孙成岩：《武术教育由技能传习向文化传承转变的思考》，《首都体育学院学报》2010年第3期。

孙九霞：《试论族群与族群认同》，《中山大学学报》（社会科学版）1998年第2期。

孙溯源：《集体认同与国际政治——一种文化视角》，《现代国际关系》2003年第1期。

唐晓燕：《大学生中华民族文化认同的缺失与提升》，《湖南社会科学》2010年第6期。

滕星、张俊豪：《试论民族学校的民族认同与国家认同》，《中南民族学院学报》（哲学社会科学版）1997年第4期。

汪全先：《韩国文化遗产保护经验对我国民族传统体育文化保护的启示》，《体育成人教育学刊》2012年第2期。

汪信砚：《全球化中的价值认同与价值观冲突》，《马克思主义哲学研究》2003年（辑刊）。

王爱平：《东南亚华裔学生的文化认同与汉语学习动机》，《华侨大学学报》（哲学社会科学版）2000年第9期。

王柏利：《文化认同视域下学校武术教育研究》，《四川体育科学》2010年第3期。

王纯、王伯利：《国家文化建设中武术文化认同研究》，《成都体育学院学报》2015年第4期。

王岗：《对学校武术教育的历史回眸与当代发展的思考》，《北京体育大学学报》2016年第6期。

王岗、郭海洲：《传统武术文化在武术现代化中的价值取向》，《广州体育学院学报》2006年第3期。

王岗、李世宏：《学校武术教育发展的现状、问题与思考》，《成都体育学院学报》2011年第5期。

王岗、邱丕相、李建威：《重构学校武术教育体系必须强化"文化意识"》，《体育学刊》2009年第12期。

王国志、闫民：《武术成为时尚文化的条件及其对青少年认同的影响》，《山西师大体育学院学报》2009年第1期。

王嘉毅、常宝宁、丁克贤：《新疆南疆维吾尔族青少年国家认同调查》，《新疆社会科学》2008年第7期。

王鉴、万明钢：《多元文化与民族认同》，《广西民族研究》2004年第2期。

王静、宋薇：《中国武术文化认同的跨文化传播策略研究》，《中国学校体育》2014年第8期。

王亮：《传统文化与现代健身需求对武术的发展及影响》，《当代体育科技》2016年第27期。

王沛、胡发稳：《民族文化认同：内涵与结构》，《上海师范大学学报》（哲学社会科学版）2011年第1期。

王振存：《青少年价值观教育的问题及对策》，《教育科学研究》2010年第2期。

吴松、王岗：《中国武术发展中不可回避的问题——文化之争》，《体育学刊》2007年第9期。

肖谋远、韦晓康：《少数民族传统体育文化传承与教育路径研究》，《西南民族大学学报》（人文社会科学版）2014年第7期。

辛治国：《武术门派宗法思想与武术的发展》，《体育成人教育学刊》2017年第1期。

徐则平：《试论民族文化认同的"软实力"价值》，《思想战线》2008年第3期。

鄢新萍：《以社会主义核心价值观引领大学生价值观教育的意义及路径选择》，《学校党建与思想教育》2013年第18期。

闫顺利、敦鹏：《中华民族文化认同的哲学反思》，《阴山学刊》2009年第1期。

杨雄、刘程：《关于学校、家庭、社会"三位一体"教育合作的思考》，《社会科学》2013年第1期。

杨业华、刘红霞：《思想政治教育环境问题研究综述》，《理论探讨》2004年第5期。

叶南客、肖伟华：《论中国传统文化对社会主义核心价值观教育现实困境的开解——基于王阳明"致良知"中德育方法论思想的考察》，《思想教育研究》2016年第4期。

叶献丹：《全球化时代中国武术文化认同及其策略反思》，《天津体育学院学报》2007年第1期。

叶献丹：《中国武术的"文化失语"与"文化认同"的思考——以体育全球化为背景》，《武汉体育学院学报》2007年第3期。

尹恒、王岗、王峰：《阴阳学说对中国武术的影响》，《体育成人教育学刊》2016年第1期。

余伟、郑钢：《跨文化心理学中的文化适应研究》，《心理科学进展》2005年第6期。

袁娥：《民族认同与国家认同研究述评》，《民族研究》2011年第5期。

詹小美、王仕民：《论民族文化认同的基础与条件》，《哲学研究》2011年第12期。

詹小美、王仕民：《文化认同视域下的政治认同》，《中国社会科学》

2013年第9期。

张峰、闫民:《学校武术教育的自觉与反思》,《西安体育学院学报》2008年第3期。

张淑华、李海莹、刘芳:《身份认同研究综述》,《心理研究》2012年第1期。

张曙光:《社会表征理论述评——一种旨在整合心理与社会的理论视角》,《国外社会科学》2008年第5期。

张艳红、佐斌:《民族认同的概念、测量及研究述评》,《心理科学》2012年第2期。

张莹瑞、佐斌:《社会认同理论及其发展》,《心理科学进展》2006年第3期。

赵光圣、戴国斌:《我国学校武术教育现实困境与改革路径选择——写在"全国学校体育武术项目联盟"成立之际》,《上海体育学院学报》2014年第1期。

赵海涛:《中国武术的哲学特质及其当代价值》,《体育成人教育学刊》2016年第2期。

赵汀阳:《认同与文化自身认同》,《哲学研究》2003年第7期。

钟明华、黄荟:《社会主义核心价值观内涵解析》,《山东社会科学》2009年第12期。

周爱保、侯玲:《双文化认同整合的概念、过程、测量及其影响》,《西南民族大学学报》(人文社科版)2016年第5期。

周大鸣:《论族群与族群关系》,《广西民族学院学报》(哲学社会科学版)2001年第2期。

周生旺、张翠梅、王海滨:《武术发展的困惑、突破与抉择》,《体育成人教育学刊》2017年第1期。

周晓虹:《认同理论:社会学与心理学的分析路径》,《社会科学》2008年第4期。

周云红:《当代中国武术发展的文化反思:迷失与救赎》,《北京体育大学学报》2010年第8期。

朱海龙:《文化与实践创新:大学生社会主义核心价值观建构的途径

分析》,《教育理论与实践》2012年第15期。

佐斌:《论儿童国家认同感的形成》,《教育研究与实验》2000年第2期。

### (三) 论文

方国清:《自我与他者:全球化背景下中国武术文化认同的研究》,硕士学位论文,苏州大学,2008年。

韩辉:《藏族大学生文化认同结构及与自我价值感的关系研究》,硕士学位论文,西北师范大学,2002年。

郝建春:《生活压力、负向情绪调整、学习满意度与学习绩效关系研究》,硕士学位论文,天津大学,2005年。

胡平清:《武术教育在学校体育中的功能研究》,博士学位论文,北京体育大学,2013年。

李征澜:《青少年社会主义核心价值观量表构念信效度及全国常模的制定》,硕士学位论文,西南大学,2010年。

刘娜:《大学生民族文化认同问题研究》,硕士学位论文,河北师范大学,2013年。

刘峥:《大学生认同与践行社会主义核心价值观研究》,博士学位论文,中南大学,2012年。

马文国:《文化全球化背景下的武术教育与学校武术》,博士学位论文,上海体育学院,2007年。

秦向荣:《中国11至20岁青少年的民族认同及其发展》,硕士学位论文,华中师范大学,2005年。

史慧颖:《中国西南民族地区少数民族民族认同心理与行为适应研究》,博士学位论文,西南大学,2007年。

陶宇坤:《留学生汉语学习动机及其与中国文化认同关系研究——以广西大学留学生为例》,硕士学位论文,广西大学,2014年。

王亚鹏:《藏族大学生的民族认同、文化适应与心理疏离感》,硕士学位论文,西北师范大学,2002年。

武玉天奉:《来华留学生文化认同与汉语学习动机的相关研究》,硕士学位论文,天津大学,2014年。

朱莉:《文化认同对留学生学习汉语动机的影响》,硕士学位论文,浙江大学,2012年。

朱小芳:《青少年对中国传统文化的社会表征及其与民族认同感的关系》,硕士学位论文,华中师范大学,2008年。

# 二 英文文献

Alessandria, K. P., Kopacz, M. A., Goodkin, G., Valerio, C., Lappi, H., "Italian American Ethnic Identity Persistence: A Qualitative Study", *Identity*, 2016, 16 (4).

Ashmore, R., Deaux, K., McLaughlin-Volpe, T., "An Organizing Framework for Collective Identity: Articulation and SignTLIcance of Mufti-dimensionality", *Psychological Bulletin*, 2004 (130).

Berry J. W., "Immigration, Acculturation, and Adaptation", *Applied Psychology: An International Review*, 1997, 46.

Breakwell, G. M., Lyons E., *Changing European Identities: Social Psychological Analyses of Social Change*, Oxford: Butterscotch Heinemann, 1996.

Brewer, M. B., Gaertner, S. L., "Toward Reduction of Prejudice: Inter-group Contact and Social Categorization", In M. B. Brewer, M. Hewstone (eds.), *Self and Social Identity*, Malden, M. A.: Blackwell, 2004.

Browne, M. W., Mels, G., *Ramona User's Guide*, Columbus Ohio: The Ohio State University, Department of Psychology, 1994.

Brown, S. D., Unger Hu, K. A., Mevi, A. A. (eds.), "The Multi-group Ethnic Identity Measure-revised: Measurement Invariance Across Racial and Ethnic Groups", *Journal of Counseling Psychology*, 2014, 61 (1).

Chakawa, A., Butler, R. C., Shapiro, S. K., "Examining the Psychometric Validity of the Multigroup Ethnic Identity Measure-revised (MEIM-R) in a Community Sample of African American and European American Adults", *Cultural Diversity and Ethnic Minority Psychology*, 2015, 21 (4).

Deci, E. L., Ryan, R. M., "The 'What' and 'Why' of Goal Pursuits: Human Needs and the Self-determination of Behavior", *Psychological Inquiry*, 2000 (11).

Deci E. L., Vallerand R. J., Pelletier L. G., Ryan R. M., "Motivation and Education: The Self Determination Perspective", *Educational Psychologist*, 1991, 26 (3&4).

Eichberg, H., Kosiewicz, J., "Body Culture, Play and Identity", *Physical Culture and Sport, Studies and Research*, 2016, 72 (1).

Essa, E. L., Rogers, P. R., *An Early Childhood Curriculum: From Developmental Model to Application*, Clifton Park, NY: Thomson Delmar Learning, 1992.

Feitosa, J., Lacerenza, C. N., Joseph, D. L., Salas, E., "Ethnic Identity: Factor Structure and Measurement Invariance Across Ethnic Groups", *Psychological Assessment*, 2016.

Ferrari, L., Ranieri, S., Barni, D., Rosnati, R., "Transracial Adoptees Bridging Heritage and National Cultures: Parental Socialisation, Ethnic Identity and Self-esteem", *International Journal of Psychology*, 2015, 50 (6).

Frederic Guay, Robert Vallerand and Celine Blanchard, "On the Assessment of Situational Intrinsic and Extrinsic Motivation: The Situational Motivation Scale (SIMS)", *Motivation and Emotion*, 2000, 24 (3).

Helms. J. L., "Some Better Practices for Measuring Racial and Ethnic Identity Constructs", *Journal of Counseling Psychology*, 2007 (54).

Johnson M., Fornell C., "A Framework for Comparing Customer Satisfaction Across Individuals and Product Categories", *Journal of Economic Psychology*, 1991, 12 (5).

Kroger, J., *Identity Development: Adolescence Through Adulthood*, California: Sage Publication, Inc. 2007.

Larocbe, M., Kim, C., Tomiuk, M., "A Test of Nonlinear Relationship between Linguistic Acculturation and Ethnic Identification", *Journal of Cross-Cultural Psychology*, 1998, 29.

Lee R. M., Yoo, H. C., "Structure and Measurement of Ethnic Identity for Asian American College Students", *Journal of Counseling Psychology*, 2004, 51 (2).

Maclure, M., "Arguing for Yourself as an Organizing Principle in Teachers' Jobs and Lives", *British Educational Research Journal*, 1993, 19 (4).

Marsh, H. W., Balla, J. R., "Goodness-of-fit Indices in Confirmatory Factor Analysis: The Effect of Sample Size and Model Complexity", *Quality & Quantity*, 1994, 28.

Martinez, L. V., Ting-Toomey, S., Dorjee, T., "Identity Management and Relational Culture in Interfaith Marital Communication in a United States Context: A Qualitative Study", *Journal of Intercultural Communication Research*, 2016, 45 (6).

Neville, H. A., Oyama, K. E., Odunewu, L. O., Huggins, J. G., "Dimensions of Belonging as an Aspect of Racial-ethnic-cultural Identity: An Exploration of Indigenous Australians", *Journal of Counseling Psychology*, 2014, 61 (3).

Phinney J. S., "Ethnic Identity in Adolescents and Adults: Review of Research", *Psychological Bulletin*, 1990, 108 (108).

Phinney, J. S., Ong, A. D., "Conceptualization and Measurement of Ethnic Identity: Current Status and Future Directions", *Journal of Counseling Psychology*, 2007, 54 (3).

Phinney, J. S., "The Adolescents and Young Adults Multigroup Ethnic Identity Measure: A New from Diverse Group", *Journal of Adolescent Scale for Use with Research*, 1992 (7).

Phinney, J. S., "The Multigroup Ethnic Identity Measure: A New Scale for Use with Diverse Group", *Journal of Adolescent Research*, 1992, 7.

Ran R. M., Deci E. L., "Self-Determination Theory and the Facilitation of Intrinsic Motivation, Social Development and Well-Being", *American Psychologist*, 2000, 55 (1).

Roff S., McAleer S., Harden R. M., et al., "Development and Validation of the Dundee Ready Education Environment Measure (DREEM)", *Med Teach*, 1997, 19 (4).

Ryan R. M., Frederick C. M., Lepers D., Rubio N., Sheldon K. M., "Intrinsic Motivation and Exercise Adherence", *International Journal of Sport Psychology*, 1997 (28).

Schwartz S. J., Luyckx K., Vignoles V. L., *Handbook of Identity Theory and Research*, Springer, 2011.

Smith, E. P., Walker, K., Fields, L., Brookins, C. C., Seay, R. C., "Ethnic Identity and its Relationship to Self-esteem, Perceived Efficacy and Prosocial Attitude in Early Adolescence", *Journal of adolescence*, 1999, 22.

Steiger, J. H., "Structure Model Evaluation and Complication: An Interval Estimation Approach", *Multivariate Behavioral Research*, 1990 (25).

Tajfel, H. and Turner, J. C., "An Integrative Theory of Inter Group Conflict", in W. G. Austin and S. Worchel (eds.), *The Social Psychology of Inter Group Relations*, Monterey, Calif: Brooks-Cole, 2001.

Turner, J. C. "Social Categorization and Social Discrimination in the Minimal Group Paradigm", in H. Tajfel (ed.), *Differentiation between Social Groups*, London: Academic Press, 1978.

Turner J. C., Tafel H., "The Social Identity Theory of Inter Group Behavior", In Worchel S., Austin W. (eds.), *Psychology of Inter Group Relations*, Chicago: Nelson Hall, 1986.

Yap, S. C. Y., Donnellan, M. B., Schwartz, S. J. (eds.), "Investigating the Structure and Measurement Invariance of the Multigroup Ethnic Identity Measure in a Multiethnic Sample of College Students", *Journal of Counseling Psychology*, 2014, 61 (3).

Zavalloni, M., "Cognitive Processes and Social Identity Through Focused Introspection", *European Journal of Social Psychology*, 1972 (2).

# 附　　　录

## 附录1　武术文化陈述问卷

**指导语**：请根据您你自身对武术的理解，完成下面问题，请用10个句子描述相应问题。答案无所谓对错，请依据您的第一印象进行快速回答。

谢谢您的合作！

### 一　什么是武术文化？

1.
2.
3.
4.
5.
6.
7.
8.
9.
10.

### 二　武术文化的价值与作用？

1.
2.

3.

4.

5.

6.

7.

8.

9.

10.

三　你对武术运动、武术文化有何情感？

1.

2.

3.

4.

5.

6.

7.

8.

9.

10.

四　武术运动、武术文化能给你带来哪些积极的感受？

1.

2.

3.

4.

5.

6.

7.

8.

9.

10.

五　在日常武术学习、锻炼中，积极的行为表现在哪些方面？

1.

2.

3.

4.

5.

6.

7.

8.

9.

10.

六　"习武之人"具有哪些行为特点？

1.

2.

3.

4.

5.

6.

7.

8.

9.

10.

七　"习武之人"的身份特征是什么？

1.

2.

3.
4.
5.
6.
7.
8.
9.
10.

八 如果你是一名"习武之人",你对这种身份有何看法?
1.
2.
3.
4.
5.
6.
7.
8.
9.
10.

# 附录2 《中学生武术文化认同量表》专家评价问卷

尊敬的专家:

您好!本研究以文化认同理论、心理测量理论为基础,以中学生武术文化认同为切入点,通过文献资料法和调查访谈法,总结归纳了中学生武术文化认同的相关维度(一级指标)及测量条目(二级指标),拟编制《中学生武术文化认同量表》。该量表的4个维度分别为武术文化认知评价、武术文化情感体验、武术文化行为表现和武术文化身份认同，且每个维度对应不同的测量条目。请您根据自身经验对该量表的维度名称、含义及测量条目内容进行评价。

请在"○"打"√"。如需修改，请在随后空白处给出您宝贵的修改建议。

非常感谢您宝贵的时间与耐心！

表1　　　　　　　"武术文化认知评价"维度的相关内容

| 维度名称及含义 | 条目内容 | 评价结果 | 修改意见 |
| --- | --- | --- | --- |
| 维度名称：武术文化认知评价<br>维度含义：个体对武术文化带有评价意义的叙述，包括对武术文化认识、理解、相信、怀疑以及赞成或反对等 | 武术套路是对真实打斗的抽象演练 | ○适合，○不适合 | |
| | 武术提倡"未曾学艺、先学礼，未曾学武、先学德" | ○适合，○不适合 | |
| | 武术文化蕴含着"和谐共生"的价值理念 | ○适合，○不适合 | |
| | "止、戈"是武术的最高境界 | ○适合，○不适合 | |
| | 练武之人通常以理服人 | ○适合，○不适合 | |
| | 习武之人具有独特的思维模式 | ○适合，○不适合 | |
| | 我认为习武之人勇敢仗义 | ○适合，○不适合 | |
| | 武术蕴含着丰富的哲学思想 | ○适合，○不适合 | |
| | 我认为武术是一门"进攻与防守之间的艺术" | ○适合，○不适合 | |
| | 武术的运动形式主要有套路、散打和功法练习 | ○适合，○不适合 | |
| | "精、气、神"是武术的外在表现 | ○适合，○不适合 | |
| | "抱拳礼"是武德的体现 | ○适合，○不适合 | |
| | 武术提倡"重礼崇德" | ○适合，○不适合 | |
| | 武术提倡"自强不息" | ○适合，○不适合 | |
| | 武术注重身心合一、内外兼修 | ○适合，○不适合 | |
| | "武德"是武术文化的重要体现 | ○适合，○不适合 | |
| | 武术教会我"为人处事" | ○适合，○不适合 | |
| | 武术有很强的观赏性 | ○适合，○不适合 | |
| | 武术服饰具有鲜明的文化特征 | ○适合，○不适合 | |

续表

| 维度名称及含义 | 条目内容 | 评价结果 | 修改意见 |
|---|---|---|---|
| 维度名称：武术文化认知评价<br>维度含义：个体对武术文化带有评价意义的叙述，包括对武术文化认识、理解、相信、怀疑以及赞成或反对等 | 武术可以促进个人全面发展 | ○适合，○不适合 | |
| | 武术运动有益于身心健康 | ○适合，○不适合 | |
| | 以武会友，可以促进交流、增进友谊 | ○适合，○不适合 | |
| | 武术文化蕴含的道德思想对我影响很大 | ○适合，○不适合 | |
| | 武术蕴含丰富的教育价值 | ○适合，○不适合 | |
| | 武术可以磨炼个人意志 | ○适合，○不适合 | |
| | 武术可以强身健体 | ○适合，○不适合 | |
| | 武术具有很强的观赏性 | ○适合，○不适合 | |
| | 武术具有悠久的历史 | ○适合，○不适合 | |
| | 中华武术文化博大精深，源远流长 | ○适合，○不适合 | |
| | 武术是弘扬中华传统文化的重要途径、手段 | ○适合，○不适合 | |
| | 在学校、社会中应大力推广武术运动 | ○适合，○不适合 | |
| | ★我对武术文化一无所知 | ○适合，○不适合 | |
| | ★练习武术就是为了打败别人 | ○适合，○不适合 | |

该维度名称、含义及其条目内容还需要在哪些方面进行修改？

注：★表示反向评价条目，通过反向计分对其进行评价。

表2  "武术文化情感体验"维度的相关内容

| 维度名称及含义 | 条目内容 | 评价结果 | 修改意见 |
|---|---|---|---|
| 维度名称：武术文化情感体验<br>维度含义：个体在参与武术运动或联想到武术文化时体验到的积极情感与情绪 | 我对武术的历史人物、故事很着迷 | ○适合，○不适合 | |
| | 我喜欢不同的武术器械 | ○适合，○不适合 | |
| | 我喜欢一切关于武术的事物 | ○适合，○不适合 | |
| | 我喜欢灿烂的武术文化 | ○适合，○不适合 | |
| | 我喜欢武术题材的电影、电视 | ○适合，○不适合 | |
| | 我对自己坚持武术运动很满意 | ○适合，○不适合 | |

续表

| 维度名称及含义 | 条目内容 | 评价结果 | 修改意见 |
|---|---|---|---|
| 维度名称：武术文化情感体验<br>维度含义：个体在参与武术运动或联想到武术文化时体验到的积极情感与情绪 | 对我来讲，武术不仅仅是一种身体练习，它意味很多 | ○适合，○不适合 | |
| | 如果被迫放弃武术运动，将是我最大的损失 | ○适合，○不适合 | |
| | 武术已经成为我生活中的一部分 | ○适合，○不适合 | |
| | 武术运动令人兴奋 | ○适合，○不适合 | |
| | 武术运动对我很有吸引力 | ○适合，○不适合 | |
| | 武术运动令我感到愉快 | ○适合，○不适合 | |
| | 武术运动激发了我的运动欲望 | ○适合，○不适合 | |
| | 武术运动给我带来许多快乐 | ○适合，○不适合 | |
| | 我对武术技击与技巧动作有着浓厚的兴趣 | ○适合，○不适合 | |
| | 当想到武术动作中的一些招式时，我就感觉特别有意思 | ○适合，○不适合 | |
| | ★我不喜欢武术运动 | ○适合，○不适合 | |
| | ★我对武术运动毫无兴趣 | ○适合，○不适合 | |

该维度名称、含义及其条目内容还需要在哪些方面进行修改？

注：★表示反向评价条目，通过反向计分对其进行评价。

表3　　　　　"武术文化行为表现"维度的相关内容

| 维度名称及含义 | 条目内容 | 评价结果 | 修改意见 |
|---|---|---|---|
| 维度名称：武术文化行为表现<br>维度含义：个体在日常学习生活中呈现出与武术运动相关的行为特点或行为意向 | 我掌握很多关于武术的知识 | ○适合，○不适合 | |
| | 我能做出很多套路动作 | ○适合，○不适合 | |
| | 我经常用武术文化思想丰富我的头脑 | ○适合，○不适合 | |
| | 我尊重老师的重要决定 | ○适合，○不适合 | |
| | 我时常会向其他人传授一些武术知识、技能等 | ○适合，○不适合 | |

续表

| 维度名称及含义 | 条目内容 | 评价结果 | 修改意见 |
|---|---|---|---|
| 维度名称：武术文化行为表现<br>维度含义：个体在日常学习生活中呈现出与武术运动相关的行为特点或行为意向 | 为了提高对武术的认识，我常常去学习一些额外的武术知识、技能等 | ○适合，○不适合 | |
| | 我经常阅读、观看武术题材的书籍、影视剧等 | ○适合，○不适合 | |
| | 我经常参加与武术有关的活动 | ○适合，○不适合 | |
| | 闲来无事时，我会做一些武术动作 | ○适合，○不适合 | |
| | 我愿意琢磨一些武术动作 | ○适合，○不适合 | |
| | 我时常向同学传授武术知识 | ○适合，○不适合 | |
| | 我时常向父母亲属传授武术知识 | ○适合，○不适合 | |
| | 我有时组织一些与武术有关的活动 | ○适合，○不适合 | |
| | 我经常会用武术价值标准去思考、判断问题 | ○适合，○不适合 | |
| | 日常生活中我经常用"武德"标准，规范自身行为 | ○适合，○不适合 | |
| | 不论有多困难，我都会坚持武术运动 | ○适合，○不适合 | |
| | 我会传承、发扬武术文化 | ○适合，○不适合 | |
| | 我会说服其他人参加武术运动 | ○适合，○不适合 | |
| | 答应别人的事情，我会尽力去做 | ○适合，○不适合 | |
| | 日常生活中不到万不得已的情况，我不会与他人争执 | ○适合，○不适合 | |
| | 如果遇到不合理的事情，我都愿意去管管 | ○适合，○不适合 | |
| | ★即使有时间，我也不愿意参加与武术有关的活动 | ○适合，○不适合 | |

该维度名称、含义及其条目内容还需要在哪些方面进行修改？

注：★表示反向评价条目，通过反向计分对其进行评价。

附　录

表4　　　　　　　　"武术文化身份认同"维度的相关内容

| 维度名称及含义 | 条目内容 | 评价结果 | 修改意见 |
|---|---|---|---|
| 维度名称：武术文化身份认同<br>维度含义：个体对自身"武术人""习武之人"等文化身份积极的认知评价、情感体验、行为表现 | 我认为自己是一名习武之人 | ○适合，○不适合 | |
| | 具备武术知识与技能是我自身一个最大的特点 | ○适合，○不适合 | |
| | 在他人眼中，我是一名习武之人 | ○适合，○不适合 | |
| | 在别人谈论有关习武人的话题时，我感觉与自己有关 | ○适合，○不适合 | |
| | 我为自己是一名习武之人而自豪 | ○适合，○不适合 | |
| | 我在乎别人是如何看习武之人的 | ○适合，○不适合 | |
| | 能成为一名习武之人是我的荣幸 | ○适合，○不适合 | |
| | 我关心别人如何看待习武之人 | ○适合，○不适合 | |
| | 作为一名武术学习者，我感到十分骄傲 | ○适合，○不适合 | |
| | 当看到或听到赞扬习武之人时，我感到很欣慰 | ○适合，○不适合 | |
| | 能成为武术大家庭中的一员，我感到无比幸福 | ○适合，○不适合 | |
| | 当有人无端指责习武之人时，我感觉受到了侮辱 | ○适合，○不适合 | |
| | 作为一名习武之人，我时常受人尊敬 | ○适合，○不适合 | |
| | 在做自我介绍的时候，我乐意提到我是一名习武之人 | ○适合，○不适合 | |
| | 向他人介绍自己时，我经常提及自身的武术背景 | ○适合，○不适合 | |
| | 我努力成为一名合格的"武术人" | ○适合，○不适合 | |
| | 我希望通过习武得到他人的尊重 | ○适合，○不适合 | |
| | ★如果有来世，我不想成为一名习武之人 | ○适合，○不适合 | |

该维度名称、含义及其条目内容还需要在哪些方面进行修改？

注：★表示反向评价条目，通过反向计分对其进行评价。

# 附录3 《武术文化认同初始量表》

尊敬的同学们：

你们好！本问卷想了解您对武术文化、武术运动的认识、理解等情况。首先，请填写基本信息；然后，请根据您自身实际情况，在相应的答题选项上划"√"。您的答案对我们很重要，答案无所谓对错，请您如实作答。非常感谢您的支持与合作！

性别：_____　　年级：_____

|  | 非常不同意 | 不同意 | 不确定 | 同意 | 非常同意 |
| --- | --- | --- | --- | --- | --- |
| 1. 武术套路是对真实打斗的抽象演练 | 1 | 2 | 3 | 4 | 5 |
| 2. 武术提倡"未曾学艺、先学礼，未曾学武、先学德" | 1 | 2 | 3 | 4 | 5 |
| 3. 武术文化蕴含着"和谐共生"的价值理念 | 1 | 2 | 3 | 4 | 5 |
| 4. 我对武术的历史人物、故事很着迷 | 1 | 2 | 3 | 4 | 5 |
| 5. 我喜欢不同的武术器械 | 1 | 2 | 3 | 4 | 5 |
| 6. 我喜欢一切关于武术的事物 | 1 | 2 | 3 | 4 | 5 |
| 7. 我掌握很多关于武术的知识 | 1 | 2 | 3 | 4 | 5 |
| 8. 我能做出很多套路动作 | 1 | 2 | 3 | 4 | 5 |
| 9. 我经常用武术文化思想丰富我的头脑 | 1 | 2 | 3 | 4 | 5 |
| 10. "止、戈"是武术的最高境界 | 1 | 2 | 3 | 4 | 5 |
| 11. 练武之人通常以理服人 | 1 | 2 | 3 | 4 | 5 |
| 12. 习武之人具有独特的思维模式 | 1 | 2 | 3 | 4 | 5 |
| 13. 我喜欢灿烂的武术文化 | 1 | 2 | 3 | 4 | 5 |
| 14. 我喜欢武术题材的电影、电视 | 1 | 2 | 3 | 4 | 5 |
| 15. 我对自己坚持武术运动很满意 | 1 | 2 | 3 | 4 | 5 |
| 16. 我时常会向其他人传授一些武术知识、技能等 | 1 | 2 | 3 | 4 | 5 |

续表

|  | 非常不同意 | 不同意 | 不确定 | 同意 | 非常同意 |
|---|---|---|---|---|---|
| 17. 我认为习武之人勇敢仗义 | 1 | 2 | 3 | 4 | 5 |
| 18. 武术蕴含着丰富的哲学思想 | 1 | 2 | 3 | 4 | 5 |
| 19. 我认为武术是一门"进攻与防守之间的艺术" | 1 | 2 | 3 | 4 | 5 |
| 20. 我不喜欢武术运动 | 1 | 2 | 3 | 4 | 5 |
| 21. 对我来讲，武术不仅仅是一种身体练习，它意味很多 | 1 | 2 | 3 | 4 | 5 |
| 22. 为了提高对武术的认识，我常常去学习一些额外的武术知识、技能等 | 1 | 2 | 3 | 4 | 5 |
| 23. 我经常阅读、观看武术题材的书籍、影视剧等 | 1 | 2 | 3 | 4 | 5 |
| 24. 我经常参加与武术有关的活动 | 1 | 2 | 3 | 4 | 5 |
| 25. 我认为自己是一名习武之人 | 1 | 2 | 3 | 4 | 5 |
| 26. 具备武术知识与技能是我自身一个最大的特点 | 1 | 2 | 3 | 4 | 5 |
| 27. 在他人眼中，我是一名习武之人 | 1 | 2 | 3 | 4 | 5 |
| 28 武术的运动形式主要有套路、散打和功法练习 | 1 | 2 | 3 | 4 | 5 |
| 29. "精、气、神"是武术的外在表现 | 1 | 2 | 3 | 4 | 5 |
| 30. "抱拳礼"是武德的体现 | 1 | 2 | 3 | 4 | 5 |
| 31. 武术提倡"重礼崇德" | 1 | 2 | 3 | 4 | 5 |
| 32. 闲来无事时，我会做一些武术动作 | 1 | 2 | 3 | 4 | 5 |
| 33. 我愿意琢磨一些武术动作 | 1 | 2 | 3 | 4 | 5 |
| 34. 在别人谈论有关习武人的话题时，我感觉与自己有关 | 1 | 2 | 3 | 4 | 5 |
| 35. 在别人谈论有关习武人的话题时，我感觉与自己有关 | 1 | 2 | 3 | 4 | 5 |
| 36. 我为自己是一名习武之人而自豪 | 1 | 2 | 3 | 4 | 5 |

续表

| | 非常不同意 | 不同意 | 不确定 | 同意 | 非常同意 |
|---|---|---|---|---|---|
| 37. 武术提倡"自强不息" | 1 | 2 | 3 | 4 | 5 |
| 38. 武术注重身心合一、内外兼修 | 1 | 2 | 3 | 4 | 5 |
| 39. "武德"是武术文化重要体现 | 1 | 2 | 3 | 4 | 5 |
| 40. 练习武术就是为了打败别人 | 1 | 2 | 3 | 4 | 5 |
| 41. 武术运动令人兴奋 | 1 | 2 | 3 | 4 | 5 |
| 42. 武术运动对我很有吸引力 | 1 | 2 | 3 | 4 | 5 |
| 43. 我经常会用武术价值标准去思考、判断问题 | 1 | 2 | 3 | 4 | 5 |
| 44. 日常生活中我经常用"武德"标准，规范自身行为 | 1 | 2 | 3 | 4 | 5 |
| 45. 我在乎别人是如何看习武之人的 | 1 | 2 | 3 | 4 | 5 |
| 46. 武术教会我"为人处事" | 1 | 2 | 3 | 4 | 5 |
| 47. 武术有很强的观赏性 | 1 | 2 | 3 | 4 | 5 |
| 48. 武术服饰具有鲜明的文化特征 | 1 | 2 | 3 | 4 | 5 |
| 49. 武术可以促进个人全面发展 | 1 | 2 | 3 | 4 | 5 |
| 50. 武术运动令我感到愉快 | 1 | 2 | 3 | 4 | 5 |
| 51. 武术运动激发了我的运动欲望 | 1 | 2 | 3 | 4 | 5 |
| 52. 不论有多困难，我都会坚持武术运动 | 1 | 2 | 3 | 4 | 5 |
| 53. 我会传承、发扬武术文化 | 1 | 2 | 3 | 4 | 5 |
| 54. 我会说服其他人参加武术运动 | 1 | 2 | 3 | 4 | 5 |
| 55. 即使有时间，我也不愿意参加与武术有关的活动 | 1 | 2 | 3 | 4 | 5 |
| 56. 我关心别人如何看待习武之人 | 1 | 2 | 3 | 4 | 5 |
| 57. 作为一名武术学习者，我感到十分骄傲 | 1 | 2 | 3 | 4 | 5 |
| 58. 武术运动有益于身心健康 | 1 | 2 | 3 | 4 | 5 |
| 59. 以武会友，可以促进交流、增进友谊 | 1 | 2 | 3 | 4 | 5 |

续表

| | 非常不同意 | 不同意 | 不确定 | 同意 | 非常同意 |
|---|---|---|---|---|---|
| 60. 武术文化蕴含的道德思想对我影响很大 | 1 | 2 | 3 | 4 | 5 |
| 61. 武术蕴含丰富的教育价值 | 1 | 2 | 3 | 4 | 5 |
| 62. 武术运动给我带来许多快乐 | | | | | |
| 63. 我对武术技击与技巧动作有着浓厚的兴趣 | 1 | 2 | 3 | 4 | 5 |
| 64. 答应别人的事情，我会尽力去做 | 1 | 2 | 3 | 4 | 5 |
| 65. 日常生活中不到万不得已的情况，我不会与他人争执 | 1 | 2 | 3 | 4 | 5 |
| 66. 如果遇到不合理的事情，我都愿意去管管 | 1 | 2 | 3 | 4 | 5 |
| 67. 武术可以磨炼个人意志 | 1 | 2 | 3 | 4 | 5 |
| 68. 武术具有悠久的历史 | 1 | 2 | 3 | 4 | 5 |
| 69. 当想到武术动作中的一些招式时，我就感觉特别有意思 | 1 | 2 | 3 | 4 | 5 |
| 70. 我对武术运动毫无兴趣 | 1 | 2 | 3 | 4 | 5 |
| 71. 当看到或听到赞扬习武之人时，我感到很欣慰 | 1 | 2 | 3 | 4 | 5 |
| 72. 能成为武术大家庭中的一员，我感到无比幸福 | 1 | 2 | 3 | 4 | 5 |
| 73. 中华武术文化博大精深，源远流长 | 1 | 2 | 3 | 4 | 5 |
| 74. 武术是弘扬中华传统文化的重要途径、手段 | 1 | 2 | 3 | 4 | 5 |
| 75. 在学校、社会中应大力推广武术运动 | 1 | 2 | 3 | 4 | 5 |
| 76. 我对武术文化一无所知 | 1 | 2 | 3 | 4 | 5 |
| 77. 在做自我介绍的时候，我乐意提到我是一名习武之人 | 1 | 2 | 3 | 4 | 5 |

续表

|  | 非常不同意 | 不同意 | 不确定 | 同意 | 非常同意 |
|---|---|---|---|---|---|
| 78. 向他人介绍自己时，我经常提及自身的武术背景 | 1 | 2 | 3 | 4 | 5 |
| 79. 我努力成为一名合格的"武术人" | 1 | 2 | 3 | 4 | 5 |
| 80. 我希望通过习武得到他人的尊重 | 1 | 2 | 3 | 4 | 5 |

# 附录4 《中学生武术文化认同量表》

尊敬的同学们：

你们好！本问卷想了解您对武术文化、武术运动的认识、理解等情况。首先，请填写基本信息；然后，请根据您自身实际情况，在相应的答题选项上划"√"。您的答案对我们很重要，答案无所谓对错，请您如实作答。非常感谢您的支持与合作！

性别：_____    年级：_____

|  | 非常不同意 | 不同意 | 不确定 | 同意 | 非常同意 |
|---|---|---|---|---|---|
| 1. 武术提倡"未曾学艺、先学礼，未曾学武、先学德" | 1 | 2 | 3 | 4 | 5 |
| 2. 武术文化蕴含着"和谐共生"的价值理念 | 1 | 2 | 3 | 4 | 5 |
| 3. 我对武术的历史人物、故事很着迷 | 1 | 2 | 3 | 4 | 5 |
| 4. 我喜欢不同的武术器械 | 1 | 2 | 3 | 4 | 5 |
| 5. 我掌握很多关于武术的知识 | 1 | 2 | 3 | 4 | 5 |
| 6. 我能做出很多套路动作 | 1 | 2 | 3 | 4 | 5 |
| 7. 我经常用武术文化思想丰富我的头脑 | 1 | 2 | 3 | 4 | 5 |
| 8. "止、戈"是武术的最高境界 | 1 | 2 | 3 | 4 | 5 |
| 9. 练武之人通常以理服人 | 1 | 2 | 3 | 4 | 5 |

续表

| | 非常不同意 | 不同意 | 不确定 | 同意 | 非常同意 |
|---|---|---|---|---|---|
| 10. 习武之人具有独特的思维模式 | 1 | 2 | 3 | 4 | 5 |
| 11. 我喜欢灿烂的武术文化 | 1 | 2 | 3 | 4 | 5 |
| 12. 武术蕴含着丰富的哲学思想 | 1 | 2 | 3 | 4 | 5 |
| 13. 我喜欢武术题材的电影、电视 | 1 | 2 | 3 | 4 | 5 |
| 14. 我经常阅读、观看武术题材的书籍、影视剧等 | 1 | 2 | 3 | 4 | 5 |
| 15. 我经常参加与武术有关的活动 | 1 | 2 | 3 | 4 | 5 |
| 16. 在他人眼中,我是一名习武之人 | 1 | 2 | 3 | 4 | 5 |
| 17. 在别人谈论有关习武人的话题时,我感觉与自己有关 | 1 | 2 | 3 | 4 | 5 |
| 18. "武德"是武术文化重要体现 | 1 | 2 | 3 | 4 | 5 |
| 19. 我为自己是一名习武之人而自豪 | 1 | 2 | 3 | 4 | 5 |
| 20. 武术运动令人兴奋 | 1 | 2 | 3 | 4 | 5 |
| 21. 武术运动对我很有吸引力 | 1 | 2 | 3 | 4 | 5 |
| 22. 日常生活中我经常用"武德"标准,规范自身行为 | 1 | 2 | 3 | 4 | 5 |
| 23. 我在乎别人是如何看习武之人的 | 1 | 2 | 3 | 4 | 5 |
| 24. 武术教会我"为人处事" | 1 | 2 | 3 | 4 | 5 |
| 25. 武术服饰具有鲜明的文化特征 | 1 | 2 | 3 | 4 | 5 |
| 26. 武术可以促进个人全面发展 | 1 | 2 | 3 | 4 | 5 |
| 27. 武术运动令我感到愉快 | 1 | 2 | 3 | 4 | 5 |
| 28. 武术运动激发了我的运动欲望 | 1 | 2 | 3 | 4 | 5 |
| 29. 不论有多困难,我都会坚持武术运动 | 1 | 2 | 3 | 4 | 5 |
| 30. 我会传承、发扬武术文化 | 1 | 2 | 3 | 4 | 5 |
| 31. 武术运动有益于身心健康 | 1 | 2 | 3 | 4 | 5 |
| 32. 以武会友,可以促进交流、增进友谊 | 1 | 2 | 3 | 4 | 5 |
| 33. 武术运动给我带来许多快乐 | 1 | 2 | 3 | 4 | 5 |

续表

|  | 非常不同意 | 不同意 | 不确定 | 同意 | 非常同意 |
|---|---|---|---|---|---|
| 34. 能成为武术大家庭中的一员，我感到无比幸福 | 1 | 2 | 3 | 4 | 5 |
| 35. 武术是弘扬中华传统文化的重要途径、手段 | 1 | 2 | 3 | 4 | 5 |
| 36. 在做自我介绍的时候，我乐意提到我是一名习武之人 | 1 | 2 | 3 | 4 | 5 |
| 37. 向他人介绍自己时，我经常提及自身的武术背景 | 1 | 2 | 3 | 4 | 5 |
| 38. 我希望通过习武得到他人的尊重 | 1 | 2 | 3 | 4 | 5 |

# 附录5 《武术活动等级问卷》

尊敬的同学们：

你们好！本问卷想了解您日常武术锻炼、武术学习活动情况。请根据您自身实际情况，在相应的答题选项上划"√"。您的答案对我们很重要，答案无所谓对错，请您如实作答。非常感谢您的支持与合作！

| 您进行武术锻炼或学习的强度怎样？ | ①很多时候，我都不会完成规定或整套动作。对我来讲，在户外转转，和同学聊聊天才是最重要的。<br>②我会跟随大家做完规定或整套动作，动作结束，呼吸略有提升<br>③我总是认真、投入地完成规定或整套动作，动作结束后，呼吸有点急促 |
|---|---|
| 您进行上述武术锻炼或学习时，一次多少分钟？ | ①10分钟以下；②11至20分钟；③21至30分钟；④31至59分钟；⑤60分钟以上 |
| 您每周进行几次武术锻炼或武术学习活动？ | ①每周1至2次；②每周3至5次；③几乎每天1次 |

# 附录6 《武术教育环境量表》

尊敬的同学们:

你们好!本问卷想了解您周围的武术教育环境、武术教育氛围。请根据您自身实际情况,在相应的答题选项上划"√"。您的答案对我们很重要,答案无所谓对错,请您如实作答。非常感谢您的支持与合作!

|  | 非常不同意 | 不同意 | 不确定 | 同意 | 非常同意 |
| --- | --- | --- | --- | --- | --- |
| 1. 家人经常关心我的武术学习 | 1 | 2 | 3 | 4 | 5 |
| 2. 家人会尽可能满足我在武术学习上的要求 | 1 | 2 | 3 | 4 | 5 |
| 3. 我们学校经常组织一些有关武术的活动 | 1 | 2 | 3 | 4 | 5 |
| 4. 我们学校领导、老师很重视武术运动 | 1 | 2 | 3 | 4 | 5 |
| 5. 我们这的政府部门十分重视武术运动 | 1 | 2 | 3 | 4 | 5 |
| 6. 我们这个地区有浓厚的武术氛围 | 1 | 2 | 3 | 4 | 5 |
| 7. 在武术教学中,老师会讲解相关动作的文化含义与意义 | 1 | 2 | 3 | 4 | 5 |
| 8. 在武术教学中,老师会讲解一些与武术相关的历史人物、事件等 | 1 | 2 | 3 | 4 | 5 |
| 9. 家人对我的武术学习通常采取鼓励的态度 | 1 | 2 | 3 | 4 | 5 |
| 10. 父母对我的武术学习起到榜样作用 | 1 | 2 | 3 | 4 | 5 |
| 11. 我们学校有浓厚的武术氛围 | 1 | 2 | 3 | 4 | 5 |
| 12. 学校老师支持我们参加武术运动 | 1 | 2 | 3 | 4 | 5 |
| 13. 我们这经常组织一些武术活动 | 1 | 2 | 3 | 4 | 5 |

续表

| | 非常不同意 | 不同意 | 不确定 | 同意 | 非常同意 |
|---|---|---|---|---|---|
| 14. 我周围的人都喜欢武术运动 | 1 | 2 | 3 | 4 | 5 |
| 15. 在武术教学中，我能感到一定的文化氛围 | 1 | 2 | 3 | 4 | 5 |
| 16. 我们家里有良好的武术氛围 | 1 | 2 | 3 | 4 | 5 |
| 17. 我认为家庭环境对我的武术学习影响很大 | 1 | 2 | 3 | 4 | 5 |
| 18. 学校中很多同学参与武术运动 | 1 | 2 | 3 | 4 | 5 |
| 19. 我认为学校环境对我的武术学习影响很大 | 1 | 2 | 3 | 4 | 5 |
| 20. 我们这的政府部门非常支持武术运动 | 1 | 2 | 3 | 4 | 5 |
| 21. 我认为社会环境对我的武术学习影响很大 | 1 | 2 | 3 | 4 | 5 |
| 22. 除了传授武术动作，老师还讲授一些与武术运动有关的文化知识 | 1 | 2 | 3 | 4 | 5 |
| 23. 武术教学的课堂布置，蕴含着一定的文化气息 | 1 | 2 | 3 | 4 | 5 |

## 附录7 《武术运动情境动机量表》

尊敬的同学们：

你们好！本问卷想了解您参与武术运动、学习、锻炼的真实想法。请根据您自身实际情况，在相应的答题选项上划"√"。您的答案对我们很重要，答案无所谓对错，请您如实作答。非常感谢您的支持与合作！

参加武术学习或锻炼是因为：

| | 非常不同意 | 不同意 | 不确定 | 同意 | 非常同意 |
|---|---|---|---|---|---|
| 1. 因为我觉得参加武术学习或锻炼有趣 | 1 | 2 | 3 | 4 | 5 |
| 2. 因为它能为我带来好处 | 1 | 2 | 3 | 4 | 5 |
| 3. 因为我乐意去做 | 1 | 2 | 3 | 4 | 5 |
| 4. 参加武术学习或锻炼并不需要很好的理由 | 1 | 2 | 3 | 4 | 5 |
| 5. 因为我认为武术学习或锻炼是令人愉快的 | 1 | 2 | 3 | 4 | 5 |
| 6. 因为武术学习或锻炼对我有益 | 1 | 2 | 3 | 4 | 5 |
| 7. 因为某些原因我不得不参加武术学习或锻炼 | 1 | 2 | 3 | 4 | 5 |
| 8. 虽然我参加武术学习或锻炼，但是不确信是否值得去做 | 1 | 2 | 3 | 4 | 5 |
| 9. 因为我认为武术学习或锻炼能为我带来快乐 | 1 | 2 | 3 | 4 | 5 |
| 10. 参与武术学习或锻炼是出于自己的决定 | 1 | 2 | 3 | 4 | 5 |
| 11. 因为我没有别的选择 | 1 | 2 | 3 | 4 | 5 |
| 12. 我不知道，不清楚武术学习或锻炼能给我带来什么 | 1 | 2 | 3 | 4 | 5 |
| 13. 因为在参加武术学习或锻炼时我感觉很好 | 1 | 2 | 3 | 4 | 5 |
| 14. 因为我相信武术学习或锻炼对我重要 | 1 | 2 | 3 | 4 | 5 |
| 15. 因为我觉得我不得不去做 | 1 | 2 | 3 | 4 | 5 |
| 16. 我参加武术学习或锻炼，但是我不能确定参与它是件好事 | 1 | 2 | 3 | 4 | 5 |

## 附录8 《武术学习满意度量表》

尊敬的同学们:

你们好!本问卷想了解您对武术学习或武术锻炼的满意度。请根据您自身实际情况,在相应的答题选项上划"✓"。您的答案对我们很重要,答案无所谓对错,请您如实作答。非常感谢您的支持与合作!

在日常的武术学习或锻炼中:

|  | 非常不同意 | 不同意 | 不确定 | 同意 | 非常同意 |
| --- | --- | --- | --- | --- | --- |
| 1. 在很多方面,我的武术学习或锻炼情况都接近理想 | 1 | 2 | 3 | 4 | 5 |
| 2. 我的武术学习或锻炼在各方面都很好 | 1 | 2 | 3 | 4 | 5 |
| 3. 总体来讲,我对自身的武术学习或锻炼感到很满意 | 1 | 2 | 3 | 4 | 5 |
| 4. 目前为止,我已经得到了武术学习或锻炼中最重要的东西 | 1 | 2 | 3 | 4 | 5 |
| 5. 如果可以选择,我仍希望像现在一样继续参与武术学习或锻炼 | 1 | 2 | 3 | 4 | 5 |

## 附录9 《青少年社会主义核心价值观量表》

尊敬的同学们:

你们好!本问卷想了解您在现实生活中真实行为与想法。请根据您自身实际情况,在相应的答题选项上划"✓"。您的答案对我们很重要,答案无所谓对错,请您如实作答。非常感谢您的支持与合作!

|  | 非常不同意 | 不同意 | 不确定 | 同意 | 非常同意 |
| --- | --- | --- | --- | --- | --- |
| 1. 我愿意在别人有困难的时候给予帮助 | 1 | 2 | 3 | 4 | 5 |
| 2. 我赞成团结就是力量的观点 | 1 | 2 | 3 | 4 | 5 |
| 3. 团结互助是值得提倡的 | 1 | 2 | 3 | 4 | 5 |
| 4. 我认为帮助别人很光荣 | 1 | 2 | 3 | 4 | 5 |
| 5. 团结是一种可贵的品质 | 1 | 2 | 3 | 4 | 5 |
| 6. 我相信有天堂和地狱的存在 | 1 | 2 | 3 | 4 | 5 |
| 7. 我觉得按照星座分析人的性格很准确 | 1 | 2 | 3 | 4 | 5 |
| 8. 我觉得世界上真的有鬼神存在 | 1 | 2 | 3 | 4 | 5 |
| 9. 我相信很多事情是命中注定的 | 1 | 2 | 3 | 4 | 5 |
| 10. 我认为一些开运饰品可以给人带来好运 | 1 | 2 | 3 | 4 | 5 |
| 11. 我在家从不会帮助父母做家务 | 1 | 2 | 3 | 4 | 5 |
| 12. 拖地、洗厕所又脏又累，我从来不干 | 1 | 2 | 3 | 4 | 5 |
| 13. 我从来不亲自收拾房间 | 1 | 2 | 3 | 4 | 5 |
| 14. 讲信用是我做人的原则 | 1 | 2 | 3 | 4 | 5 |
| 15. 盗窃他人财物的行为应该受到法律制裁 | 1 | 2 | 3 | 4 | 5 |
| 16. 我愿意做一个诚信守法的公民 | 1 | 2 | 3 | 4 | 5 |
| 17. 诚信是一种可贵的品质 | 1 | 2 | 3 | 4 | 5 |
| 18. 艰苦奋斗这种提法已经过时了 | 1 | 2 | 3 | 4 | 5 |
| 19. 艰苦奋斗是无奈的选择和懦弱无能的表现 | 1 | 2 | 3 | 4 | 5 |
| 20. 如果我有钱，就不会辛勤劳动了 | 1 | 2 | 3 | 4 | 5 |
| 21. 如果撒谎会让我获得利益且不被揭发，我会这样做 | 1 | 2 | 3 | 4 | 5 |
| 22. 我认为现在生活好了，没有必要艰苦奋斗了 | 1 | 2 | 3 | 4 | 5 |

续表

| | 非常不同意 | 不同意 | 不确定 | 同意 | 非常同意 |
|---|---|---|---|---|---|
| 23. 奥运会上，当中国国旗升起，中国国歌奏响时，作为一名中国人我感到非常自豪 | | | | | |
| 24. 就算是军事强国也不应该发动战争 | 1 | 2 | 3 | 4 | 5 |
| 25. 我希望全世界各个国家、民族之间能够和平共处 | 1 | 2 | 3 | 4 | 5 |
| 26. 我非常希望国家和平统一 | 1 | 2 | 3 | 4 | 5 |
| 27. 我认为"为中华之崛起而读书"这句话已经过时了 | 1 | 2 | 3 | 4 | 5 |
| 28. 如果学校每星期一都要举行升旗活动，我不愿意参加 | 1 | 2 | 3 | 4 | 5 |
| 29. 我只想独善其身，不想关心国家大事 | 1 | 2 | 3 | 4 | 5 |
| 30. 振兴中华民族是科学家和政治家的事情，与我无关 | 1 | 2 | 3 | 4 | 5 |
| 31. 只要自己生活安定幸福，国家大事对我来说不是太重要 | 1 | 2 | 3 | 4 | 5 |
| 32. 我认为维护和平是每个国家每个人的责任 | 1 | 2 | 3 | 4 | 5 |
| 33. 中华民族一定会实现民族振兴这一历史使命的 | 1 | 2 | 3 | 4 | 5 |
| 34. 我相信中华民族会越来越强大 | 1 | 2 | 3 | 4 | 5 |
| 35. 人类是大自然的主宰者，可以为所欲为 | 1 | 2 | 3 | 4 | 5 |
| 36. 我认为和谐的人际关系在和谐社会中占有重要地位 | 1 | 2 | 3 | 4 | 5 |
| 37. 我觉得政府官员应该多听取群众的意见 | 1 | 2 | 3 | 4 | 5 |
| 38. 我觉得虐待小动物是件小事，没什么大不了的 | 1 | 2 | 3 | 4 | 5 |

续表

|  | 非常不同意 | 不同意 | 不确定 | 同意 | 非常同意 |
|---|---|---|---|---|---|
| 39. 我愿意和身边的人友好相处 | 1 | 2 | 3 | 4 | 5 |
| 40. 我讨厌独断专行的领导 | 1 | 2 | 3 | 4 | 5 |
| 41. 我拥护民主型的领导 | 1 | 2 | 3 | 4 | 5 |
| 42. 当看到新闻报道个别领导不顾群众意见而一意孤行时，我非常气愤 | 1 | 2 | 3 | 4 | 5 |
| 43. 我们年轻人应以祖国富强为己任 | 1 | 2 | 3 | 4 | 5 |
| 44. 我愿意为实现国家富强贡献自己的力量 | 1 | 2 | 3 | 4 | 5 |
| 45. 我相信国家会因我们这一代人的努力变得更加富强 | 1 | 2 | 3 | 4 | 5 |
| 46. 如果我自己没钱，国家再富有，再强大也没有意思 |  |  |  |  |  |